"生本·幸福"理念下的

课程创新与教学变革

于庆丽　著

中国海洋大学出版社

·青岛·

图书在版编目（ＣＩＰ）数据

"生本·幸福"理念下的课程创新与教学变革 / 于庆丽著.
—青岛：中国海洋大学出版社，2021.4
ISBN 978－7－5670－2797－8

Ⅰ.①生… Ⅱ.①于… Ⅲ.①课堂教学—教学研究—小学
Ⅳ.①G622.421

中国版本图书馆CIP数据核字(2021)第063237号

出版发行　　中国海洋大学出版社
社　　　址　青岛市香港东路23号　　邮政编码　266071
出 版 人　杨立敏
网　　　址　http://pub.ouc.edu.cn
订购电话　0532-82032573（传真）
责任编辑　王　晓
照　　排　青岛光合时代传媒有限公司
印　　制　青岛国彩印刷股份有限公司
版　　次　2021年10月第1版
印　　次　2021年10月第1次印刷
成品尺寸　165mm×240mm
印　　张　16.5
印　　数　1~500
字　　数　266千
定　　价　68.00元

如发现印装质量问题，请致电0532-58700166，由印刷厂负责调换。

让每一个生命幸福绽放

青岛市南区香港路小学
二〇二〇年初夏　　　　顾明远书

顾明远先生为本书题字

2017 年，时任学校头脑奥赛社团获得世界冠军和富斯卡创造力奖

2018 年，香港路小学棒垒球社团在全国青少年棒球公开赛 U12 组总决赛中荣获丙组冠军

2018 年，青岛市于庆丽名校长工作室举行启动仪式

2018 年，于庆丽与少先队员一起阅读分享

2019 年，青岛市于庆丽名校长工作室展示活动

2019 年，于庆丽校长与少先队员共话美好未来

2019 年，于庆丽校长在中国教育学会会员日活动暨"海洋教育"学术研讨会分论坛上进行典型经验交流

2019 年，香港路小学足球社团在市南区"区长杯"中小学生女子足球乙级联赛中荣获冠军、"市长杯"女乙甲级联赛亚军

2020 年，于庆丽校长在青岛市精品校本课程专题研讨活动中进行经验交流

2021 年，香港路小学胶东大鼓社团在中国第十四届学生运动会开幕式上进行展演

2021 年，于庆丽校长做客青岛市广播电台"好爸妈课堂"

序
P r e f a c e

　　现在大家都在谈论生命教育、生本教育，这恰是对教育的理性回归。长期以来，我们强调教育对国家、对家庭、对个人发展的功能。怎样才能够发挥教育的功能？最根本的是要把人培养好，把人培养成人，培养成真人。这就是强调教育的本体性。生命教育也好、生本教育也好，就是要把儿童培养成真人。从生命教育来讲，教育的本质可以概括为提高生命的质量和生命的价值。提高生命的质量，就是通过教育，提高人的生存能力，让人能够过有尊严而幸福的生活；提高生命的价值，就是通过教育，提高人的思想品德、实际本领，让其能为社会做出一定的贡献。

　　生本教育应该理解为教育要以学生为主体，尊重学生，尊重学生的自我发展。我一直主张学生既是教育的客体，又是教育的主体，给学生充足的成长空间和时间。这并不是否认教师的主导作用。教师的主导作用恰恰在于激发学生的主体性。在当今信息化时代，尤其要发挥学生的主体性。信息技术正在改变教育的生态、教育的环境、育人的模式、师生关系。教师已经不是唯一的知识载体，也不是知识的权威，学生可以从各种渠道获得知识。教师的主导作用在于为每一个学生设计适合学习的环境，激发学生学习的兴趣；指导学生正确地获取和处理信息;帮助解决学生的困难。因此,教师是设计者、指导者和帮助者。让学生主动地、活泼地学习,才能享受教育的幸福。

《"生本·幸福"理念下的课程创新与教学变革》一书凝聚了于庆丽校长多年教育工作的智慧。她立足"生本"理念,突出"旨归幸福",实践、思索,再实践、再思索,做了很多切实可行的尝试。她深耕"生本教育"内涵,基于校情的"生本课堂"研究,探索"一核三维多元"生本课程,践行"幸福三原色"课程群研究,带领教师团队致力课程研发,研发适合学生成长的特色课程。设计的"快乐足球""头脑奥赛""责任""守卫蓝色家园"等校本课程,都取得了显著的教学成效。她将课程研发的理论深化与实践过程总结成书,相信会给众多的教育工作者带来某种启迪。

做教育需要坚守初心,还要勇于创新。希望更多的教育工作者能成为终身学习者与思考者,以一颗真挚的责任心投身教育事业,乐于思考,善于实践,敢于创新,教育的明天会更美好!同时,也祝福于校长带领的教师团队再创骄人成果,成就幸福人生!

2020 年 11 月 7 日

前言
Preface

任职校长以来，我一直在思考：用什么样的办学思想来引领学校的发展？学校应该为 6～12 岁的儿童留下怎样的童年印记？如何为孩子的幸福未来夯实基础，使其将来成为国家的栋梁之才？不同学校的任职经历、不同经历的真实感悟，使我逐步确立了"生本·幸福"的办学思想，并立足课程建设与课堂教学的深入研究，让办学思想在探索、实践中真正落地。

内尔·诺丁斯在《幸福与教育》一书中提道，"教育是为了幸福的事业"，"有了幸福这一教育目的的引领，教育教学活动就不再是一种令人感到压抑、苦闷、痛苦的生活经历，而是一个充满愉悦、让人神往、魅力四射的人生乐园，教育活动的全面育人功能随之得以充分释放"。追求幸福作为推动人类发展的原动力，是学生发展的终极价值追求。我认为，幸福不仅是一种体验，还是一种有意义的快乐，更是一种能力。学校教育应当充分尊重学生的生命成长规律，激发学生的生命成长活力，让每一个学生在享受幸福童年的同时，能储备下为自己和社会创造幸福的能力。"以生为本，旨归幸福"既是教育的价值所在，也是我对教育的哲学思考。

如何将"生本·幸福"的教育理念贯穿于学校的育人目标，融入教育、教学实践中？学校的课程建设与教学研究是最有力的落脚点。

十余年的校长任职经历使我深刻地认识到：课程作为教育的核心任务，是国家意志、核心素养、育人目标的具体体现，也是一所学校办学灵魂与办学特色的彰显。走过不同发展背景的学校，因地制宜、因时而异地找准学校课程建设的突破口，使我看到了学生的成长、学校的发展。在天山小学，深挖"天山"二字背后的内涵，提出了"梦想从天山起飞"的发展愿景，确立了"厚德博学 弘扬民族精神气"的办学理念，曾基于学校民族教育特色精心创编《民族百花苑》的校本教材，积淀学校的文化底蕴，提升学生的综合能力；在太平路小学，确立了"生本立校，幸福成长"的办学理念，立足生本教育办学特色，架构"生本课程"体系，研发"快乐足球""头脑奥赛"等校本课程，丰富的课程资源使学生们在国际、国内高水平舞台上展示出独特的风采。头脑奥赛社团连续3年获全国一等奖并赴美参赛，在2017年5月获得了世界冠军和富斯卡创造力奖，刷新了中国头脑奥赛史的记录；机器人社团2014年参与APRC机器人大赛，连续3年获得该项目的全国团体总分第一名，连续两年获得世界机器人大赛国际冠军；足球社团2016年获得了青岛市"市长杯"足球赛冠军。生本课程体系的构建与实施有力地促进了学生的全面成长。2017年暑期，走进香港路小学，基于校情、学情，规划打造了"有责任、有活力、有品位"的幸福校园的发展目标，架构了幸福"三原色"的育人体系图谱，确立了基于校本的幸福"三原色"课程体系，对国家、地方、学校课程通过"底色、主色、亮色"三大课程群进行了校本化重构，研发了"快乐棒垒""责任教育"等校本课程，努力让香港路小学成为"成就每一个幸福人生"的摇篮。棒垒球社团勇夺省、市比赛第一名，全国联赛亚军；2019年，成立3年的女足队，获得"市长杯"比赛亚军、"区长杯"比赛冠军；胶东大鼓社团，登上了首届中国少儿春节联欢晚会和全国第十四届学生运动会开幕式……以课程建设为载体让我感受到了创造适合学生成长的教育生态是如此重要，更体验到了学校的变化与发展。

课堂教学是落实课程改革的重要渠道。无论是在太平路小学探索的"以学定教"生本课堂教学策略的研究，还是在香港路小学通过"逆向教学设计"来推进各学科课堂教学的深度研究，这些思考与探索让我和我的团队在合作共研中不断成长，办学质量不断提升。自2017年暑期，我来到香港路小学任职，面对这样一所办学质量不高、外来务工人员子女较多的发展中学校，如何通过课堂教学的变革来撬动教师的专业发展，从而促进学校的发展，这是我所面临的难题。为此，学校以科研为引领，以课题研究为突破，确立了省级重点课题"基于逆向教学设计的课堂教学改进与学校课程建设研究"，成立了课题研究团队，进行了备课改革，开展了教学目标的序列化研究，在语文、数学、英语学科进行了教学策略的探索。语文学科确立了"'悦动课堂'下阅读教学方法策略的研究"，英语学科确立了"'悦动课堂'下绘本阅读研究"，数学学科确立了"'悦动课堂'下小学生数学思维的培养策略研究"。我们通过对课堂教学的深度研究，提升了学生的核心素养，促进了学生的可持续发展。短短几年，教师中3人次获评市、区名师工程培养人选，实现了历史性的突破；45人次出市、区公研课、优质课；3人次获得市教科研优秀成果特等奖、一等奖，教师的研究能力不断提升。

　　深耕课程与教学，让我找到了师生成长与发展的着力点，哪怕校情不同，只要坚守这一方向，总会有喜悦与丰硕。我有幸走过新建学校、岛城名校和发展中学校，不同的学校经历，丰富了自己的阅历，也充实了自己的人生。但无论怎样，我始终觉得一个优秀的校长不应因环境的改变而影响自己前行的脚步，优秀的校长不仅需要肥沃的教育沃土去播种，还要像拓荒牛一样善于开垦土壤，进而耕耘与收获。

　　教育因思考而深刻，因宁静而致远，前行路上，我将不断探索育人方式的变革，在课程与教学研究的过程中不断思索儿童教育的本真——敬畏每一个生命的存在，尊重每一个生命的差异，让每一个生命幸福绽放！

于庆丽

2020 年 11 月

目录
Contents

理者，物之固然，
事之所以然也。

第一章
有思想的校长

————

教育是人育人的事业，人的高贵在于思想。苏霍姆林斯基曾说过："校长对学校的领导首先是思想的领导。"思想是什么？《现代汉语词典（第7版）》中解释为：客观存在反映在人的意识中经过思维活动而产生的结果。通俗地讲，思想即通过自己的体察、考究将各种知识融会贯通形成一个体系。校长是一个学校的精神领袖，是学校发展的引领者。有思想的校长就是让自己体察、考究形成的体系成为指导学校前进的指南。校长的思想不断丰富、完善，才能光芒万丈，照亮前行的道路，引领学校向着既定的目标迈进。

一、理念为先

理念是前进的方向。"理者，物之固然，事之所以然也。"理念决定高度，高度决定视野。先进的教育理念决定学校的发展方向，影响学生的美好未来。校长作为学校办学的规划者与引领者，要用先进的教育理念来推动学校的发展。著名的教育家梅贻琦曾说："学校犹水也，师生犹鱼也，其行动犹游泳也。大鱼前导，小鱼尾随，是从游也。从游既久，其濡染观摩之效，自不求而至，不为而成。"校长要始终做好"大鱼前导"，尤其要做好学校核心价值的理念引领。校长还要自觉践行责任担当，让学校之"水"宽阔而优质，以利于师生之"游"。

理念是力量的凝聚。理念的形成不是校长的孤芳自赏，而是团队的认知共识。校长作为学校办学思想的引领者，需要在对教育终极价值的追问中，确立自己的教育理念，在坚守理念的教育实践探索中，不断形成和丰实自己的教育思想。感召团队的是理念，引领行动的是思想。学校的育人理念一旦成为团队成员共同的价值追求，就会不断形成思想同心、目标同向、工作同力的育人文化，就会让人拥有"形散而神聚"的教育生态和彼此自然协同的强大力量。这种力量不仅赋能自己、赋能他人，还会赋能教育的未来。

理念要跟上时代的步伐。辩证唯物主义认为，事物的运动发展是变与不变的统一。变化是绝对的，不变是相对的。校长在确立办学理念的过程中，要怀揣"守心求新"的精神，即不忘初心，勇于创新，正确把握"变"与"不变"，才能将"为党育人、为国育才"的初心浸润于对教育未来的思考；才能基于学校的实际情况，探寻适合学校优质发展的路径。

与时俱进的教育理念不仅影响当下，还关乎未来。当今世界正经历百年未有之大变局，我们正处在一个大发展、大变革的新时代，面对科学技术的迅猛发展，面对日新月异的教育样态，校长要审时度势，勇于面对新形势、新挑战、新问题，用自己先进的教育理念引领学校走出一条负担轻、质量高、潜力大、利于学生幸福成长的新路。校长要跟上时代发展的步伐，从新发展理念的战略视野、系统观念、价值追求和辩证思维出发，锚定目标，擘画蓝图。要在潜心研究中不断更新自身的知识体系和教学理念，不断修炼内功，不断学习、迭代与超越，提升内驱力。校长要善于在逆境中看到希望，寻找突破，在顺境中看到危机，永葆活力。优质的学校教育只有顺应时代，才能可持续发展。

理念要符合学校发展的实际。理念不是拿来主义，更不是哗众取宠，而是源于长期以来对教育实践的思索，是以生为本的内心遵从，是旨归学生一生幸福的价值取向，更是因地制宜、因校施策的发展思路。一个有思想的校长不会因环境的改变而影响前行的脚步，而是要善于面对不同层面的学校，做好传承与发展两篇"文章"。教育的发展不能短视，不能仅凭个人的喜好，无视学校的发展基础，而是要学会系统思考，在尊重学校发展的逻辑起点、尊重学生的成长规律、尊重教师的发展现状的基础上确立学校的办学理念，规划学校的发展蓝图，寻找学校发展的着力点；要勇于在教育教学改革中，基于校情琢磨新思路，立足小切口，找准突破口，激发教师的发展活力；要挖掘社区优势，不断形成"家庭—学校—社区"协同育人的氛围，提升学校的美誉度，办好老百姓家门口的学校。

我的"生本·幸福"理念

马克思主义思想主张"以人为本"的原则，在教育哲学领域，"以人为本"是在尊重人的自然属性的基础之上，将人置身于社会，努力促进实现"个人的全面发展"，适应并推动整个社会的发展。

十余年的校长生涯中，我始终把"生本立校，幸福成长"作为自己的办学思想，即以学生的发展为本位，以学生的幸福成长为旨归，办尊重生命的教育。应当尊重学生的生命成长规律，激发学生的生命成长活力，让学生具有健康的身心、良好的习惯、广泛的兴趣和发展的潜质，做更好的自己。这如同陶行知的名言："人像树木一样，要使他们尽量长上去，不能勉强都长得一样高。应当是立脚点上求平等，于出头处谋自由。"

追求幸福是推动人类发展的原动力，也是学生发展的终极价值追求。对"幸福"的理解源于多年的生活及教育实践感知，我认为：幸福不仅是一种体验，更是一种能力。学校教育应当让每一个学生在享受幸福童年的同时，储备下为自己和社会创造幸福的能力；让每一位教师在成全学生的同时，成就自身的专业发展，品悟自己的职业幸福；让学校成为师生幸福成长的精神家园。这既是教育的价值所在，也是我的教育思想，更是我理解的高质量教育的真谛。

二、课程为核

课程作为学校教育的核心任务，是国家意志、学生发展核心素养、学校育人目标的具体体现，也是一所学校的办学灵魂，更是学校的核心竞争力所在。从某种角度来说，一个学校拥有怎样的课程也意味着培养怎样的人，优质的学校教育必须由优质的课程来承载。优质课程的唯一标准是能促进学生全面又个性地发展、自主又幸福地成长。而学校的课程改革与实施效果在很大程度上取决于校长的课程领导力，校长在课程规划、实施与评价等方面要扮演好"课程领导"与"首席教师"的角色，才能引领学校的课程改革与发展。

课程是国家意志的体现。通常来讲，课程是指学校学生所应学习的学科总和及其进程与安排。课程的总体布局离不开国家的宏观引领与具体指导。习近平总书记站在治国理政和中华民族伟大复兴的角度，围绕着"培养什么人、怎样培养人、为谁培养人"这一教育根本问题，对教育的性质、目的、价值、内容、方法、发展道路、体制机制等发表了一系列重要讲话，极大地发展了马克思主义教育理论，丰富了中国特色社会主义教育本质理论，成为新时代中国特色社会主义教育理论的重要组成部分。[1]古往今来，每个国家都是按照自己的政治要求来培养人的。从 2001 年 6 月，教育部颁布的《基础教育课程改革纲要（试行）》到 2012 年《新课程标准》正式颁布实施，再到 2016 年《中国学生发展核心素养》研究成果在北京发布，这一系列改革都充分体现了课程建设的战略意义，国家的课程改革与体系建设直接反映了国家希望培养什么样的一代人。

课程是办学思想的落地。列宁曾讲过：不能做"思想的巨人，行动的矮子"。校长既要有仰望星空的思索，还应有脚踏实地的探求。课程是学校的育人蓝图，是办学思想落地的有效载体。课程实施的质量决定了学校育

1　石中英.教育哲学 [M].北京：高等教育出版社，2019：68.

人的质量。因此，课程不是孤立的存在，而是对学校发展的系统思考和整体架构。校长的办学思想、教育理念、实施路径都要通过课程来呈现和实现。如果没有丰富多彩、满足学生成长需要的课程体系做支撑，我们的办学思想只能是空谈，梦想也只会是空想。当然，不同学校的发展情境、不同学生的发展基础必然会带来不一样的课程体系。总之，推进课程改革无疑是找准学校发展的动力之源，相信有对课程改革的坚守与追求，办学思想才会真正落地生根。

课程是学生成长成才的保障。学生来学校接受教育，享受课程学习与体验的过程，也不断丰富自己的认知，提升自己的能力，为成为国家的栋梁之材奠定基础。正如钟启泉教授所说，学校的"课程"并非单纯为学生预设的"跑道"，而是让学生沿着"跑道"跑的过程。课程不是单纯静态的"公式框架"和学校的"教育计划"，而是师生在一定的教育情境中展开文化探索的动态生成的过程。学生的成长成才离不开每一门课程的学习，离不开每一节课堂的体验，无论是国家、地方课程的校本化改造，还是校本课程的自主研发，学校课程建设的教育哲学需要回归儿童教育的本真——敬畏每一个生命的存在，尊重每一个生命的差异，关怀每一个生命的完整，让每一个儿童做更好的自己。

校长的课程领导力是推进课程改革的关键。教育家陶行知先生曾说过："校长是学校的灵魂。"校长对学校的"灵魂"作用，取决于他的领导力。而校长的课程领导力又是至关重要的一个方面，会激发团队的热情与向心力，率领团队成员努力完成发展的目标。因此，校长要具备一定的课程哲学观、课程专业知识以及明确的办学思想，要通过领导行为，即引领与实践来促进教师的专业发展，探索育人方式的变革，从而促进学生的健康成长。

要发挥课程领导力，第一，校长要自觉加强理论学习，并进行实践反思，才能让自己丰实的课程领导意识引领学校的课程改革；第二，校长要具备课程规划的能力，善于从学校的办学实际、办学特色以及课程开发能力出发，科学规划学校的课程体系与实施路径；第三，校长还应具备课程实施的能力，带动学校干部、教师形成课程领导的共同体，制定具体的课程实施方案和执行计划，走进课堂教学，充分了解课程在课堂教学中的实施效果；第四，校长的课程领导力还体现在课程资源的开发上，要基于学生的成长需求，挖掘教师的发展潜力，调动社区的资源优势，积极进行国家、地方课程的校本化实施，开发丰富多彩、体现学校特色的校本课程；第五，校长的课程领导力还体现在课程的评价上。课程建设与研究没有止境，评价的多样性与有效性是对课程实施的及时诊断、不断推进的重要举措，这都需要校长的引领与过程指导。

总之，在学校课程改革的道路上有了校长的正确引领、科学实践与有效指导，才能促进师生的成长，推动学校的可持续发展。

三、管理为基

管理大师彼得·德鲁克在《管理使命，责任务实》一书中曾提到，"管理就是界定企业的使命，并激励和组织人力资源去实现这个使命。界定使命是企业家的任务，而激励与组织人力资源是领导力的范畴，二者的结合就是管理"。可见，管理的重要使命是组织中的人为了共同的目标，共同经营，走向共赢。同样，学校管理不是为了物，而是为了人，是为了实现师生主体价值提升和全面个性的发展。优质的学校管理不仅可以激发教师的发展活力，提升教师的幸福指数，还是推进学校从管理走向治理，实现可持续发展的坚实基础。

建立共赢理念，营造团队文化。孙子曰："上下同欲者胜。"在学校管理工作中，每个人既是管理者，又是被管理者，因此建立共同的发展愿景，引导团队中的每一个成员树立服务意识，建立共赢理念，营造以生为本、和谐向上的团队文化就显得十分重要。校长作为管理团队的"领头雁"，其重要使命是抓好班子、带好队伍，营造优秀的团队文化来成就学生、推动学校走向高质量发展。为将"共赢理念"浸润团队中的每一个成员，这些年来，我在学校的班子建设中提出了"诚信为先、敬业为本、合作为基、奉献为荣"的16字方针，牢固树立管理即服务的意识，认真落实好"一日四巡"职责；在教师团队中引领大家树立"学校发展你我有责"的共赢理念，通过各项工作落实学生的主体地位，最大限度地满足学生的发展，不断积淀和谐向上的团队文化。

探索多元管理体系，提高管理效能。有人说：管理体系就像一个黑箱，判断好坏的重要标准是输入产品和输出产物。如果输入的是一流人才，出来的是三流结果，这个管理体系就有问题；如果输入的是三流人才，出来的是一流结果，这应是运转良好的管理体系。管理体系就像电脑中的程序，一旦录入系统就会成为既定的思维模式、规范的运行准则，从而提高管理的效能。在多年的管理实践中，探索了"双线五维＋"的多元管理体系，运行"双线"管理，即学校行政（横向的级部管理）和学术（纵向的学术管理）并行的管理模式，构建5个子系统，即学校党支部牵头的思想引领系统、学校学科干部牵头的业务指导系统、教研组牵头的质量保证系统、信息中心牵头的技术支持系统、总务后勤牵头的硬件保障系统。在此基础上依据学校实际、教师的发展愿望以及课程改革的需要来建立创客中心、STEM课程研发团队、阅读中心等，为教师搭建多元成长平台，加强学校管理团队的中级组织建设，实现"人人去做事，事事有人管"的管理效果，管理效能得到不断提高。

发挥鲶鱼效应，激发团队活力。学校管理的重要目标是安人，管理管到好像没管一样，视为"不管之管"，也称为无痕的管理，应是最佳状态。老子以"无为"来勉励我们，其背后蕴含着丰富的管理哲学与教育智慧。发挥鲶鱼效应，实施科学的评价激励机制是走向无痕管理的重要举措，也是激发团队发展活力的有效手段。比如，学校一方面通过内部挖潜成立了校级名师、名班主任工作室，为校级名师提供外出学习、自我提升的机会，每学期工作室主持人都会开展课堂示范、学术论坛、帮扶带动等活动，发挥自身的引领带动作用；另一方面学校每月进行"最美党员服务明星""最美教师服务明星"的评选，让模范教师提升自己、感动他人，让过程性评价时时带给教师团队成长与发展的活力。当然，激励评价机制不是一成不变的，鲶鱼效应的发挥也需要与时俱进，这考验着管理者的智慧。

"制度化＋人性化"，从管理走向治理。心理学家马斯洛说："人的最高层次的需要是自我实现。"很多时候，校长不能用固有管理思想与思维模式来面对发展中的学校、成长中的老师，而是要用统一的发展愿景鼓舞人心，用制度化与人性化相结合的方式鼓励先进，允许存在差异。管理只有在制度化的基础上加以人性化，才能更贴近人心。因此，校长要拥有同理心，善于换位思考，力求使每一位教师拥有更多的成就感和获得感。教育是一种影响，教师的情绪体验直接关系着学生的成长与发展。工作中，校长要拥有善于发现的眼睛，善于挖掘教师身上的闪光点。很多时候，全体教师会上校长的一句表扬，微信中的一个小小的鼓励，课间的短暂交流……这些微不足道的举动，对教师来讲不是评价，而是认可和鼓励，更是前行的动力。

学校从管理走向治理的过程中，除了向内发展，还要向外伸展。"家—校—社"协同育人既是时代的要求，又是学生成长的需要。学校的党组织、教代会、校务管理委员会、学术委员会、家委会等都是学校治理的主体，应充分发挥其作用，凝聚其合力，共同为学校的发展和学生的成长负责。

四、实干为要

空谈误国，实干兴邦。教育同样如此，是一个积淀的过程，厚积才能薄发。"合抱之木，生于毫末；九层之台，起于累土；千里之行，始于足下。"再好的思想、再新的理念、再美的愿景，不付诸实践，不落到实处，只能是空中楼阁、一纸空文。校长作为学校的领头雁更要做出表率，用务实的作风、务实的方法，从身边一项项具体的工作做起，从一件件细小的事情抓起，求真务实、勇于担当、开拓创新、无私奉献，不断归纳、总结，不断反思、提升，方有可能达到认识规律、掌握规律的理想境界。

求实崇真是一种追求。教育不仅是决胜于千里之外，还是温润于一米之内。不管是教师素质的提升，还是学生习惯的养成，不管是家长学校的建设，还是学校特色的形成，都需要坚持实事求是，说实话，办实事，求实效，坚决防止图形式、走过场情况的发生。要关注教育细节，一点一滴，科学求真，找准学校发展的着力点，要从教师的每一堂课、学生的每一个习惯抓起。课堂教学是质量提升的主渠道，也是学生幸福成长的生态场，良好习惯的养成既是教育的基本要求，又是学生素养提升的关键。校长要牢牢把握课堂和习惯等学校教育的重要支点，走近学生，研究学生，发展教师，提升内涵。只有发挥"踏石留印，抓铁有痕"的精神，将研究成为习惯，夯实教育教学的基础，才能万丈高楼平地起。

勇于担当是一种责任。教育意味着责任，更意味着担当。校长作为学校工作的第一责任人，要勇于担当作为，这不仅是一种情怀，还是一种魄力。随着时代的发展，社会对教育的期望值越来越高，学校的办学压力也会增大。"喊破嗓子，不如做出样子"，无论是教学改革，还是团队建设，校长都应当好旗手，面对问题敢于迎难而上，面对矛盾敢于挺身而出，面对失误敢于承担责任，将"为官避事平生耻"的箴言作为自己的行事风格。在教育教学改革的过程中，校长更要鼓励教师大胆创新，宽容失败，为担当者担当，为干事者撑腰，积极营造拼搏进取的育人氛围。

开拓创新是一种智慧。创新是一个民族发展的不竭动力，创新能力则是国家的核心竞争力。对教育而言，一所优质的学校要跟上时代的步伐，就要始终保持开拓创新的精神。作为学校的管理者，校长要用开拓创新的精神去引领学校的发展，正如《易经》所言，"取法乎上，仅得其中；取法乎中，仅得其下"。校长不能墨守成规，更不能安于现状、不思进取，而要始终保持头脑敏锐，思考未来的教育，谋划学校的发展。这既是新时代赋予校长的重要使命，又是校长的职责所在。无论是理念创新、制度创新，还是管理创新、课程创新，都需要校长大胆探索，勇于改革，率先垂范。

通过协同育人、系统创新的理念与举措激发教师的发展活力,打造德高业精、具有创新意识的教师团队。特别是自 2020 新冠肺炎疫情发生以来,学校的组织形态面临深刻的变革,线上、线下教育的融合发展至关重要。线上教育如何关注学生的个性发展?线上教育如何保证教学质量?如何实现个性化、智能化的网络教育模式,这无疑考验着校长的创新能力。

无私奉献是一种境界。教育是润物无声的事业。每一个学生的成长、成才、成功就像一棵树苗长成参天大树,最终成为栋梁之材,要靠无数人的培养教育、关心关爱。人生如同一场长跑,义务教育阶段是孩子生命成长中的一个初始驿站,也是打好基础的重要阶段,我们必须持之以恒地做好基础教育工作,坚持不懈地奉献爱心。"桃李不言,下自成蹊",是教育的真实写照。苏轼在《遗爱亭记》中曾说,"何武所至,无赫赫名,去而人思之,此之谓'遗爱'"。校长当保持并彰显"遗爱"精神,把心融入教育事业,把爱洒满孩子心田,坚持自我反思、自我提升、自我完善,始终以饱满的热情将自己奉献给挚爱的教育事业,做"功成不必在我,功成必定有我"的执着追求者。

第二章

有智慧的教师

———

2014年9月，习近平总书记在北京师范大学考察时指出：一个人遇到好老师是人生的幸运，一个学校拥有好老师是学校的光荣，一个民族源源不断涌现出一批又一批好老师则是民族的希望。众所周知，没有高素质的教师，就不可能有高质量的教育，也就不可能有高质量的人才。能否对学生进行高质量、高水平的教育，促进学生的全面、个性发展的关键在于教师的专业化水平。因此，做一名有智慧的教师是时代发展的迫切要求，也是教师的责任和应努力践行的使命。做一名有智慧的教师，有浓浓的师爱，有勃勃的生机，用与时俱进的思想，用无穷的智慧来引导学生的现在，赋能学生的未来，才能为国家的栋梁之材打好基础。

一、富有爱心

对学生而言，我认为最重要的不是成绩的好坏，也不是个人荣誉的多少，而是对学生的品格教育和长远影响。爱与尊重是教育的前提，正所谓"亲其师，信其道"，教师只有用爱浇灌，学生才能在充满爱的环境中学习和生活，才能更好地健康发展，才能拥有源源不断的精神动力，在爱中不断成长，不断进步，拥有克服一切困难的勇气和决心。

师爱是全方位的。我们称教师对学生的爱为"师爱"。师爱的种类和形式不仅仅有一类或一种。有智慧的教师懂得给予不同学习水平的学生特别的爱：疼爱生活困难生，对于生活上有困难的学生静悄悄地给予力所能及的帮助；偏爱学习困难生，对学习有困难的学生给予一对一的帮助和辅导；博爱表现中等生，给予中等生更多关注的目光和问候，多一些沟通和鼓励；严爱资优生，给予他们更多的发展空间，提出更高的发展要求。此外，师爱可以是默默无闻的关心，不厌其烦的教诲，因人而异的帮扶，也可以是春风化雨般的鼓励和严肃认真的批评。

爱与尊重是教育的前提。学生间个体的差异性使得教育生态多姿多彩。在不同的情境下，同一个体又呈现出不同的特点。这可能影响师爱的呈现和表达方式。但无论如何，教师对学生真诚的爱始终能够迸发出一种积极的引导力量，学生一旦感受到这种力量，便能在其引导下最终保持发展的劲头，生发出无穷的能量。这便是爱与被爱之间的持续良性发展。反之，则如夏丏尊在翻译《爱的教育》中谈到的，"教育之没有情感，没有爱，如同池塘没有水一样。没有水，就不成其池塘，没有爱，就没有教育"。

爱中有法，方显爱的温度。没有原则的爱是溺爱，无益于学生的成长。爱的原则是尊重，尊重教育的规律和学生的身心发展规律。谈及教育事业，叶圣陶指出，"教育是农业而不是工业"，就是说教育像种植一样，需要一个缓慢的发展过程，而不是像工业产品那样可以批量生产，快速交付。教育学生就像种庄稼一样，需要勤浇水、勤施肥，用心栽培，不能心急，也不能拔苗助长。每粒种子都有自己的成长规律和周期，要静待花开。德国哲学家莱布尼茨说过："世界上没有两片相同的树叶。"教育对象的个体差异性和阶段性告诉我们，不同个体在同一方面的发展水平和发展速度存在差异，同一个体在不同年龄阶段的发展速度和达到成熟的水平也不相同。这就要求教师要因材施教、循序渐进地进行教学。针对不同的学生、不同的班级、不同的教材相应地采取不同的方法，有的放矢地进行有区别性的教学，做到因势利导、对症下药，最终使每个学生获得最佳发展。

教师要有一颗爱学生的心，但只有爱是不够的，生命的成长不但需要阳光雨露，而且需要科学的引领和智慧的启迪。教师要遵循教育的规律，恰如其分地表达爱，既欣赏学生的优点，又包容学生的缺点，真心关爱每一个学生，运用智慧启迪学生的心灵，慢慢等待学生的成长和发展。如此，教育才有了温度，才使人感到温暖。

二、充满活力

在信息技术和人工智能迅猛发展的时代里，教育改革的步伐和学生发展的速度也在逐步加快，对教育事业越来越重视和关注。这就要求教师必须不断学习和充电，提升自身的能力和水平，这样才能跟得上时代的发展，满足学生的发展需要，使自己的职业生涯保持活力。

在"学思践悟"中保持活力。教师怎样保持源源不断的活力？摆在首位的就是学习。教师肩负着教书育人的重任，除了要热爱教育事业，热爱学生，还要有真才实学，这就需要教师勤奋学习，不断提升思想道德认识、科学文化修养和专业素养能力。苏霍姆林斯基认为，教师获取教育素养的主要途径就是读书、读书、再读书。阅读不但能丰富精神世界，而且使知识结构更加完善、专业素养更加成熟，还能帮助教师更好地解决实际中遇到的"疑难杂症"，在学习和借鉴中思考如何走好今后的路。新课改对教师提出了更高的要求，传统的教育方式已无法吸引学生的兴趣，照本宣科的教师无法赢得学生的喜爱，不读书的教师思想陈旧、知识面狭窄，自然无法激发学生的学习兴趣，更无法成为学生的"引路人"。因此，要常学常新，尤其重视对经典著作的阅读，在阅读中取其精华、去其糟粕。面对纷乱的社会环境和复杂的教育教学活动，唯有坚持不懈地学习和思考，才能保持清醒的认识，才能做出合理的判断，保持源源不断的教育活力。

在实践探索中彰显活力。"纸上得来终觉浅，绝知此事要躬行。"教育对象的特殊性和教育情景的复杂性决定了教师劳动的创造性特点，这也就提醒我们要灵活地根据每个学生的特点采取不同的教育方法，结合实际情况的变化不断调整、改进和创新，也就是"教学有法，教无定法，贵在得法"，在不断的学习和实践中，积累和提升自己的教育智慧，将理论学习同研究解决实际问题结合起来，努力做到学以致用。

在学习与反思中迸发活力。美国心理学家波斯纳提出教师的成长公式是"经验＋反思＝成长"。我国著名教育家叶澜曾说："一个教师写一辈子教案不一定成为名师，如果一个教师写三年反思有可能成为名师。"由此见得，反思对于教师专业发展的重要性。教师通过反思，可以将理论与实践、思想与行动联系起来，提高教师的问题意识和教育科研能力，从而促使教师从经验型教师向研究型教师转化，实现教师的专业化发展。

总之，当今世界飞速变化，知识更新的速度大大加快，新时代的教师应牢固树立终身学习的理念，切实提升自己的能力和水平，真正做到学有所思、学有所悟、学有所获、学以致用，为学生提供成长动力，以适应现代社会的新要求。

三、启迪心灵

德国哲学家雅斯贝尔斯在《什么是教育？》一书中写道："教育的本质意味着，一棵树摇动另一棵树，一朵云推动另一朵云，一个灵魂唤醒另一个灵魂。"千百年来，人们为了能够接受良好的教育而不断努力。究竟什么是好的教育？在我看来，好的教育不在于传授和灌输学生某种外在的、具体的知识与技能，而在于挖掘和激发学生内在的潜能和能量，从心灵深处唤醒其好奇心和求知欲，使其自我建构出对理想信念和道德行为的判断标准，以实现自我生命意义的自由、自觉的建构。

要做学生成长的引路人。2016年，习近平总书记在北京市八一学校考察时谈道："广大教师要做学生锤炼品格的引路人，做学生学习知识的引路人，做学生创新思维的引路人，做学生奉献祖国的引路人。"教师的身份是"引路人"而不是"指路人"，进一步强调了学生的主体性地位，体现了"以学生为中心"的教育理念。教育的本质是一种有目的地培养人的社会活动，学生是教育的主体，也是学习的主人。教师作为教育活动的主导者，一切应从学生的实际需要出发，根据学生的个性和特点，通过运用恰当的教育方法，引领学生朝着所期望的方向发展，使其得到最充分、全面、和谐的发展。

要激发学生自我成长的动力。教是为了不教，教育的最终目的是引导学生进行自我教育。具体来说，教育者应引导学生成为一个有责任心的自我管理者和自我教育者。这种责任心，体现在对他人、对社会、对自然的责任心，更是对自己的行为及可能产生的后果负责，真正做到完全地对自己负责。

在现实的教育环境中，每个班级的不同学生总会在各方面存在差异。多元智能理论认为，个体智能的发展受到社会环境、家庭环境、自然环境和教育环境的多重影响和制约，其发展的程度和方向也因环境和教育条件的不同而表现出明显的差异。丰子恺曾以漫画的形式讽刺了当时教育界千篇一律的模式化教育，用一套模式办教育，用一种标准培养学生，只追求标准，不尊重学生的个体差异，最终使教育越来越缺乏生机和活力。这也启示我们，每个学生都拥有自己具有优势的智力领域和智力类型，教育工作者应当尊重学生的独特个性，尽可能地创设适应学生优势智能发展的条件和机会，采取多种行之有效的方式方法，促进学生多方面智能的发展，使每个学生都能成才、体验成功。

要发现和点亮每个学生的心灯。教师应平等地对待每一个学生。他们或许在某一方面表现得不尽如人意，但是在其他方面有一定的天赋。教师应从不同的角度来教育学生，发挥学生的特长，以长促短。在评价学生时，改变单一的评价方式，乐于从多个角度来评价和接纳学生，重在帮助或引导学生发现和挖掘他们身上的潜能和闪光点，重视发挥评价对个体发展的促进、激励作用，提升学生的自信心和成就感。

苏霍姆林斯基曾说："教师无意间的一句话，可能造就一个天才，也可能毁灭一个天才。"教师的一言一行都将给学生带来长久而深远的影响。有智慧的教师懂得尊重和赏识每一个学生的独特个性和特点，发现和点亮每个学生的心灯。

四、善于合作

当今社会是一个竞争激烈的社会，也是一个需要合作的社会。每个人只有学会与别人合作，才能取得更大的成功。独学而无友，则孤陋而寡闻。有智慧的教师必然是一个善于合作、具有人格魅力的教师，懂得通过合作处理好教师与学生之间、教师与教师之间以及教师与家长之间的关系，从而更好地促进教育事业的发展。

要做学生的良师益友。教师首先应处理好与学生的关系，这就需要教师转变传统的教师观和学生观。弟子不必不如师，师不必贤于弟子；闻道有先后，术业有专攻。在教育教学活动中，教师和学生应是平等和谐的关系，学生并不是教师单方面传授知识的接受者，教师也不断从学生身上得到反馈和启示，师生相互学习，教学相长。在课堂教学中，新课程标准积极倡导自主、合作、探究的学习方式，强调学生是学习的主人，教师要从讲台走到学生中来，成为学生学习活动的组织者、引领者和合作者，为学生的发展提供良好的环境和条件。善于与学生合作的教师需要了解学生，能够换位思考，站在学生的立场上替学生考虑，懂得尊重学生的人格。

要做家长的合作伙伴。学生的成长在很大程度上受家长的价值观和教育方法的影响。家庭是孩子的第一所学校，每个人的教育都是从这里开始的，父母是孩子的第一任老师，也是孩子的终身老师。苏霍姆林斯基在《帕夫雷什中学》中提道："儿童只有在这样的条件下才能实现和谐的全面发展，就是两个教育者，即家庭和学校，不仅要有一致行动，要向儿童提出同样的要求，而且要志同道合，抱着一致的信念。"教师只有与家长保持良好的沟通、合作，秉承一致的教育信念和要求，才能更好地教育学生，使学生健康成长。有效的家校合作应建立在平等的基础上，教师和家长是以学生为中介而建立的伙伴关系，进行相互了解、相互支持、相互配合的双向活动。学校教育起主导作用，家长对学校教育给予理解和支持，学校对家庭教育给出指导和建议。善于与家长合作的教师懂得以真诚、平等、合作的态度赢得家长的信任，通过对学生的反馈和建议让家长看到希望和方向，更加积极地参与对孩子的教育。

要做同事的亲密战友。教师的专业发展离不开教师间的合作。教师间的合作体现在教育教学过程中的方方面面，在合作内容上有课堂教学、教育科研、学生管理、班级建设、家校沟通等方面的沟通、合作，在合作对象上有同一学科教师之间的合作、不同学科教师之间的合作，也有教师与教育管理者之间的合作。只有基于有主体的意愿、可分解的任务、有共享的规则、有互惠的效益这四个基本要素的合作才是真实的合作，才能促进或实现教师的专业发展。[1] 善于与教育工作者合作的教师必定是热爱教育事业的教师，敢于承认自身的不足和弱点，能够主动虚心学习和请教别人，在合作中懂得相互给予，眼光长远，具有大局意识，这样才能与人建立长期、稳定的合作关系。合作是一种力量，也是一笔财富，一个人的力量往往是有限的，但聚沙成塔，只要每个人都竭尽所能地贡献力量，就会汇聚成令人意想不到的强大合力。善于与他人合作的教师，能够巧妙地借助外力，将学校、家庭和社会教育三者紧密结合起来，形成强大的教育合力，共同助推学生的全面发展。

百年大计，教育为本；教育大计，教师为本。在当今这个知识经济快速发展的时代，社会对教育的期望和要求、对人才的培养模式、对教师的专业化和创新发展都提出了一系列新的要求和挑战。要更加注重教育的质量和水平，更加关注人的个性培养和全面发展，要更加重视教师的综合素养和不断提升。义务教育的工作重心已从全面普及转向全面提质，进入高

1　崔允漷，郑东辉．论指向专业发展的教师合作 [J]．教育研究，2008（6）：78-83.

质量发展的新阶段。做有智慧的教师，是国家对教师的要求，是社会对教师的期待，是教师对事业的追求。教师发自内心地热爱教育事业、热爱学生，遵循教育的规律和学生发展的规律，运用智慧点亮每一个学生的心灯，在不断地学习、实践、反思和探索中保持源源不断的教育活力，在与他人的沟通合作中寻求更好的发展和进步，就可以成为有智慧的好教师，最终实现个人教育事业的理想和追求，成为党和人民满意的好教师，为国家的教育事业贡献自己的力量。

第三章
有梦想的学生

———

　　人，不能没有梦想，因为梦想是目标，是志向，是追求，是前进的动力。有梦想的人，才会成就有意义、有价值的人生。中国梦更要靠一代又一代有梦想的有志之士来实现。培养有梦想的学生，成就他们的梦想，是教育工作者的使命所在，是中华民族复兴的希望所在。

　　当下，《中国学生发展核心素养》已成为学校未来人才培养的行动纲领。核心素养是每一个学生适应未来生活，适合个人终身发展和社会发展不可或缺的素养。小学是学生全面、个性发展的基础阶段，应让每个学生拥有健康的身心、良好的习惯、广泛的兴趣、发展的潜质。对"中国学生发展核心素养"的校本化解读，是学生实现梦想的隐形翅膀。

一、健康的身心

　　健康的身心，指健康的身体和心理。健康的身心是每一个学生终身发展的前提基础，也是教育最为基本的使命与任务。没有健康的身心，就谈不上好的生活，谈不上生命的质量，谈不上有意义的人生。健康的身心也是追逐梦想实现梦想的根本条件，有了健康的身心，生命才有活力，才能为了梦想去奋斗。

（一）健康的身体是硬实力

洛克在《教育漫话》中提道："我们要有自己的事业，要得到幸福，必须先有健康的身体，而要功成名就，出人头地，更必须先有能够忍耐辛劳的强健体魄。"我们并不要求每一个孩子功成名就，但是我们要把每一个孩子培养成为国家的合格公民，培养成为未来祖国的建设者和接班人，必须让他们有健康的身体。

从国家层面看，一个人民健康水平不断提高的社会，才是充满生机活力而又和谐有序的社会。当今世界，健康已经处于世界发展议程的中心位置，成为衡量经济社会发展和人民幸福的综合尺度。很多国家和地区主动研究制定健康战略，系统规划实施，取得明显成效。党的十九大报告提出了"实施健康中国战略"，这是以习近平同志为核心的党中央从长远发展和时代前沿出发，坚持和发展新时代中国特色社会主义的一项重大战略部署。当前，健康越来越成为影响人民获得感、幸福感、安全感的重要因素。实现中国梦，全民健康至关重要。

从社会层面看，当前，儿童教育普遍前移，家长早早为孩子安排各种兴趣班、课外班，有的还增加了线上学习。"不能输在起跑线上"的观念，让许多孩子从幼儿园阶段就有了学业负担，本就不多的运动时间难以得到保证。所以，保证学生的身体健康，需要学校、家庭和社会共同发力。

从学校层面看，学生的绝大多数时间在学校度过，校园体育是学生增强身体素质、培养运动习惯的重要一环。一方面，少年儿童在12岁之前，拥有多个身体素质发展的"窗口期"。有医学专家指出："少年儿童体质健康问题多具有滞后性，小时候体质不佳带来的危害，往往要在成年后才会逐渐显现和发生。"另一方面，学校的体育教学和体育活动，对学生强身健体，陶冶情操，启迪智慧，培养团结、合作、坚强、友爱的精神，都具有积极的作用，学校的各项工作也都应把学生的健康发展作为首位考虑。

（二）健康的心理是软实力

世界卫生组织提出过一个口号——"健康的一半是心理健康"。当今社会，生活和学习节奏不断加快，面对各种压力和挑战，乐观向上，勇敢自信，常怀感恩之心，常念相助之人，不断锤炼自我、超越自我，才能实现人生的理想，拥有幸福的人生。

有一颗责任心，善待自己。一个人如果连自己都不爱，很难爱别人。所以，孩子们首先要学会善待自己。作为校长，我在青岛香港路小学所践行的"幸福三原色"育人目标，对此有充分的诠释。"有责任"要求学生以一颗责任心爱护自己，保持良好的身心。这是引导学生首要先对自己负责任，做自己力所能及的事，所以，必须重视责任心的培养。学生一天的生活看似简单，其实细分起来也十分复杂。我看到了这样的现象：两个低年级的不同班级，一个班级课前准备、课后桌椅摆放等都井然有序；另一班级书本乱放，课后座椅歪七扭八。结果，后者出现的学生体伤问题和心理问题也较多。如果我们在与学生交流的过程中缺乏耐心，没有在学生初步接触事情时进行细化分解与指导，让学生学会在每一个步骤负责任地善待自己，给自己的身心一个交代，那么，班级就会出现问题。

我理想中的学生是能够对自己负责的。低学段学生能够学会自己整理物品、自己上厕所、在家长和老师的帮助下合理安排自己的学习时间、运动时间，保持充足的睡眠，不沉迷手机游戏等；中高学段学生能够坚持体育锻炼，不暴饮暴食，保持良好的精神状态，适度接触电子产品，主动承担家务劳动，重要的是不忘多读书，丰富自己的精神世界。

有一颗无畏心，乐观向上。我觉得健康的心理，还要不畏挫折、乐观向上。性格决定命运。曾经听过浙江大学郑强教授的讲座，他讲到，我们现代的大学生们心理太脆弱，稍不如意就选择结束自己的生命。而这些自杀的学生中没有一个体育专业的学生，这是为什么？就是因为体育运动让学生们耐挫折的能力变强。很多事情不是那么困难，也不是非要钻牛角尖才能解决，有时候就是一个心理的问题，"柳暗花明又一村"，事情的关键可能就在于你是否转身。

积极乐观的学生应该能直面问题，能尝试寻求解决问题的办法，而不是回避问题、消极应付。有问题出现，积极地寻求家长和老师的帮助，这点十分重要，好多小学生提前进入了叛逆期，不喜欢和家长、老师袒露心声，但生活中的很多问题没有固定的解决方式，不能简单地通过冰冷的手机或者电脑就能解决，需要心灵的沟通和慰藉。所以，勇于面对挫折，善于合作与沟通才是解决问题的最好办法。

有一颗善良心，关爱他人。从我本心出发，我相信"人性本善"，每天看到孩子们脸上纯真的笑容和天真无邪的眼睛，我对"人性本善"更加深信不疑。有人说每个人降生下来都是一张白纸，接下来会成为一幅什么画需要自己和周围的人来共同完成。近几年学校接收了好几个患有自闭症的适龄儿童，如何缓解家长的焦虑，让孩子享受公平教育的机会，是我们要思考的问题。学校充分发挥全员育人导师制的功能，班主任老师在班级里成立互助团队，无论是体育活动还是如厕、洗手，老师和同学们都给这些特殊孩子以更多的关心与帮助。自闭的孩子慢慢地学会与人沟通，班级里因为人与人之间的这份友善处处体现着爱与温暖。

每个孩子都有一颗善良的心，关键在于家庭教育和学校教育的引导。关爱他人有时候微不足道，有时候却是人间的大爱。不能让一颗颗原本善良的心消失在无尽的黑暗中，而应该让它们成为点亮黑暗的星。

有一颗感恩心，涌泉相报。我们常说"滴水之恩当涌泉相报"。父母的养育之恩、老师的教诲之恩、朋友的帮助之恩都需要牢记在心上。现在的学生家长很多都是80后，甚至是90后，多为独生子女，独享整个家庭甚至是整个家族的宠爱，无形之中形成了理所应当的思想，因此在教育自己子女的过程中，这种思想潜移默化地迁移到子女的思想中。许多孩子认为别人理应为"我"服务，"我"才是最重要的，"利己思想"严重，不懂得回报他人给予的恩惠和帮助。

培养学生有一颗感恩的心，要从家庭入手，引导学生首先学会感恩自己的父母，结合父亲节、母亲节、重阳节等节日，开展全员的实践活动，在班会中宣讲，在国旗下讲话中宣传。另外，结合家校互动，提醒家长重视感恩教育的重要性，不让有意义的实践活动流于形式；同时，还应该注重实践性，与学生的生活实际相联系，与社会相沟通，打开学生感恩的心灵。

二、良好的习惯

叶圣陶曾说，教育就是培养习惯。什么是习惯？习惯是一种行为，而且是稳定的甚至是自动化的行为。从心理学上来讲，习惯是刺激与反应之间的稳固链接。习惯是长期训练、养成的，不是号召出来的，更不是唠叨出来的。有位哲人曾经说过：播种一种行为，收获一种习惯；播种一种习惯，收获一种性格；播种一种性格，收获一种命运。今天的教育，要让孩子成为有梦想的人，积极主动地去创造快乐人生，就必须在孩子心中播种习惯，让良好的习惯陪伴孩子一生。

（一）习惯的"特质"

习惯最好从小培养。孩子越小，可塑性越强，越容易塑造。小学阶段是帮助学生养成良好习惯的关键期，要从小培养良好的读书习惯、思考习惯、复习习惯、认真做事的习惯。很多优秀的孩子，之所以优秀，就是比别人拥有更多的好习惯，长大成人往往也是优秀的人。学校里学习成绩优秀的学生，其学习习惯往往也好；具有许多不良习惯的学生，往往就是问题学生。小时候的习惯，影响了孩子未来人生的发展和走向。所以，习惯最好从小培养。

习惯的形成靠长期训练。一个好习惯的养成不是一蹴而就的，通常要21天的时间，这期间需要老师和家长的耐心、细心和信心。培养习惯就像缠缆绳，只要你每天缠上一道，用不了多久，这一个好习惯就会变得牢不可破。培养好习惯如同做加法，反之，改正坏习惯如同做减法，当然有时不能一刀斩断，需要循序渐进逐步改掉。

习惯的形成由环境决定。"孟母三迁"的故事告诉我们环境对一个人成长的重要性，习惯培养同样如此。爱读书的孩子，往往家里有很多书，其父母都爱看书，从小受家庭环境的影响，孩子养成了读书的好习惯。有些每天早上早早来到学校的学生，如果教室里都是读书的同学，他们也会进入自觉读书的状态；如果教室里是打打闹闹的环境，他们也会打打闹闹。

好习惯可以受益终生。勤奋好学、讲究卫生、善于探究、珍惜粮食、节约时间等，都是人生中的好习惯；好吃懒做、好逸恶劳、敷衍塞责、马虎行事、浪费挥霍等都是制约人发展的坏习惯。教育家乌申斯基对习惯做了一个形象的比喻，他认为："好习惯是人在神经系统中存放的资本，这个资本会不断地增长，一个人毕生都可以享用它的利息。而坏习惯是道德上无法还清的债务，这种债务能以不断增长的利息折磨人，使他最好的创举失败，并把他引到道德破产的地步。"概括地说：一个人如果养成了好的习惯，就会一辈子享受不尽它的利息；要是养成了坏习惯，就会一辈子都偿还不完它的债务。一个人好习惯越多，对这个人成长越有利。相反，一个人坏习惯越多，就越阻碍这个人成功。

（二）习惯的培养

习惯的培养有"技巧"。一是适时的正确引导。利用家校讲堂加强习惯养成教育。父母是孩子的第一任老师，当幼小的孩子有了基本认知后，父母就要潜移默化地渗透生活习惯的细节培养，如饭前便后要洗手，要讲究卫生；不挑食，不暴饮暴食，不浪费粮食；早睡早起，坚持锻炼，生活有规律；衣着整洁，及时换洗衣物，等等。孩子的良好的生活习惯都不是与生俱来的，而是靠家长的正确引导而养成。二是影子效应。言传身教是学生习惯养成的重要渠道。无论是父母、老师的以身作则，还是学生身边的同龄人榜样，这种影响示范不可缺少。有时同龄人对学生的影响往往超过了父母和老师。因为同龄人与自己的生活环境相似，有互相交流的话题，学生从与同龄人的交流中获得启示。榜样的力量是无穷的。三是容错纠错。习惯的养成是从实践中体验和训练出来的，而小学阶段学生的心智并不成熟，好习惯的养成往往不是一帆风顺的，因此老师要接受学生出错，抓住错误的契机，进行悉心指导。四是"正强化"。正面的、积极的外界反应和自我评价，对良好行为习惯的养成有较为明显的促进作用。运用"正强化"的方法，就是要在习惯的培养中，引导学生学会肯定自己，自我表扬、自我奖赏、自我鼓励。

老师是学生习惯的缔造者。现实工作中，可能会出现重教学轻习惯培养的现象，也可能会出现教学任务多、没有时间进行习惯培养的矛盾，还有可能出现习惯培养不持续，导致学生没有形成良好的习惯等。学校管理者要引导老师重视学生的习惯养成，要善于发挥典型榜样的示范带动作用，要科学、合理安排老师的工作任务，特别是在低年级学段，要特别强调习惯培养的意义，展开必要的研讨交流活动，帮助老师运用正确的方法，帮助学生养成良好的习惯。

三、广泛的兴趣

兴趣是人认识某种事物或从事某种活动的心理倾向，是以认识和探索外界事物的需要为基础的，是推动人认识事物、探索真理的重要动机。人格心理学家阿尔波特认为人类有一种"自主性功能"，就是兴趣。兴趣是感情状态，而且处于动机的最深水平，它可以驱策人去行动。通俗地说，兴趣就是喜欢做的事。兴趣能使人善于探究和钻研，可能促进人学习和完善。广泛的兴趣，会使一个人的人生变得更加丰富多彩，更有意义，更有价值。

（一）兴趣的"属性"

兴趣源于探究。可以说，探究是兴趣的属性，有探究的心理趋向，就会产生兴趣。达尔文对大自然浓厚的兴趣，也源于探究兴趣。最终使他成为全世界著名的生物学家。微软公司总裁比尔·盖茨成功轨迹的起点就是对电脑的痴迷、对电脑的探究，这产生了他永恒的兴趣。在这两个例子里，兴趣就是人生成功的动力源。

兴趣在于热爱。热爱也是兴趣的属性，没有热爱，很可能就不能产生兴趣。一个人对某种事物感兴趣，很多时候就是因为热爱。有了热爱，就有了兴趣。如果说，兴趣是最好的老师，那么，热爱就是兴趣的导师，热爱引发了兴趣的产生。记得在太平路小学工作期间，我曾发现一个对昆虫痴迷的小男孩，二年级时已了解上千种昆虫，从昆虫的名称到生活习性，再到生活的地方，他都能娓娓道来。寒暑假都是他集中研究、考察的时间。他总是不厌其烦，不辞辛苦，小小年纪却有着科学家的研究精神。他对昆虫的研究兴趣，就是源于对昆虫世界的热爱。为鼓励他的研究热情，帮他树立研究自信，唤起更多学生对身边事物的研究兴趣，我开辟了级部各班"昆虫巡讲"、校园广播经典播报的空间，助力学生的成长。一位教师，如果发现了有研究兴趣的孩子，是一定要及时鼓励的，说不定，未来世界的达尔文、爱因斯坦，就在我们今天的课堂上呢！

兴趣丰富人生。即使人生没有辉煌的业绩，一辈子成为一个普通人，兴趣，也是一生幸福快乐的源泉之一。有兴趣的人，生活会活色生香，生命会多姿多彩。培养学生从小对事物产生兴趣，不仅可以开发他们的智力和潜能，还可以让他们的童年五彩斑斓。有一段话说得好："小学，每个人童年生活的清晰记忆，种下快乐，未来就能收获阳光的温暖；种下好奇，未来就能收获探索的勇气；种下灵动，未来就能收获改变世界的创造。小学，不是简单的'必修'学段，也不是狭隘的成长'驿站'，而是一个错过了就不可重现的人生起点。"那么，如果在小学阶段，培养学生具有广泛、良好的兴趣，未来学生就很可能拥有灿烂的人生。

（二）教师是兴趣的"燃灯"

兴趣靠教师唤起。学生内心的兴趣，很多时候是沉睡着的，教师的工作特性可以唤起学生对各种事物、对各个学科浓厚的兴趣。优秀的教师，使学生对他的课堂充满了兴趣，充满了期待，这也就激活了学生的思想，引导了探究，激励了好学上进。反之，一位水平和素质不高的教师，往往吸引不了学生，学生没有兴趣上他的课，没有兴趣学习他教授的知识，也没有兴趣听从他的班级管理，这样的教师，是糟糕的。新时代对教师的要求更高了。新时代的教师要能够唤起学生的学习兴趣、对事物的兴趣。教师唤起学生的兴趣，要靠自身的境界、人格、情怀、学识、才智、爱好、特长、个性和兴趣。

兴趣靠教师培养。很多人的兴趣并不是天生的，是后天培养出来的。教师工作使得教师成为培养学生兴趣的最佳人选。学生兴趣的培养，必须尊重学生的个性，充分发掘学生的潜能和天赋，这样的兴趣培养才能与学生的成长相得益彰。兴趣的产生，有时候，靠"灵光一现"，但长久形成常常不是一朝一夕的事情，所以，兴趣的培养往往需要教师循序渐进，循循善诱，启发引导。教师要善于观察学生，了解和理解学生。学生兴趣的培养，需要教师教育教学的智慧和艺术，需要广博的知识，需要教师不断自我挑战和自我超越。

兴趣靠学校引导。学生每天的主要生活学习的场所是学校。由于学生的人生观和世界观尚未完全形成，无论物质兴趣和精神兴趣都需要学校进行积极的引导，以防止在物质兴趣方面的畸形发展，在精神兴趣方面的消极发展和不良追求。学校要立足课程建设来培养学生的广泛兴趣。在实施国家、地方课程的基础上，学校要根据学生的多元发展需求，研发适合学生成长的校本课程。目前，很多学校都基于校情创设了丰富多彩的课程，如科技、艺术、体育、文学、新闻、民俗、历史、哲学、海洋等领域的课程。我所在的学校也是立足学校的办学特色和学生的成长需求创设出了几十门校本课程，学生在丰富的课程学习中，产生了广泛的兴趣，综合素养明显提升。几十年的教育工作告诉我，兴趣是最好的老师，激发着每一个学生的生命成长。在我工作过的学校，天山小学的民族文化教育、太平路小学的生本教育、香港路小学的"幸福三原色"教育，使学生在头脑奥赛、足球、科技模型、胶东大鼓、轮滑、棒球、沙画、围棋、管乐等方面兴趣浓厚，有的学生多次走上了国际舞台获得国际大奖。学生兴趣广泛了，身心更加健康，学习更加优秀。校园生活更加充满魅力。校园，因为有了兴趣，成为学生的精神家园和成长乐园，也成为学生的诗和远方，成为学生梦想起航的地方。

四、发展的潜质

简单地说，发展的潜质，主要是指个人的可开发但还未进行发掘的优秀素质。一个人，如果没有发展，就是没有进步，没有思想和精神的成长，就没有能力和水平的提高。每一个学生其实都具有发展的潜质，不过程度不同，学校就是要努力通过教育教学，通过各种活动，让每一个学生具有尽可能多的发展潜质，为学生的终身发展奠基。

（一）潜质的能量是巨大的

我认为，潜质就是在孩子身心里的能量、特长、智慧、才干。个体的差异是巨大的，因为每个个体都有不同的、不可复制的成长环境，形成了不可复制的个人独特的经历和经验，因此每个人的行为方式、情感层次、精神世界都有独特性。在学校里，每一个学生都是独特的、不可替代的。每个学生都是一个丰富多彩、独一无二的世界，都有发展的潜质。

一个人，如果从小在学校里不断开发自身的潜质，将来很可能就是一个优秀、出色的人。世界上很多杰出人才，从小都受到过良好的教育，而良好的教育之一就是这些人的潜质被从小开发出来。《假如给我三天光明》

的作者海伦，小时候是一个又盲又聋又哑的残疾人，她的老师——安妮·莎莉文成了她生活的引导者，使她对生活重新有了希望，有了向往，学会了阅读，认识了许多的字，学会了写作。长大后，她进入了哈佛大学，以优异的成绩大学毕业，还掌握了英、法、德、拉丁和希腊五种文字。这个例子告诉我们，人的潜质是巨大的，如果被开发出来，能量也是巨大的。

（二）潜质是可以发掘的

很多时候，在教育教学过程中做个有心人，孩子们的潜质就被老师发掘出来了。有这样一个美丽、真实的故事。一个学前班的老师问她面前的孩子："花为什么会开？"第一个孩子说："她睡醒了，她想看看太阳。"第二个孩子说："她一伸懒腰，就把花骨朵顶开了！"第三个孩子说："她想和小朋友比比，看谁穿得更漂亮。"第四个孩子说："她想看看，小朋友会不会把她摘走。"第五个孩子说："她也长耳朵，她想听听小朋友唱歌。"突然，第六个孩子问了老师一句："老师，您说呢？"老师想了想，说："花特别懂事，她知道小朋友们都喜欢她，就仰起她的小脸，笑了！"而老师原来准备的答案是："花开了，是因为春天来了。"在这个故事里，孩子们的潜质——想象力，被老师一个看似普通的问题激发出来了。对孩子们丰富的想象力，老师是始料不及的。长此以往，孩子们的潜质会被慢慢发掘出来，相信这节课之后，这位老师对孩子们的认识和理解，对自身的教学，一定会产生更多的思考，而孩子们也会有更大的进步。

人的天赋是不同的，人的潜质也是不同的，最优质的教育，应当是适合每一个孩子的，是因材施教，是解放和彰显每个孩子的独特天性和个性的，这样的教育才最公平，最人性化。孩子的内心，有着丰富的潜质。优质的学校教育，就是要最大限度地发掘和释放学生的潜质，让学生更好地追逐梦想，有多彩的人生。

（三）发掘潜质，教师应是有心人

在共性化的学习形式和生活模式驱使下，孩子的潜质和个性是隐藏在内心的，常常是孩子自己和家长觉察不到的。

孩子究竟有什么潜质？每个孩子都有什么潜在的能力？这个外表木讷的孩子，会不会内秀？那个学习成绩不好的孩子，为什么对音乐课特别投入？这个孩子的眼睛，为什么在科学课的时候特别明亮？那个孩子为什么上语文课时愿意做手工？……如果，我们的老师经常这样观察和思考学生，很可能会发掘出学生的潜质。也许很多人原本人生可能平淡无奇，但是，在他们小时候，如果老师给了他们启发、点拨与指引，发掘出了他们的潜质，很可能就会成就他们未来不凡的人生。

（四）发掘潜质，教师要博学多才

前面的故事里，那位学前班的老师很有灵气，开始她准备的答案其实是正确的，可是，听了孩子们童话般的想象之后，她回答孩子们的话，也是童话了。她的心和情感、智慧，和孩子们同频共振了。可以想象，在这位老师的班级里，孩子们想象的潜质会得到巨大的释放和彰显。很多老师博学多才，发现了学生的潜质，就能立即运用自身的知识和技能，帮助学生发展潜质，助力成长。自身博学多才的老师，往往也特别"有心"，学生的一句话、一个眼神、一个动作、一个习惯、一次作业，都有可能成为老师洞察学生潜质的"窗口"。

要发掘学生的潜质，不能拿一把尺子去衡量所有的学生。老师要充分相信每个学生的独特性，相信每个学生都有内需、有能力、有潜力，要尊重学生的自主性，决不能用一个标准看待所有的学生。如果前面故事里的那位老师，用自己本来准备的答案统一孩子们的思想，孩子们可贵的、丰富的想象力就遭到了扼杀。

（五）发掘潜质，教师要有爱

只有对学生充满爱，才会感受和领悟到每个学生的独特和美丽，才会去关注每一个学生，去关注每一个学生细微的变化，去启迪每一个学生的心灵和情感，去呵护每一个学生的独特和宝贵。这就为发现学生的潜质提供了前提条件。一个不爱学生的老师，每天用麻木不仁的心面对生机勃勃的学生，绝不会积极地发掘学生潜质。他看不到，感受不到，也发现不了。

6~12岁是儿童成长的关键时期，这个阶段学校不仅要奠定好知识、技能的基础，还要引导学生有面向未来的美好梦想，给他们注入可持续发展的不竭动力。因此，学校要注重学生发展的潜质，关注学生的能力培养和持久的学习力的形成。在学校开展的各项教育教学活动中，都应将"以生为本"的教育思想贯穿其中，培养学生自理、自立，让每一个学生能主动求知，健康发展，认识世界，迎向未来，全面积淀未来发展的潜质，让每一个学生幸福成长！

再伟大的思想都需要根植于每一个实践的脚步，
脚步越实，思想越真。

2

实践是检验真理的唯一标准。我自认为是一个教育理想主义者：坚定理想信念，坚守教育信仰。同时，我也是一个教育实践者：不断用实践验证自己的教育理念之路，也通过实践不断丰富自己的教育理念。教育是直面人的生命成长、促进人的生命成长的事业。因此，我始终认为，学校的价值追求应指向"以学生的发展为本位，以学生的幸福成长为旨归"。而学校课程建设则是实现人的生命成长的有效载体，呈现的是一所学校的办学灵魂。如何寻找学校发展的突破口，找准学校发展的着力点？唯有抓住课程建设这条主脉，才能融合办学思想、团队建设、培养目标于一体。因为课程作为学校教育工作的核心任务，它是国家意志、核心素养、育人目标的体现。为此，我带领学校干部教师基于学校发展现状，构建了适合学生发展的课程体系，深入进行国家、地方和学校课程的校本化研究。

2014 年，教育部印发《关于全面深化课程改革落实立德树人根本任务的意见》，提出全面深化课程改革，整体构建符合教育规律、体现时代特征、具有中国特色的人才培养体系。2016 年，发布了《中国学生发展核心素养》。核心素养正成为一把衡量教育行为的"新标尺"，渗透到学校办学的诸多环节中。而核心素养培养的校本化实践就是新一轮国家课程的校本化与校本课程系列化的探索，这体现出国家课程的统一要求在不同地区不同学校的实施差异。

本篇内容主要围绕学校发展现状研发的特色课程以及从校本课程走向以校为本的课程体系构建方面的实践探索。三级课程的校本化实施，是尊重学生的成长规律、激发学生成长活力的见证，我希望以此为突破口，继续践行自己的教育理念。

第一章
从校本课程走向以校为本的课程体系

————

　　"校本课程是 20 世纪 70 年代欧美等国家教育民主运动的产物，旨在通过课程的设计来实现民主权力更好地回归。"[1] 校本课程从产生之初就是与国家课程相对应的产物，它与国家课程具有相同的开发模式。与国家课程和地方课程相比，校本课程的本质与作用在近些年正逐渐趋于明显，多数学者及教育实践者都持相同的观点。正如李妍红所说，"校本课程既不是简单的教材，也不是活动课程的'代替品'，更不是经验活动的简单积累。它应当是灵活性、人本性、系统性、创新性以及民主性特征规范的、以校为本的课程资源的动态活动系统"[2]。

一、青岛天山小学：民族文化特色课程（2008 年至 2011年）

　　黄海之滨，浮山脚下，2000 多年的悠久历史孕育了厚重淳朴的齐鲁文化，此地水秀山清，人杰地灵。美丽的天山小学就坐落在这片沃土上。自2001 年建校至 2010 年，仅仅 9 年的时间，学校从建校时的 3 个班、93 名

————

1　王祖亮. 从"校本课程"走向"课程校本"[J] 学术瞭望，2014（1）：9—12.
2　张蓉 . 均衡性：世界基础教育课程结构改革的趋势 [J]. 外国中小学教育，2011(1)：1—6.

学生、11 位教师，发展到 16 个教学班、568 名学生、49 位教师。"天山"教师用自己的勤劳和汗水谱写了一曲现代教育的华章。学校要发展，特色引领是重要的支撑点。为此，学校自 2003 年开始了以"知我民族，爱我中华"为主题的民族文化特色教育，采用"学、看、说、画、做、展"等学习方式，通过氛围创设、学科渗透、活动开展等多种渠道，引导师生获取民族文化知识，开启了民族文化学校课程的探索之路。

2008 年 2 月，我来到青岛天山小学担任校长。在这所年轻的学校，我带领干部教师坚持"在继承中求发展，在发展中求创新，在创新中求卓越"的办学思路，满怀着对优质教育的理想，承载着对教育事业的挚爱，确立了"厚德博学，弘扬民族精气神"的办学理念，凝心聚力走民族文化教育的内涵发展之路，致力于教师专业化发展和学生全面发展，厚德育人，特色育才，为每一个学生的可持续发展和人生幸福夯实基础，努力打造精品学校。

伴随着新课程改革和学校特色建设的推进，我们认为学校特色的形成与发展需要系统规划、统筹实施，而特色发展与课程建设融为一体才能彰显其生命、价值与内涵。也就是说，民族文化特色教育的内涵发展，必须立足于课程实施，才能真正促进学生的全面发展。在学校课程的探索实践中，我们发现，虽然学校课程的框架体系比较清晰，内容比较丰富，但远远不能满足学生的发展需求，很多课程中深层次的内容得不到广泛地研究与实践。于是，我们在 2009 年制定《民族文化特色教育三年发展规划》，创新性地提出了学校课程和综合实践活动课程的双轨开发与建设思路，并逐步构建了课程框架体系和课程实施方案，使这两门学科在实施过程中，既能基于学校特色，又能在各自独特的研究领域中发挥各自独特的功能。

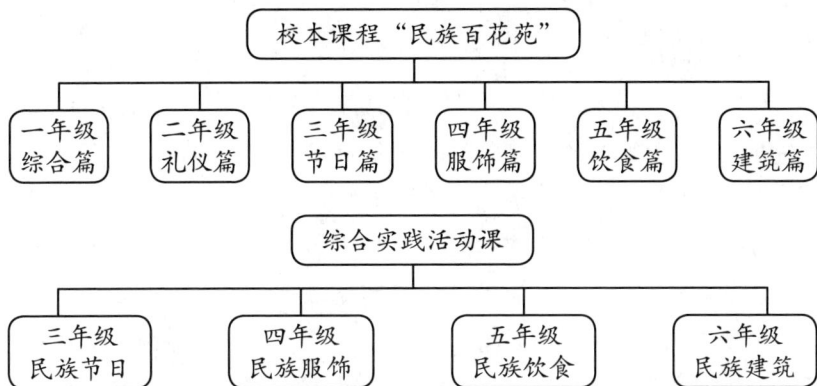

图 2-1-1　民族文化特色教育体系

基于民族文化教育这一学校特色，我们梳理了校本课程和综合实践活动课程两个学科共有的课程目标，如：通过对各民族文化的探究，引领学生初步了解我国各个民族的历史、经济和风俗习惯；让学生感悟中华民族文化的博大精深；吸收民族文化智慧，感受民族精神，增强学生的爱国之情。

但由于学科性质不同，两个学科有不同之处，即目标定位不同。校本课程目标定位在了解民族文化知识的基础上，引导学生对民族文化产生兴趣，提高学生的人文素养。

综合实践活动课程的目标定位是以各民族文化的探究为载体，使学生

"民族百花苑"校本课程总目标

1.通过民族文化学校课程的学习，让学生了解中华民族文化的博大精深，吸收民族文化智慧，感受民族精神，激发学生的爱国主义情感。

2.通过民族文化知识的学习和传统美德教育的熏陶，提高学生的人文素养、道德修养，进一步增强学生的爱国之情和民族气节。

3.通过课后练习的研究与实践，激发学生的探究兴趣，培养学生的探究和实践能力，提高学生的综合素养。

一年级目标：

1. 知道中华民族是由56个"兄弟姐妹"组成的伟大的民族。能说出56个民族的名称，背诵民族歌谣。

2. 懂得各民族要和睦相处，各民族小朋友要热爱祖国、热爱家乡、关爱自然，为建设美好家园而努力学习。

二年级目标：

1. 初步了解各个民族的礼仪习惯、待客礼节、敬老习俗等，了解各民族的礼仪文化。

2. 养成孝敬长辈、友爱同学、讲文明、懂礼貌的好习惯。

三年级目标：

1. 初步了解各个民族的人口、主要分布区域等概况。

2. 初步了解各个民族的主要节日、禁忌，尊重民族风俗习惯，促进民族团结。

四年级目标：

1. 初步了解各民族的服饰、头饰和帽子特点。

2. 初步了解各民族服饰文化背景，尊重民族风俗习惯，促进民族团结。

五年级目标：

1. 了解各民族饮食特点，探究其形成的原因。

2. 初步了解中华民族丰富的饮食文化，培养民族自豪感。

六年级目标：

1. 了解各民族建筑特点，探究其形成的原因。

2. 初步了解各民族各具特色的建筑文化，培养民族自豪感。

图 2-1-2 "民族百花苑"校本课程体系

综合实践活动课程总目标

1.通过对各民族文化的探究，引领学生初步了解我国各个民族的历史、经济和风土人情，让学生了解中华民族文化的博大精深与源远流长，吸收民族文化智慧，感受民族精神，激发学生的爱国主义情感；

2.在探究过程中，指导学生学会从多种渠道获取信息，并且尝试整理、分析和利用信息，帮助学生获得亲身参与实践的积极体验和丰富经验，逐渐学会与人交往、与人合作，养成合作、分享、积极进取等良好的个性品质；

3.提高学生对自然、社会和自我之间内在联系的整体认识，培养学生的创新精神和实践能力以及对自然和社会的责任感。

三年级：民族节日

1.初步了解各个民族的主要分布区域、人口状况、习俗礼仪以及节日风情，感受各民族悠久的历史和丰富的节日文化所表现出的民族向心力、凝聚力和民族的精气神。

2.学会从多种渠道获取相关信息，尝试整理信息，激发探究的热情。

3.逐渐学会与人交往、与人合作，培养团队精神。

4.学习表达自己探究的方法。

5.初步培养对自然、社会的责任感。

四年级：民族服饰

1.初步了解各个民族的主要分布区域、人口状况、传统服饰特点，感受民族服饰文化的博大精深。

2.学会从多种渠道获取相关信息，尝试整理、利用信息，激发探究的热情。

3.逐渐学会与人交往、与人合作，培养团队精神。

4.学会表达自己探究的多种方法。

5.初步培养对自然、社会的责任感。

六年级：民族建筑

1.初步了解各个民族的经济发展、建筑特点，感受各民族人民靠勤劳智慧创造了各具特色的建筑文化。

2.关注祖国民族文化的发展，学会从多种渠道获取相关信息，并且尝试整理、分析和利用信息，初步养成从事探究活动的态度，发展探究问题的初步能力。

3.逐渐学会与人交往、与人合作，养成合作、分享、积极进取等良好的品质。

4.培养运用多种方式，清晰地表达自己的观点的能力。

5.培养对自然、社会的责任感。

◁▷ **四个模块** ◁▷

五年级：民族饮食

1.初步了解各个民族的经济发展、饮食文化以及地方特产，感受各民族人民靠勤劳智慧创造了丰富多样的饮食文化。

2.关注祖国民族文化的发展，学会从多种渠道获取相关信息，并且尝试整理、分析和利用信息，初步养成从事探究活动的态度，发展探究问题的初步能力。

3.逐渐学会与人交往、与人合作，养成合作、分享、积极进取等良好的个性品质。

4.培养按条理地表达自己探究的能力。

5.培养对自然、社会的责任感。

图 2-1-3　综合实践活动课程体系

学会获取信息、整理分析和利用信息，提高学生对自然、社会和自我之间内在联系的整体认识，提高学生的创新精神和实践能力。

在此基础上，制定综合实践活动课程各年级的阶段目标和各指定领域的年级目标。

基于以上课程目标，我们组织教师历经策划、实践、研讨、修改和排版等艰苦的过程，编辑成校本课程教材《民族百花苑》。全套教材共分低年级、中年级、高年级三册。低年级教材包括"综合篇"和"礼仪篇"两部分；中年级教材包括"节日篇"和"服饰篇"；高年级教材包括"饮食篇"和"建筑篇"。学校还组织教师编写了《教师指导用书》《学校课程参考资料》，同时将教师的优秀教案整理成册，方便教师研究、开发，确保了课程的有效实施。

《民族百花苑》教材的基本框架为民族知识＋实践活动＋拓展延伸。

民族知识：通过图文并茂的形式，引导学生了解富有特色的民族知识。

实践活动：通过"说一说""做一做""演一演""查一查"等形式，训练学生的发散思维，培养学生的探索和实践能力；为培养学生的合作意识，在课后安排了"小交流"；在中高年级的课后，设计了"小讲解员"的训练，为学生展示自己的才华，搭建了小小的平台。

拓展延伸：通过"小资料"介绍民族英雄、著名人物（科学家、发明家、文学家等）或传统美德小故事等，传承中华民族的传统美德，弘扬伟大的民族精神，培养学生的人文情怀。

"民族百花苑"校本课程的内容分为"民族礼仪、民族节日、民族服饰、民族饮食、民族建筑"等几大版块，侧重于横向选取各民族的特色内容来呈现。

例如，五年级的"民族饮食篇"精选了以下内容。

表 2-1-1　民族饮食课程纲要

1. 中国的八大菜系	10. 狍肉宴与柳蒿芽
2. 满汉全席	11. 白族美食大观
3. 蒙古族的白色食品	12. 彝族饮食大观
4. 藏族的糌粑、青稞酒与酥油茶	13. 清香甜美的油茶
5. 维吾尔族的抓饭与烤馕	14. 哈尼族的特色饭菜
6. 回族的饮食习惯	15. 泡酒　嚼槟榔
7. 朝鲜族的饮食特色	16. 仫佬族的风味小吃
8. 赫哲族奇特的吃鱼方法	17. 云南特色风味
9. 锡伯族的全羊宴	18. 盖碗茶与功夫茶

而综合实践活动课程作为一门综合性的实践课程，具有独特的功能和价值。与其他课程相比，更强调实践性、开放性、自主性和生成性。因此，我们以"民族节日篇""民族服饰篇""民族饮食篇""民族建筑篇"作为综合实践活动课程开发的四大篇目切入，围绕"人与自然、人与社会、人与自我"三条主线，将研究性学习、信息技术教育、劳动与技术教育和社区服务与实践四大领域有机整合，设计可供选择的具体活动主题和内容。其侧重于纵向上选取适合学生探究的课题来呈现，这样点（学校课程）、面（综合实践活动课程）结合，相互融合，相互补充。

以五年级"民族饮食篇"为例，来对课程做进一步介绍。

表2-1-2　综合实践活动课程

篇目年级	研究性学习		劳动与技术教育	社区服务与社会实践	信息技术教育
	主题	目标	内容与目标	内容与目标	目标
民族饮食篇　五年级	1.地域与饮食	1.引导学生通过搜集各民族的饮食习惯资料，探究地理环境、自然条件、生活方式等客观因素对饮食习惯的影响； 2.认识地域与饮食文化的密切关系，感受各民族人民靠勤劳智慧创造了丰富多样的饮食文化		内容： 1.参加社区"迎国庆"活动； 2.到社区开展"重阳敬老"活动； 3.参加社区爱国卫生月宣传活动； 4.到博物馆或民族宗教局等地进行调查采访活动	根据研究主题，应用工具书、网络媒体等进行资料搜集，并尝试整理、分类以及综合地加以利用
	2.各民族的特色主食	1.引导学生通过搜集各民族的特色主食资料，了解民族特色主食的相关知识； 2.尝试动手制作一种民族特色主食，感受民族特色的饮食风情	劳动实践：学习制作一款民族特色主食并相互品尝，感悟饮食文化的地域性和历史传承性		

（续表）

篇目 年级	研究性学习		劳动与技术 教育	社区服务与 社会实践	信息技 术教育
	主题	目标	内容与目标	内容与目标	目标
	3. 各民族的酒文化	1. 引导学生通过搜集各民族的酒文化资料，探究各民族酒的类别、酒具以及饮酒习俗等知识； 2. 认识各民族酒文化的共同之处，感受各民族饮酒习俗所体现出的创造性智慧、乐观的生活态度、坦诚友爱的情感		目标： 能在家长或老师的陪同与指导下，参加社区活动，在活动中提高对社会的责任感，体会参与社会活动的快乐	
	4. 各民族的饮茶习俗	1. 引导学生通过搜集各民族的茶文化资料，了解各民族的饮茶习俗，感受中华茶文化的博大精深； 2. 尝试表演一个民族的饮茶习俗，体验茶文化是友谊的桥梁、团结的纽带	实践活动：进行民族茶文化表演，体验茶文化的独特魅力和源远流长		
	自选主题：根据情况自主确定				

基于学校和综合实践课程的研究，"民族百花苑"校本课程深化了学校民族文化教育特色，较好地促进了学生的全面发展和学校的可持续发展。但是，纵观我的课程建设研究之路，这项校本课程的实践探索还处在初级阶段，天山小学此时的校本课程还只是一个"点"，没有形成"面"或者"体系"。

二、青岛太平路小学："生本课程"体系初探

青岛太平路小学坐落在青岛的象征——"长虹远引""飞阁回澜"的栈桥之滨。因为是在老城区，学校占地面积只有 6935.52 平方米。学校拥有一支充满活力和发展潜力的教师团队。太平路小学经历 80 多年的发展，从建校初期开启足球特色，到 20 世纪 80 年代彰显艺术特色，再到 20 世纪 90 年代开展主体教育研究实验，以及 2000 年以来形成养成教育特色和科技特色，稳扎稳打、有序推进，并在社会上享有一定的知名度。这一系列特色项目的发展助推了学校的可持续发展，也有效促进了教师的专业素养提升和学生的健康成长。无论这些特色项目如何变化、如何发展，学校始终不变的是"为每一个学生终身发展奠基"的办学宗旨，始终不变的是关注"人"的发展。这让太平路小学的特色项目能够传承、发展，并得到家长和社会的认可。

2011 年，我来到青岛太平路小学担任校长之后，面对日新月异的社会与经济变革，基于学校 80 多年的发展历程，依托课程改革与实践，我提出了"生本教育"的发展方向，从"生本"出发，确立了学校的办学理念和培养目标，并将之转化为课程目标，开启了"生本课程"的研究之路。我始终认为，"以学生发展为中心"，一切为了学生的成长和终生发展奠基是教育不变的宗旨。而课程是教育思想、教育目标和教育内容的主要载体，是一所学校的办学灵魂。通过建构生本课程来激发每一个学生走向个性化的自我发展、幸福成长之路，直到发展成为具有独特生命价值的最好的自

己——既全面发展又具有独特个性的人。

其实"生本"并不是一个新鲜的概念，孔子的因材施教理念、人本主义教育思潮、卢梭的自然主义教育观、杜威的儿童中心教育理论，无不渗透着"生本"的色彩。我们之所以沿用这一古老的思想，是因为不以学生为本、不关注学生作为一个人的发展，是当前教育的痼疾。无论是三级课程的"庞杂""零散""重复""交叉"等问题，还是教师对于课程和教材的顶礼膜拜，都是因为缺少对学生身心发展规律、对学生学习规律的关注。我们重视知识的逻辑，重视教的逻辑，这无可厚非，但如果这些外部的逻辑不能与儿童身心发展的逻辑契合，那么依此而确立的教育必然是"削足适履"式的。这也是当前教育各种问题层出不穷的重要原因之一。因此，我们力图办一种回归儿童本身的教育，借用了"生本"这一概念，希望通过多方面的改革，点燃儿童内在的发展热情。

课程改革初期，我们更多地关注校本课程数量。但随着改革的深入，我们意识到学校课程建设不能只做简单的加法，而应当首先确立顶层设计的理念，紧紧围绕学生发展需求进行课程开发与整合，进行学校课程愿景规划、学校课程结构优化和学校课程指导纲要设计，逐渐形成生本课程体系。为此，我校确定了"立足课程大视野—顶层设计有规划—课程改革系统化—选点突破有举措—实施行动小步伐"的整体改革思路，架构了"一核三维多元"的生本课程体系："一核"是指以提升学生的核心素养为核心目标，"三维"是指立足国家课程、地方课程和学校课程整合的校本化实施，"多元"是指开发适合学生发展的多元课程。学校紧紧围绕育人目标，从四大领域研发学校课程——健体课程、习惯课程、兴趣课程、潜质课程。采用以下三种形式展开探索：一是调整课程结构，整合与调适国家课程，并进行校本化实施；二是推进学科融合，将国家课程、地方课程和校本特色课程进行有机整合；三是丰富课程内容，创编适合学生发展的拓展类特色课程。在课程整合过程中，特别重视生本课程理念在课程文本与课堂教学多个层面的落实，遵循"基于课标—整体规划—调整教材—选点实施—创新教法"

的基本原则，力求以此研发或整合适合学生成长需求的"生本课程"，构建一个适合学生个性发展的教育生态体系，真正彰显基于"生本"的课程特色，促进学生的幸福成长。（具体详细的做法会在后面的典型案例中叙述。）

三、青岛香港路小学：幸福"三原色"课程创建

2017年暑期，带着新的使命，我调任到青岛香港路小学任校长至今。这所学校多年之前系城中村改造学校，前身为浮山所小学，至今已有100多年历史。新校于2001年在原址建成，占地12000平方米，现有29个教学班、1200余名学生、75位教师，教师平均年龄40岁。随着市政府的东迁，现在香港路小学成为离市政府最近的一所学校，得天独厚的地理位置为这所学校的未来发展提出了更高的目标，也为教师的发展提出了更高的要求。因此，基于学校的发展基础，规划学校的发展方向，激发教师团队的发展活力，才能确保课程改革的顺利实施，才能为每一位师生的幸福成长夯实基础。

本着传承与发展的办学思路，2018年，我带领学校干部、教师及家长代表几经研究，确立了"让每一个生命幸福绽放"的办学理念，将打造"有责任、有活力、有品位的幸福校园"作为办学目标来引领学校的可持续发展。一所学校，无论是什么特色、什么优势，其办学思想都应融入学校的课程建设中。为不断推进学校的课程建设，我一方面对学校课程、教师团队等方面进行了广泛调研和深度挖掘，另一方面抓住改革机遇提升学校课程的研究实效。青岛市市南区将2018年定为全区的课程建构年，组织了全区中小学校长赴华东师范大学参加基于课程建设的高端培训，鼓励各个学校建构自己的课程规划。不同专家的学术报告和区域的课程研讨，既给了我们理论层面的高端引领，又给了我们实践层面的具体指导，使我在课程建构的理念认识、体系框架、实施路径等方面有了更为深刻的理解与感悟；让自己对校长在学校课程中应该承担的职责、需要具备的能力、可以发挥的

作用有了更充分的认识；也使自己在建构自己学校的课程规划时做到不盲从、接地气、重规律、有特色。

杨四耕在《今日教育》中提出这样的观点："学校课程变革有三个层次：一是1.0层次，这个层次的课程变革，以课程门类的增减为标志，学校会开发一门一门的校本课程，并不断增减，这是"点状"水平的课程变革；二是2.0层次，处在这个层次，学校会围绕某一特定的办学特色或项目特色，开发相应的特色课程群，这个层次的课程变革是围绕办学特色的"线性"课程设计；三是3.0层次，学校课程发展呈"巢状"，以多维联动、有逻辑的课程体系为标志，将课程、教学、评价、管理以及师生发展融为一体，这是文化创生层次的课程变革。"

围绕打造"有责任、有活力、有品位的幸福校园"这一发展目标，学校将"幸福"这一关键词作为学生发展的终极目标，确立了培养"有责任、有活力、有品位"的幸福儿童的育人目标。其中，"有责任"是一个人产生幸福感的基础，也是打造幸福校园的根基，勾画学校美好蓝图的"底色"；"有活力"是具备幸福感的核心表现，也是打造幸福校园的关键，勾画学校美好蓝图的"主色"；"有品位"是追求幸福感的内在诉求，也是打造幸福校园的目标与追求，勾画学校美好蓝图的"亮色"。结合育人目标，学校立足课程建设，建构了幸福"三原色"的课程体系，对国家、地方、校本课程进行了校本化重构，通过"底色、主色、亮色"三大课程群的同步实施与推进，将学生的核心素养提升融于学校校本化的课程实施中，努力培养学生迎向未来的必备品格和关键能力，让香港路小学成为"成就每一个幸福人生"的摇篮。

幸福"三原色"课程体系构架解读为课程群建构："底色"课程群、"主色"课程群、"亮色"课程群。

"底色"课程群：国家课程层面——道德与法治；地方课程层面——传统文化、环境与安全；校本课程层面——责任教育、节日类课程，例如，传统节日中的春节、中秋节、重阳节等，现代节日中的国庆节、建军节、

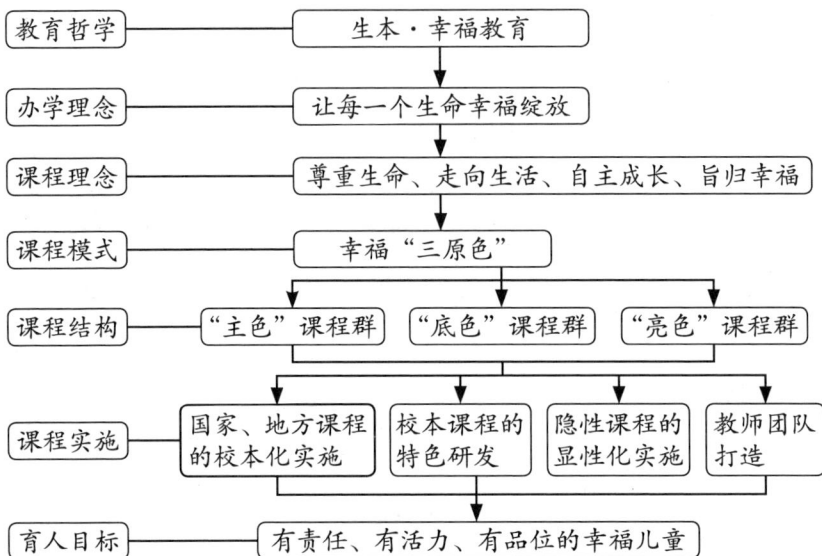

图 2-1-4　幸福"三原色"课程体系

幸福"三原色"课程体系图谱

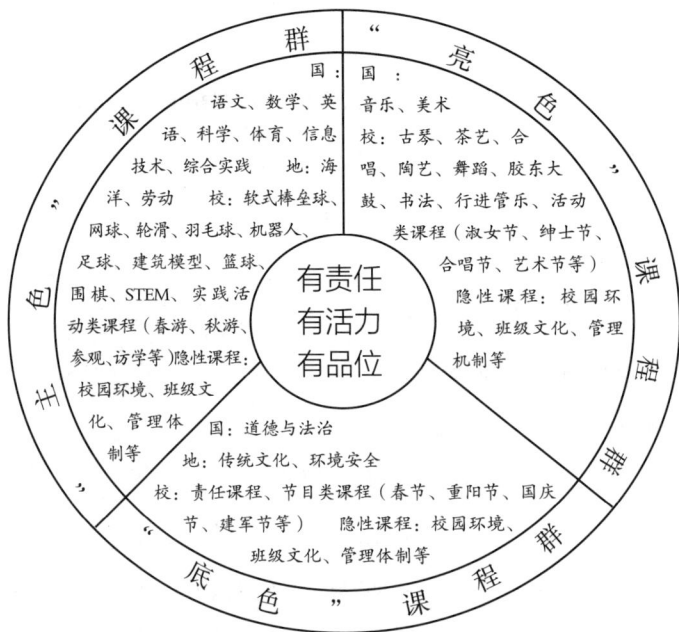

图 2-1-5　幸福"三原色"课程体系

劳动节等；隐性课程层面——校园环境、班级文化、管理体制等。

"主色"课程群：国家课程层面——语文、数学、英语、体育、科学、信息技术、综合实践；地方课程层面——海洋、劳动；校本课程层面——软式棒垒球、网球、轮滑、羽毛球、机器人、足球、建筑模型、篮球、围棋等；隐性课程层面——校园环境、班级文化、管理体制等。

"亮色"课程群：国家课程层面——音乐、美术；校本课程层面——古琴、茶艺、合唱、陶艺、舞蹈、胶东大鼓、书法、行进管乐、活动类课程；隐性课程层面——校园环境、班级文化、管理体制等。

"校本课程资源的广泛性、特色性、多质性、实践性等特点，为开发、编制、设计和构建校本课程提供了独具特色的课程依据。"从青岛天山小学创新思路，融合国家课程，实践"独立"校本课程开发，到青岛太平路小学结合学校悠久历史，从校本课程的单体出发，探索形成完整的校本课程体系，再到最后青岛香港路小学的"幸福三原色"课程，有核心目标，有完整课程结构与设置，有详细课程实施与评价方案等（后文会有幸福"三原色课程体系"的完整介绍），我的校本课程的体系化思路逐渐清晰，课程实施更加科学、有序。

第二章
课程统整实践探索

————

一、国家、地方课程校本化实施的重要意义

无论是国家课程，还是地方课程都是对人才培养的纲领性文件，也是实现育人目标的具体实施路径。随着课程改革的不断深入，国家课程的校本化实施已成为推进素质教育、彰显地方特色和学校办学特色的重要载体。国家、地方课程的校本化实施不仅是一种实施策略，还是一种思想理念。它可以帮助教师从被动的课程实施者变为主动的课程开发者，增强教师对学校课程及培养目标的深刻理解和价值追求，成就教师的专业发展。校本课程的出现符合学生全面发展以及个性化发展的需求，也是本人一直信仰的"生本·幸福"教育理念的重要体现。校本课程建设是现代教育发展的必经之路。学校立足本校的实际及生源的基础，开设不同类型的课程，满足学生的需求，培养学生的兴趣和爱好，逐渐形成学生的个性化发展能力，既是国家、地方课程的补充，又是学校课程的重要组成部分，对学校未来的发展和提高教学质量有着重要意义。

（一）课程统整理念认知

有数据显示，在 20 世纪获得诺贝尔自然科学奖的 466 位顶尖科学家中，具有学科交叉背景的人数占总获奖人数的 41.63%。可见，知识的运用是综

合的。长期以来，我们的学校教育都受分科教学的影响，大家心目中都有学科的概念，并没有科学的概念，这往往会导致学生在学科知识的掌握上相对较好，但在创新精神和实践能力方面有欠缺。伴随着我国新课程改革的不断深入，特别是《中国学生发展核心素养》颁布，国家对未来人才的培养提出更高的要求，课程统整的概念应运而生。"课程统整"的本意就是对课程资源的"统筹规划与系统整理"。在日常的教学研究中，课程统整一方面是学科内的拓展延伸、知识的优化组合，另一方面指向跨学科学习，依据课程目标，围绕一个核心问题，基于学科之间的内在联系，将各自分立的学科知识按照一定的逻辑进行重组。这种课程统整的方式也是我们经常讲的国家、地方课程的校本化实施或者学校课程的重构。

（二）校本课程资源的多样化

校本课程的内容多样性决定了它的内容来源的多样性，这一属性决定了校本课程的丰富多样。"课程资源是指形成课程的要素来源以及实施课程的必要而直接的条件。"[1] 校本课程的研发，使教师可以发挥自身资源的多重效能。例如，有的语文教师喜欢写诗和朗诵，就可以开设相关的阅读与演讲的课程；有的数学教师喜欢数学历史，就可以研发数学历史的课程。教师发挥主观能动性，变成了课程的研发者，自主性就会提高，教学效率就能提高。

另外，家长资源的灵活运用也能成为校本课程资源的来源。我们一直强调家长学校，家长是学生的第一任老师，不止可以在家教育自己的孩子，还可以通过校本课程教育其他孩子。例如我们学校的"守卫蓝色家园"课程，就邀请从事海洋研究的家长进入课堂，与学生分享海洋知识，效果非常不错。

生活处处皆教育。学校周边的资源也是校本课程研发的重要资源。青岛是一座海滨城市，它特殊的地理位置和独有的历史文化都是校本课程的

1　朱慕菊主编. 走进新课程 [M]. 北京：北京师范大学出版社，2002，6（1）：211.

优秀资源。比如，青岛香港路小学所处的浮山所，就是可供学生研究的重要资源。

总而言之，"校本课程资源的广泛性、特色性、多质性、实践性等特点，为开发、编制、设计和构建校本课程提供了独具特色的课程依据"。[2] 校本课程的研发既发掘了教师的智慧，又提升了教师的综合素养，同时通过课程的实施，学校也与社会资源有效对接，满足了不同学生的成长需求。

（三）激发教师的课程领导力

"教师的课程意识和课程能力是校本课程开发的重要前提条件。"[3] 我们一直都在强调学生的角色转换，其实，改变学生的角色重要的是教师角色的转变。校本课程的出现给教师角色转变提供了很好的契机，也为教师专业能力的展现提供了平台。教师由忠实的教材执行者变成教材的创编者，发挥教师的主观能动性，结合地域、学校、学生的实际情况统整课程，创编课程，思想更新，课程观念深入，进入良性循环。如我们教师团队研发的语数模块化课程，有效整合了国家课程语文、数学的内容，同时加入学校的特色内容，满足学生多层次的语文、数学学习的欲望，激发了学生的学习兴趣。再比如，我们教师团队研发的"海洋 STEM"课程，有效整合国家课程语文与地方海洋课程，丰富学生的知识，增强学生的学习能力。在课程研发与实践的过程中成就了学生，更激发了教师的课程领导力。当然，课程统整、校本课程的研发并不简单，课程研发的背后是教育哲学思想的显现，它对教师的知识与能力构成很大的挑战，需要教师具备丰富的知识。

二、课程统整的具体做法与案例研究

在"生本·幸福"教育理念的引领下，我们在课程统整的道路上不断

---

2 黄英姿．校本课程资源的开发与管理 [D]．桂林：广西师范大学，2004：5．
3 陈藻．校本课程开发面临的问题及其对策研究 [D]．桂林：广西师范大学，2006：12．

实践与探索，其中有些研究案例促进了教师的专业发展，激发了学生的学习兴趣，也为我们的课程实施积累了宝贵的经验。下面围绕三级课程的校本化实施，分别从跨学科课程统整与学科拓展两方面进行案例介绍我们对学校课程的实践探索。

（一）国家课程校本化——跨学科课程统整实践探索

2021 年教育部印发《关于大力推进幼儿园与小学科学衔接的指导意见》（以下简称《指导意见》），全面推进幼儿园和小学实施入学准备和入学适应教育，减缓衔接坡度，帮助儿童顺利实现从幼儿园到小学的过渡。同时附上了《幼儿园入学准备教育指导要点》与《小学入学适应教育指导要点》两个文件，分别对幼儿园的入学准备教育和小学的入学适应教育提出了具体、可操作的指导，应该说"教育部发布的这一意见，对于解决相关问题，具有非常重要的意义"。幼小衔接是义务教育阶段中第一个重要的衔接环节。近年来，广大幼儿家长在一定程度上已经认识到提前学习小学知识无助于孩子的长远发展，但长期以来受应试教育的影响，部分家长还抱着"提前学点就比不学强"的想法忽视了孩子的成长规律和个性需求。如何有效、系统地开展适应儿童年龄特点的衔接教育，循序渐进地促进幼儿适应能力的持续发展，使入学后的儿童身心和谐成长，早在 6 年前我已带着这个课题进行了实践探索。

1. 顺木之天性，探寻课程改革之源

学校进行课程改革需要以我们的教育价值取向和育人目标为引领。学校课程发展的使命，在于尊重儿童的成长与发展规律，生成对学生学习与发展有意义的好课程，"顺木之天性，以致其性"。而要达到这种课程目标，需要正确审视目前的教育现状，发现学校课程实施过程中的问题。

（1）来自新生入学的思考。

对于从幼儿园到小学的过渡，很多学生适应得并不轻松。经过调研，我们发现很多学生在学前并不是"零基础"，认了很多字，学了不少数学知识。

但也有的学生识字很少，对数字也不敏感，更没建立起学习的概念。学生的发展非常不均衡，存在很大的差异性。在这种情况下，我们还是按照既定的教材和教学计划，按部就班地开始一年级的课程教学吗？如果无视学生之间的差异，无视他们刚刚迈入小学所遇到的困难，学生能对学习产生兴趣，并获得成长与进步吗？

（2）源自校本研究的启示。

"月磨课"是我校常态校本教研的基本形式，在这些教学研究活动中，还是会听到"教参就这么说的，这节课只能解决这些""教参没讲，这样讲怕不合适"等反馈。由此可见，教师还是把教材、教参当作重要的课程资源。一本教材怎能适应所有学校的所有学生？语文也好，数学也罢，教师对课程的理解只是来源于教材和教参吗？如果学生的学习世界只有教材，如果不把学生的学习引向更广阔的世界，如果没有给学生提供有"营养"、有"趣味"、有"色彩"的课程大餐，能把学生引向有意义的学习并让其获得成长与进步吗？

聚焦对新生入学的思考、校本研究的启示等，之后，我们发现问题的核心所在是课程。课程变了，学生才能变；课程变了，教师必然变；课程变了，学校随之变。太平路小学是一所具有80多年深厚底蕴的优质学校。作为从太平成长起来又辗转回到母校任职的我，深深地知道成绩的背后有许多值得我们传承的精神和好的方法，但也不得不承认，随着课程改革的不断推进，随着对儿童认识的不断深化，随着对教育价值的不断追问，我们必须直面发展的瓶颈。唯有重构课程，才能实现太平路小学的培养目标，才能把学校真正建设成为孩子们幸福成长的地方。

2. 理课程之基，确立课程改革整体思路

围绕教育部《关于全面深化课程改革落实立德树人根本任务的意见》中发展学生核心素养这一个主题，我校在各级教育主管部门的引领下，积极探索学校课程建设的规划格局，以此推进学校的可持续发展。

（1）依托市区教育改革的良好态势，为生本课程建设保驾护航。

青岛市在全国率先成立基础教育学科教学指导委员会，在此基础上，先后出台了青岛市《关于深化中小学课程改革的意见》等文件，以"基地""联盟"共研共享等举措带动全市教学改革。市南区也出台了《市南区教体局深化中小学课程改革实施方案》，积极构建深化课程改革"四维体系"，即以生为本、彰显育人理念和学校特点的课程体系；以师为本、服务课程开发和实施的专业支持体系；以校为本，促进开放办学和内涵发展的课程实施与保障体系；以人为本，激励课程实施和提升课程质量的科学评价体系。形成以"四大联盟"为依托的管理机制、以"品格教师"培养为基础的"一体两翼"培训机制、以"品质课程"为基点的研究机制，全面关注学生核心素养的形成，实现全科、全程、全员育人目标，不断彰显市南"品质教育"特色。市区教育改革的良好发展态势，给学校的教育改革不断注入了动力与活力，更为学校的课程建设搭建了良好的平台。

（2）基于学校实际，确立生本课程的设计理念。

立足学校实际，我们从"生本"出发，确立了学校的办学理念和培养目标，并将之转化为课程目标，开启了生本课程的研究之路。

为此，学校以"生本立校、幸福成长"的办学思想为引领，确立了"尊重生命，走向生活、自主生长"的生本课程的核心理念，尊重生命——课程实施要源于学生的生命成长规律和需求；走向生活——课程实施走向生活、立足实践才能彰显其生命力，课程基础是生活；自主生长——这是课程实施的最终目的，以学定教、不教而教，每一个学生能够自主幸福成长。学校希望通过"生本课程"的研究与实践培养"具有健康身心、良好习惯、广泛兴趣和发展潜质"的现代小公民，让每个学生有选择课程的权利和更多发展的平台，从而真正关注每一个学生的生命质量，促进每一个学生的个性成长。

（3）开展行动研究，探寻生本课程的研究路径。

①研发"语数模块化"课程，培养学生的通用素养。

生活中的问题从来不是一个单纯性的存在，总是复杂的。学生解决问题的过程是综合运用多种知识的过程。如果学生的学习能够按照解决问题的方式来进行，学习效果将是惊人的。当前国家课程是遵从知识逻辑构建的，分类过细，缺少对真实问题复杂性的关注。因此，我们决定整合国家课程，改变学科门类划分过细以及由此带来的各种问题，力图让学生以整体的方式来掌握知识，发展能力。

在学科整合的探索过程中，我们认为学生的通用素养，可以在跨学科或者本学科的学习过程中培养，如学生的习惯、合作交往的能力、自主学习的能力等。依托课标，学校对一年级语文、数学教材进行了适度重组，前两个月不上传统意义上的数学课，采用"2+2"模式，将数学每周的4课时拿出2课时来加大学生的语文识字、读图、阅读、表达方面的认知，课程内容主要围绕一年级数学教材里的单元情境图，研发出6个主题、共12课时的"读图教材"。每个主题均包括"观察图画""快乐读词""诵读歌谣"和"联系生活"四大板块，很好地体现了"拼音与读图""词语与读图""阅读与读图""拓展表达与读图""习惯培养与读图"的五个结合。"读图教材"内容图文并茂、生动有趣，符合一年级学生的认知特点，受到了学生的欢迎。

六个主题课程：

D1 快乐的校园

D2 妈妈小帮手

D3 走进花果山

D4 拔河比赛

D5 森林的故事

D6 左与右

另外2课时则确定了一年级习惯课和活动课的模块化课程，进行数学习惯培养和数学体验活动。两个月之后再按照国家课程要求完成第一学期教学工作任务。课程资源的创造性地开发，尊重了学生的成长规律，树立了学生的学习信心，幼小衔接也更加顺畅。

数学习惯课程内容：

D1 认识教科书、习惯点：上课姿势，数学用品摆放。

D2 数数、习惯点：观察顺序，观察方法。

D3 数一数、习惯点：使用圆片学具等，学习摆放。

D4 找找周围的数、习惯点：语言表达，小组合作交流；学会倾听。

D5 分类、习惯点：学具、物品分类，同位合作。

D6 数学书写、习惯点：认识田字格，书写习惯。

D7 认识 3-6 的数、习惯点：摆放、收取学具。

D8 整理复习、习惯点：表达完整等逻辑思维习惯。

数学活动课程内容：

D9 数字的由来、活动点：搜集资料。

D10 比较、活动点：比物品大小、长短、轻重。

D11 数的比较、活动点：比数字大小。

D12 认识 1-20 的数、活动点：计数器、估数。

D13 认识立体图形、活动点：认识立体图形。

D14 认识平面图形、活动点：认识平面图形。

D15 认识运算符号、活动点：认识数学符号，加法、减法的意义。

D16 认识位置、活动点：认识上下、前后、左右。

"语数模块化"课程的研究成为教师不断发现问题、研究问题、解决问题的过程。像一年级数学实验教师研制的《一年级数学课堂观察记录表》，从"表达习惯、观察有序、学会倾听"三个观测点分三个时段进行课堂观察评价。通过实验，我们发现，模块化课程的实施使 95% 的学生能用较为规范的数学语言表达自己的观点；98% 的学生能初步学会有序、认真地观察；100% 的学生能主动、快乐地投入求知学习中；100% 的学生能自觉用直尺连线，认真书写。语文、数学整合的模块化课程实施使得学生的良好学习习惯正逐步养成，学生的思维能力得到较好地发展。刚刚执教过一年级的数学老师，通过对比明显感受到学生在数学读图、完整表达等方面均较之以往的学生有了明显的进步。

②多学科融合习惯培养，加强学龄儿童的社会适应能力。

为减缓幼小衔接坡度，学校积极倡导"学业零起点、习惯重养成"的培养理念，针对每届一年级新生，围绕儿童成长中的"生活习惯、礼仪习惯、劳动习惯、学习习惯、道德习惯、思维习惯"，入学第一周设置"七天乐"开学课程，100%的内容为习惯养成，从"我的学校""我爱我班""我爱我家""我爱学习""我的新朋友""我的好习惯"等方面，关注儿童主动认知学习环境、激发学习兴趣。入学后2~8周设置了"我能行"好习惯养成课程，50%的内容为习惯责任教育，语文学科创编儿歌辅助习惯培养，音乐老师通过歌谣、音乐律动让儿童主动倾听、乐于行动，美术老师通过学生喜欢的绘画和手工来加深学生的习惯认知，周末开展好家风体验活动等，关注儿童良好习惯培养、健康心态培育。学校还通过一、六年级学生手拉手结对等特色活动开展、过程性评价来培养学生的习惯和责任，提升学生的社会适应能力。

我们都习惯把成长比喻成一场马拉松，胜利不在起点，幸福重在过程。社会上部分家长存在对学前育子知识学习上的先学、抢跑绝不具有持久性，未必能赢。我们关注、呼吁让学前儿童回归快乐童年，也在幼小协同、科学衔接上身体力行。几年来，学校欣喜地看到走进太平路小学的孩子在社会适应和学习适应等方面实现了良好的过渡，对校园生活充满兴趣，对课堂学习充满兴趣，树立了学生开始小学学业的信心。尊重儿童的生命成长规律，才能为每一个儿童的幸福成长奠基，从而助推每一名儿童的健康、快乐、个性发展。

（二）国家课程校本化——学科内课程统整的实践探索

核心素养和学科核心素养之间，不是简单的一对一的关系，既有共同之处，又有学科独特之处。学校低年级语文、数学课程整合的成功经验，激发了教师们的课程改革热情，我们又在研读课标的基础上，针对学生年龄特点和课程内容，对各年级语文、数学教材进行了学科内的统整研究。

对于语文学科，太平路小学早在 2013 年就开始围绕"专题高效阅读"进行教材间的课文内容统整，提高课堂效率。与单元教学、主题教学不同，"专题高效阅读"是围绕一个个专题进行阅读的一种高效率的阅读方法。它打破了以往一课一设计或一单元一设计的传统教法，而是基于《语文课程标准》，以培养语文能力为主线，改变了教材体系，按照专题将课程内容进行重新调适和统整，并以专题为单位进行重组，形成一个多种材料组合在一起的阅读专题"大单元"整体实施教学。如，各教材中的所有写景类文章可以组成一个大单元。另外将专题阅读与生活有机结合，精读与略读、自主阅读与语用训练等有机结合。整合后的阅读专题既整合了教材，又抓住了文本间的联系，进行一类文体的高效阅读方法指导，引导学生将知识以整合化、情境化、生活化的方式存储于记忆中，以利于知识建构、提取、迁移和应用。学生由一学期学习一本教科书，变成围绕专题拓展阅读多篇文章或多本书。将原本孤立的学科核心素养要素通过一个个专题连接起来，使学生的能力提升更具有层次性和系统性，实现一课一小得，一专题一大得，对学生而言，有效激发了阅读兴趣，培养了阅读能力，提高了阅读效率，扩大了阅读量，养成了阅读习惯，提升了语文素养。

为营造校园良好的读书氛围，使学生在书的世界里阅读经典，感受文化，了解世界，让阅读开启每一个学生的幸福童年，学校积极进行语文学科内的统整研究，开启了"书香致远"阅读工程，在低、中、高年级分别进行绘本阅读、专题高效阅读等阅读实验，以阅读启迪学生智慧，提升学生品位。

阅读手册开启课程统整研究新篇章。为将"书香致远"阅读工程落到实处，学校在 2018 年 3 月研制了香港路小学的阅读手册——《银杏树下来悦读》，手册中选取了适合各年级学生阅读的经典篇目和必读书目，详细制定了各年级的阅读标准和评价方法，帮助学生从书本中汲取营养、启迪智慧，从而提升自己的文化底蕴，丰盈自己的精神世界，真正让阅读成为学生学习与生活的一种习惯。通过每日早读、晨读演讲、月读分享、社团走班时间,教师带领学生研读手册中的经典古诗词和经典书籍,激发学生酷爱读书、乐于读书的家国情怀。

低年级绘本阅读激发学生读书兴趣。小学低年级是培养学生阅读能力的起步阶段,这一阶段将对培养学生终身的阅读兴趣、阅读能力,全面提高学生的语文素养具有非常重要的作用。为此,学校配备了大量的绘本供学生阅读,并通过"欣赏、交流、体验、想象、创作"五大策略来引导学生入境读、入情读、入心读,培养学生良好的阅读习惯,不断提升学生的语文学科素养。

创境欣赏,激发情趣。低年级学生的思维处于从形象思维向抽象思维的发展阶段,因为识字少,对色彩、图画的感知比较深刻,绘本恰好是通过大量的图画感知并配以简要文字来讲明故事,说明道理,这其中往往是以小见大,寓意深刻。教师在开展绘本阅读时,通常会创设故事情境,引导学生走进绘本,感知故事情节,激发学生深入阅读的积极情感。在拼音学习之前,教师通常会通过视频画面、音频效果将绘本内容录制成微课,如同微电影一般为学生创设故事情境,引导学生边听、边看、边理解。

交流讨论,感知文本。图文并茂的绘本给学生的读书学习带来了无穷的乐趣,但仅仅局限于表面的感知是很不够的。因此,在学生对文本内容有了初步的感知后,教师会设置不同的问题引导学生思考、交流、讨论,深化对文本的理解与感悟。如,教师在指导学生阅读《爷爷一定有办法》这本绘本时,当学生通过自主阅读有了初步感知之后,教师顺势提问,"爷爷将孙子的破毯子都变成了什么""你认为爷爷是个怎样的人"等,让学生在交流讨论中逐步深化对"爷爷"这一人物形象的理解,体会爷爷对孙子的爱。

角色体验,深化理解。绘本图书的突出特点是故事短小精悍,在引导学生读书学习的过程中如何帮助学生内化感知,我们认为学生的角色体验尤为重要。在指导学生学习《独一无二的你》这一绘本时,为帮助学生加强自我意识,我们会引导学生把自己带入故事中,引导学生思考,"如果你是丹尼，你将有怎样的打算"，"请你为自己做自我画像，让大家看到你是与众不同的"。适时的角色体验，不仅让学生看见自己，相信自己，从而进一步理解如何勇敢地做好自己。

展开想象，拓展延伸。绘本阅读通常会有一条阅读主线，虽然文字少，却给读者留下了非常大的想象空间。因此在开展绘本阅读的过程中，指导学生展开想象的翅膀，拓展延伸文本内容是非常有必要的。我曾经在教学《太阳的味道》一课时，引导学生思考：如果你是太阳，你会把它的味道送给谁呢？学生的回答超出成人的预料，"老师，我会送给冬天的雪地，让路人不滑倒""我会送给盲人，让他见到光明"……学生们思维的火花可谓竞相绽放。激发学生的想象力，不仅能帮助学生理解文本，更培养了学生的创意思维，激发了学生的阅读欲望。

自创绘本，提升能力。在指导学生进行绘本阅读的过程中，我们还针对语文教材、绘本的不同有选择性地引导学生自创绘本，提升学生的情感表达、语言交流、绘画创作的能力。如有的教师在执教语文教材《秋天》一课时，让学生到大自然当中去寻找秋天的印象，将秋天的落叶做成标本，同时绘制成图画，然后再展开想象，用简单的文字描绘落叶的样子。语文教材的拓展，绘本学习的延伸，让我们处处感受到阅读带给学生的成长与快乐。

当然，绘本阅读不仅仅针对低年级的学生，在教学中我们还引导学生创编故事，用绘本创编发布的形式进行展示，大大提升了学生的综合素养。学校李妮老师通过多年的阅读积累，在班级营造了浓厚的读书氛围。随着识字量的增多，学生阅读了大量的绘本，该班级学生还自编自演，把绘本搬上了舞台。后来，学生开始尝试自己创作，从最初的一页、两页，到制作出一本本图文并茂、生动精彩的原创绘本作品，并开展了班级的小小绘本发布会。学生轮流向大家介绍了自己的绘本，分享自己的创作理念。小作家刘若伊是一个喜欢旅行的孩子，所以她创作了《环球之旅》，带领大家走向多彩的世界；内秀的吴雨泽是一个懂得感恩的孩子，创作了《感谢之书》，创作的灵感来自暑假的一次夏令营，因为生病受到了老师和同学的帮助，所以他感谢世界上每一样美好的事物；崔佳怡同学因为家里新添了一个小妹妹，创作了《爱能开出美丽的花》，细致描绘了一家四口相亲相爱的情景；吴思娴同学的《我妈妈》，描述了自己热爱幼儿园工作、热爱学生、温柔但偶尔会发脾气的妈妈，绘本里写道："无论妈妈是发脾气的大狮子，还是温柔的小花猫，我都爱她……"全班44位同学全部参与了原创绘本活动，每个人都有自己的独一无二的作品，内容丰富多彩，有关于环保的，有关于安全的，还有关于梦想的……这些都是学生自己的发现、自己的创作，让所有参加发布会的老师为之赞叹。发布会结束后，每个小作家都在签名处郑重写下了自己的名字，相约继续创作出更精彩的绘本！

正如绘本《花婆婆》中描绘的，婆婆在路过的地方播撒下花的种子，等花开烂漫时，她实现了让世界变得更美的梦想。我们的绘本阅读、绘本创作就如同一颗小小的种子，播撒到学生的心中，逐渐生根、发芽、开花、结果，将读书培植成为习惯。绘本阅读和创作给学生开辟了一个更多彩的世界：他们由此爱上了阅读和写作，爱上了绘画和色彩，爱上了表演和制作；在情感上更加丰富，更懂得感恩，懂得宽容，懂得分享……期待学生能够继续大量阅读，享受阅读的快乐，享受创作的快乐，并把这份快乐一直传递给身边更多的人。

原创绘本帮助学生顺利做好幼小衔接。小学一年级上学期作为幼小衔接适应期，要特别关注新生的生理和心理需要，创设与幼儿园相衔接的班级环境与学习环境，强化以儿童为主体的探究性、体验式学习，从而帮助学生逐步适应从游戏活动为主向课堂教学为主的转变。为加强幼小衔接，为每个儿童搭建成长适应的阶梯。这几年青岛香港路小学研发了《小香小港的幸福一天》原创绘本，绘本里将小主人公"小香"和"小港"一天的作息、学习、生活以儿童画的形式呈现给新同学，引导新生适应学校生活，培养良好习惯。《手册》中涵盖"纪律我遵守""习惯我践行""常规我记牢""银杏树下来阅读"等方面，在封底还设计了"好习惯伴成长"银杏叶涂色板块，从而进一步帮助学生为顺利开启小学生活打下坚实的基础，对家长有效指导孩子适应小学生活提供了有力的保障。

中、高年级语文课堂拓展阅读新路径。以国家语文课程标准为依据，以学校基于逆向教学设计为基准，在语文课堂上，老师在完成常态化教学目标的前提下，积极引领学生从拓展阅读课程新路径切入，给予学生《银杏树下来悦读》阅读手册中相关篇目和区教研员推荐的阅读书目的研读指导。以一篇带多篇、一本带多本的方式，整合阅读主题，整理阅读方法，提炼阅读思考，提高阅读理解，升华阅读情感。拓展阅读新路径，主要引导学生阅读经典佳作，体现"立德树人"全新的教育理念，展现阅读课程给予学生最美丽的幸福童年！阅读课程实施阶段，在指导学生整本书阅读教学中能够形成三种课型：导读、推进、展示，让学生在平日的学习生活中有自己的阅读意识，从理解力到朗读效果都有了明显提高，特别是对古诗词的阅读理解与感悟。目前，我校学生已经能够达到读好一本书、写好一篇读书周记、参加一次读书演讲汇报的阅读目标。

养成阅读习惯，营造书香校园。自启动阅读工程以来，学校抓住点滴机会帮助学生养成良好的读书习惯，积极营造浓厚的书香校园氛围。晨诵怡情，从清晨开始，学生就伴随着琅琅书声开启一天的学习时光。午读明理，午读"十"分更是国学经典的延续。每周的晨会上，是集体分享阅读的幸福时刻。间周的班级队会上，教师都会带领学生在阅读中度过，适时创新做法，为学生的阅读意识和行动保鲜。学期末我们也会评选"书香家庭""书香班级""书香个人"，为让每一位学生幸福成长，学校营造了"三位一体"的书香校园氛围。

有效活动助推课程新活力。结合青岛市提出的"十个一"活动项目和市南区"七项工程"育人目标，以《银杏树下来悦读》阅读手册为主的阅读课程，学校相继开展了"阅读小达人"每月分享秀活动，以"世界读书日"为契机开展了为期一周的读书周活动：图书置换、读书班会、亲子阅读，以学校百年"银杏"为特色成立了教师朗诵社团和学生朗诵社团。围绕区域层面展开了“学国学诵经典传美德”活动、“我们的节日”——清明诵读活动、“中华情——春之声”诵读活动。丰富多彩的读书活动，助推阅读课程的研究，营造了浓浓的校园书香氛围，充分激发了学生遨游书海的欲望。对学生而言，每次阅读课程的研读和活动的参与，都是一次文学素养的提升，都是阅读种子在心底慢慢萌芽的过程。

通过一段时间的阅读课程的实施与推进，学校老师深深体悟到，引领学生走上阅读课程的人生之旅是“立德树人”的教育价值所在，在丰富学生的精神世界的同时，让学生充分领略了中国语言文字的博大精深，领悟到阅读世界的无穷奥秘！一本本红色经典、一篇篇优秀作品，是开启学生认识世界真善美的大门，是帮助学生走上幸福成长道路的力量！

学生从阅读到“悦读”，在“悦读”中能主动介入读书、谈书、议书，能让优秀作品熏陶并感染自己。阅读课程的有效实施，学生从“欣赏阅读”到“心赏交流”，用独特的视角去诠释一篇篇作品的内涵，读出他们内心的思悟，不断丰富学习和生活。

（三）地方课程校本化——“蓝色家园”课程的拓展研究

实现海洋强国，必须重视青少年的海洋教育，“以经略海洋培养人才”是近年来青岛市的发展方略之一。青岛作为沿海开放城市，开展海洋教育有着得天独厚的地理优势和资源优势，为不断推进海洋教育，青岛市教育局前些年已组织研发了地方教材《蓝色的家园·海洋教育篇》。作为基层小学，我们在这一地方课程实施与推进的过程中，不断结合学校实际，推进地方课程的校本化实施。以青岛香港路小学为例，学校以挖掘地址前身为“浮山所”的历史渊源，结合古代海防中的卫所建制以及浓厚的渔文化历史为突破口，以多种教育资源整合、多种教育途径并举为渠道，研发了“守卫蓝色家园”校本课程。学校希望通过该课程的研发与实施，真正使学校的文化历史得以传承，海洋教育特色得以彰显。

1. 确定课程研究目标

围绕幸福"三原色"课程体系建设，学校因地制宜挖掘海洋教育内涵，进行了海洋教育课程的校本化研究，确立了"守卫蓝色家园"校本课程的研究目标：通过"守卫蓝色家园"校本课程的实践探索，增强学生"爱海如家"的国防意识，引导学生从小树立起热爱海洋、探究海洋、守卫海洋、造福海洋的意识，增强学生的爱国情感；通过学生的学习、探究与实践，能够了解并掌握海洋、海军、海防的基本知识，为将来保卫、建设祖国储备迎向未来的关键能力；了解并掌握研究性学习的方法，培养学生的信息搜集、合作探究、系统思考及分析解决实际问题等方面的能力；通过校本教材的研发，提高教师课程开发的意识，丰富教师的学科素养，提高教师的课程领导力。

2. 确定课程研究内容

学校依据学生的年龄特点，围绕"海洋、海军、海防"这三大研究专题，确立了各年级段的研究内容，以更好地推动课程的实施。

低年级：探究海洋奥秘，感受卫所文化：(1) 揭开大海的"面纱"(关于海洋的基本常识，如面积、版图)；(2) 海洋伴我成长(海洋与人类生存的密切关系)；(3) 我是海洋环保志愿者(了解海洋环保相关知识)；(4) 浮山所"成长记"(了解学区属地的村落历史文化，了解卫所建制对海洋国防的深远影响)。

中年级：了解海军建制，探究海洋经济：(1) 蓝色钢铁长城(知晓我国海军历史和发展变化)；(2) 走进海军博物馆(了解我国海军现役的炮艇和潜艇)；(3) 海藻探秘(以"小"海藻研究推动"大"海洋探索)；(4) 海洋产业造福人类(了解海洋经济的发展)。

高年级：保卫海洋权益，增进国际交流：(1) 海上丝绸之路(了解海上贸易给国家对外交流带来的变化)；(2) 我是海防小卫士(了解维护海洋权益是现在边防的重要任务)；(3) 情系蓝色家园——海域的变迁(了解近现代史中帝国主义、殖民主义对我国的海上入侵史，引发学生的思考)；(4)

海洋和平小使者（了解国际如何解决海洋争端）。

3. 形成课程开发流程与评价方法

（1）课程开发流程。

在"守卫蓝色家园"校本课程研发的过程中，我们坚持科研引领，借助"十三五"省级重点立项课题——《基于逆向教学设计的课堂教学改进和课程建设研究》的研究方法，提倡从"终点"出发，即从所追求的目标出发首先考虑评估方案，再具体设计课程。基于这样的理念，学校课程围绕"整体架构—选点实施—研学结合—总结提升"的开发原则，聚焦在全方位实施育人功能上，将海洋教育生活化，学校生活课程化，按照我们思考设计的课程开发流程积极进行《守卫蓝色家园》校本特色课程的研发（如图 2-2-1）。

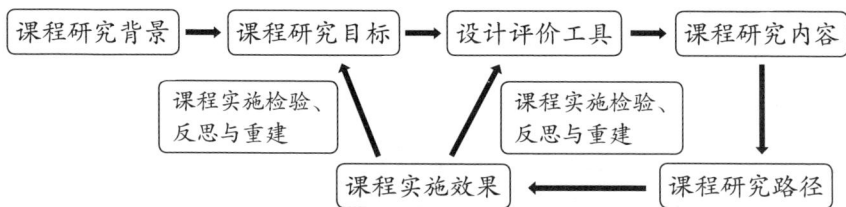

图 2-2-1 《守卫蓝色家园》课程开发流程图

（2）课程评价方法。

为使"守卫蓝色家园"课程研究得以顺利实施，我校将研究性学习作为学生实践探索的主要渠道，注重学生对海洋主题学习的感受和体验，结合学校实际情况和新课标理念，建立了基于校本的评价体系，以此来提升教师研究的科学性和学生学习的主动性。

评价主体多元：针对学习内容和学习方式，学校探索了教师对学生学习的及时评价、学生之间的相互评价、家长对学生的跟踪评价、学生的自我评价以及通过大数据对"守卫蓝色家园"课程中学习兴趣的调研评价。

为使评价过程更真实、形象，综合评价学生在海洋课程学习中情感态度、知识与技能，创新与实践能力的具体体现，学校实施了学生成长过程性评价。

通过建立学生的成长档案袋，搜集、存放学生历次海洋研究性学习成果记录单、研究性学习报告、学习心得等，并及时进行展示与交流。利用学校的文化长廊定期展示学生的优秀海洋教育课程作品。

为使"守卫蓝色家园"课程的实施能真正促进每一个学生的健康成长，学校还通过各类活动开展、汇报展示、家长问卷调研等形式及时搜集过程性评价与终结性评价的数据及相关信息，及时开展海洋教育课程论坛，反思课程目标的达成，推进课程的进一步完善。

4. 课程实施路径与成效

关于海洋教育方面的课程实施路径可以概括为"三堂一节"，即依托综合实践活动课堂、研学课堂、专家课堂和海洋科技节将海洋教育活动化，将研学活动课程化。

（1）细化海洋教育研究主题，打造具有海洋特色的综合课堂。

为了让海洋教育更具实效，拓宽和丰富海洋教育的内容，提高海洋教育的质量，学校将地方课程与综合实践活动课程深度整合，打造以海洋研究为主题的综合课堂。

围绕地方课程"蓝色的家园·海洋教育篇"中"海洋自然环境"和"海洋权益与国防"单元的教学内容进行拓展，从学生的兴趣出发，拓展学习的广度与深度，充分利用综合实践活动课开展了"海底地形探秘""参观海军博物馆""航海探险家"等小课题研究。对学生的每一次研究成果，都会给予积极评价并记录在档案袋中，每一个学期，都会进行研究成果的展示。围绕海洋教育地方课程的六大研究领域分年级、分主题开展海洋研究，如三年级以海洋生物文化、四年级以海洋旅游文化、五年级以海洋民俗文化、六年级以海洋历史文化为研究主题。在综合实践活动中，每一个海洋研究主题都将研究性学习、社会实践、劳动与技能贯穿始终。这激发了学生探索海洋、保护海洋的责任感和使命感，培养了学生的创新精神和实践能力。

在综合实践活动课的拓展研究中，学校还与中国海洋大学的"海岸权益社团""海洋环境社团"结成共同研究小组，定期聘请中国海洋大学的学生作为辅导员给学生上海洋教育课，带领学生参观实验室，宣传海洋科普知识。学校还与中国科学院海洋研究所共建海洋教育特色课程平台，带领学生走进海洋研究所，与研究人员互动，参观标本馆。通过这种大学生与研究人员带小学生的方式，学生得到了深度体验的机会，视野得到了拓宽，大大激发了学生的研究热情。学校还根据研究课题的内容和时间的需要，带领学生参观海军博物馆、海底世界等，激发学生对海洋环境、经济、军事等方面研究、探索的兴趣。通过海洋教育与综合实践活动课程深度整合，确保了海洋教育目标的实现。

（2）突出一个"研"字，打造以多角度研究为主的研学课堂。

从校内到校外，学校利用研学课堂这一实践路径，将外出实践活动纳入学校海洋课程的研究中，让学生掌握认识海洋、探索海洋、研究海洋的方法。例如，低年级"美丽的鹅卵石"，让学生了解鹅卵石后，利用靠近海边的优势和家长资源，带孩子到海边捡拾鹅卵石，进一步研究并作画；在高年级的"海底地形探秘"课程中，学生参观了海洋研究所，制作了海底地形模型，进行深入的研究。

学校每年定期组织全校学生走出校园开展海洋教育实践活动，如低年级学生畅游五四广场，中年级学生走进海军博物馆、贝壳博物馆，高年级参观海洋研究所、登上科考船。学生根据各班制定的实践活动方案，对自己喜欢的主题进行深入研究，形成研究性学习成果，通过多种方式在课堂上进行成果展示。学校还面向三至六年级学生建立了海洋社团。社团学生在老师的带领下定期开展科学探究、社会实践、科学考察等研究性学习活动，普及了海洋知识，培养了爱海情感，增强了海洋意识，提升了保护海洋的责任感。

（3）突出一个"深"字，打造以多种教育资源为主的专家课堂。

来自高校、海洋专业机构和家长资源的专家讲堂，丰富、深化了学生的海洋科普知识。学校与中国科学院海洋研究所、中国海洋大学、海军博物馆等实践基地签订了合作育人协议，为学校海洋课程及实践提供有力的保障。根据课程内容，制订专家、家长讲堂课程计划，定期邀请专家给学生上海洋教育大课，或带学生到海洋教育基地上课，与专家互动，多方面增长学生的海洋科普知识。学校充分发掘家长资源，利用银杏树电视台定期开设"家长讲堂"，邀请具有海洋研究、海军军事方面背景的家长走进校园进行海洋知识讲座。

中国海洋大学的孔青教授精彩的"常见的海洋生物"科普讲座，通过一幅幅精美的图片和专业的讲解，贴近生活的比喻，使学生了解了海洋中形形色色的微生物，知晓了众多海洋生物的种类和用途；海军971医院的部队官兵带来的"70年光辉岁月话海军"主题演讲，使学生了解了中国海军的发展历史与肩负的责任使命，激发了学生立志做一名保家卫国的海防小卫士的爱国情感；海洋地质所韩波研究员的"海洋资源与勘探方法"科普专题讲座，丰富的野外实地勘测图片和海洋珍惜资源的标本令学生大开眼界。一次次海洋教育的专家讲堂，开阔了学生的视野，激发了学生热爱海洋、探究海洋的热情。

（4）突出一个"广"字，打造人人参与的海洋科技节。

学校设立了海洋科技节。海洋科技节共有六个主题系列活动，即"海洋观察日记""海洋知识手册""海洋研究院""校园爱迪生：小发明设计展""魔方竞速""梦想在这里放飞—航模比赛"，活动项目涵盖游戏娱乐、评比竞赛、调查实验、展示交流等。在历时一个月的海洋节活动中，学生研海、写海、画海、摄海、护海，提高了探究精神、实践能力和海洋意识。丰富的活动内容、新颖的游戏项目吸引了全校学生热情参与，取得了良好的活动效果。

例如，在海洋科技节活动开展期间，学生撰写海洋观察日记。三年级主题是海上红绿灯，四年级主题是海上运动，五年级主题是走进南极，六年级主题是桥隧时代。写童谣、画童谣，让学生在缤纷色彩中爱上海洋；海洋摄影，抓住了海边精彩瞬间；全校师生来到大海边，开展沙雕实践活动，培养学生的实践创新能力。不同形式的活动、多样的展示形式，让学生能多方位地感知海洋、认识海洋，也充分体会到校园生活的乐趣。

课程建设点燃蓝色梦想，"经略海洋"宏愿校园萌芽。海洋教育的研究、地方课程的校本实施，进一步培育了师生的爱国情感，培育了师生对家乡的热爱，激发了学生将来建设祖国的信念，也提升了教师的课程领导力，提升了学生的研究、学习、思考和实践能力，提升了办学水平。海洋教育研究还有巨大的空间等待我们去探索，我们研究的脚步将永不停止。新的风景在美丽的前方等待我们，我们深信学校海洋教育的明天将更加灿烂。

第三章
校本课程的自主研发

————

　　华东师范大学钟启泉教授曾说过，学校的"课程"并非单纯为学生预设的"跑道"，而是让学生沿着"跑道"跑的过程。课程不是单纯静态的"公式框架"和学校的"教育计划"，而是师生在一定的教育情境中展开文化探索的动态生成的过程。校本课程作为促进学生全面、个性发展的有效载体，既是国家、地方课程的有益补充，又是学校特色的彰显。这些年，无论在哪所学校任职，我都因地制宜、因校施策，立足校本课程研发，找准学校发展的增长点，不断提升学生的综合素养。以下案例是学校研发校本课程的典型做法。

一、"责任教育"校本课程概要

　　围绕学校幸福"三原色"的课程体系建设，在底色课程群中，学校自主研发了"责任教育"校本课程。"责任教育"校本课程作为"道德与法治"学科的有益补充，既是实现"立德树人"这一教育根本任务的有效载体，又是培养"有责任、有活力、有品位"的幸福儿童的实施路径。

（一）课程研发背景

　　近年来，学校确立了打造"有责任、有活力、有品位"的幸福校园的办学目标,我们认为,"有责任、有活力、有品位"既是学生追求幸福能力的三大核心元素,又是对学生发展核心素养的一种校本化解读。其中,"有责任"是一个人产生幸福感的基础。教师有了责任感才能富有爱心,不失教育底线;学生有了责任心才能主动成长。有责任是打造幸福校园的根基,也是勾画学校美好蓝图的"底色"。为将责任落到实处,学校依托课程建设研发了德育课程"责任教育",希望通过课程实施带给学生幸福的童年,为学生的终身发展打好基础。

(二)课程实施目标

"责任教育"课程作为道德与法治学科的有益补充,既是实现"立德树人"这一教育根本任务的有效载体,又是培养"有责任、有活力、有品位"的幸福儿童的实施路径。通过"责任教育"课程的研发与实施,培养学生敢于负责、善于合作、勇于探索、乐于创新的精神,为学生终生发展打下良好的基础。具体目标如下。

1.通过课程学习,培养学生责任意识,懂得对自己负责、对他人负责、对社会负责。

2.通过课程育人,引导学生在探究中入心,在实践中导行,帮助学生养成良好行为习惯。

3.通过搭建多元化发展平台,引导学生积极参与社会实践活动,具备迎接未来的必备品格和关键能力。

(三)课程实施内容

课程根据《山东省中小学德育一体化实施指导纲要》,结合《青岛香港路小学责任十条》,总共研发了 12 册教材,一至六年级每个年级分上、下册,每册根据 4 个总目标制定 4 章教学内容。每一个章节都设置为"对国家和社会负责""对集体和他人负责""对自己负责""对生态环境负责"4 个学习主题。每学期安排 10 课时,完成每册 4 章的教学内容。课程教材主要体现了以下三个方面的特点：一是教材选材均来源于学校学生学习、生活、探究的实际情况，以学生活动为课程载体，真正体现课程的校本化；二是与各学科相融合，在教材中延伸各学科知识，注重培养学生的技能发展；三是以文化浸润为核心，注重学生自主发展，引领学生参与社会活动，学会学习，过健康生活，有责任担当，提升学生的核心素养。

（四）课程实施路径

一是加强德育一体化实施，让"责任教育"课程"实"起来。充分发挥课程的育人功能。例如，在课程实施中为进一步培养学生的家国情怀，我们把全社会齐心协力抗击疫情作为生动的教材内容，立足"爱国、生命、责任、规则、感恩"专题，组织学生参加"别样的假期别样的成长"居家实践活动；指导学生阅读抗击疫情中的感人故事；鼓励学生参与"纸短情长、战疫家书"的征文撰写。学生通过主题绘画、书法、写作、微视频等形式展示自己在战"疫"中的成长与收获，引导学生树立正确的理想信念，加强文化自信。

二是密切联系生活实际，让"责任教育"课程"活"起来。"责任教育"课程来源于学生生活，又回归学生的生活，注重学生的技能发展。例如，教材中《我是小小志愿者》渗透了如何急救的知识，既体现了学生对生命的负责，又体现了对学生技能的培养。在推进落实"对国家和社会负责"这一教学板块内容时，组织三、四年级学生参观了青岛邮电博物馆。了解了电话、电报、邮政的发展历史，研究了青岛的历史，发现了浮山所（学校旧址）的照片和校园中600多年的银杏树。教师结合学校历史，引导学生研究了浮山所的卫所文化和当时的烽火台，帮助学生树立了对通讯事业、家乡发展变化的自豪感。

三是加强融合研究，让"责任教育"课程"立"起来。在教材研究的过程中，渗透"海洋教育""传统文化"等知识，加强融合研究。例如，《走进蛟龙号》与数学学科整合；《成语故事》与语文学科整合；《校园中的银杏树》立足浮山所的变化，渗透历史知识。通过对来自学生身边的故事解读，引导学生体会责任的含义，切身感受到在学校、家庭、社会自己所应承担的责任，将责任的"知"落实到日常的"行"中，提高了学生的公民素养，助力学生的品德养成。

"责任教育"课程的有效实施，不仅让学生在学习的过程中能理解责任、体悟责任，还将责任意识渗透在学生日常的学习、生活和行为之中，真正实现知行合一，从而不断挖掘学生潜能，打好幸福成长的底色，不断提升学生的核心素养。

（五）课程实施评价

"责任教育"校本课程通过过程评价与结果评价相结合，激励学生积极参与课程学习，尊重和体现学生个体发展。学校依托《五育并举'三有'同行学生综合素养评价手册》（下面简称《手册》）的使用，确保课程的有效实施。学校将评价标准设定为横向和纵向目标。对"德、智、体、美、劳"五育目标进行校本化解读，提出了做"有责任、有活力、有品位"的幸福儿童的横向目标，根据学生年龄特点设定低、中、高年级的纵向目标。设立"责任章、活力章、品位章、课程章"。学生每完成一项责任目标即可获得奖章。在行为习惯养成过程中，坚持21天完成习惯目标的可得到"责任章"；在"责任教育"课程实施活动中积极参与、以优争先的可得到"活力章"；在践行责任行为中体现君子之质的，可得到"品位章"；在"责任教育"课程学习中提高学识素养，取得良好成绩的，可得到"课程章"。四章集齐的学生即可在每月班级评选中凭借"争章记录"获得班级"三有"幸福儿童称号。在"责任教育"课程实施过程中以《手册》为载体记录学生"塑品德、修品行、提品位"的成长过程。通过评价，培养学生的责任意识，成就学生的幸福童年，促进学生的可持续发展。

二、"责任教育"课程范例（见图 2-3-1）

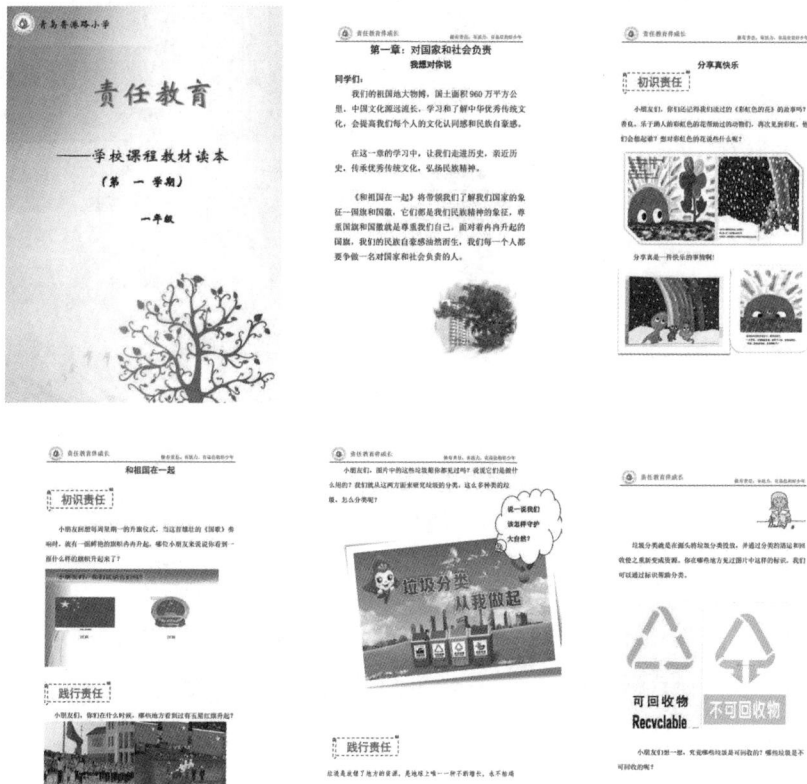

图 2-3-1　责任教育（一年级）校本教材示例

　　校园环境、班级文化、管理体制等会潜移默化地影响学生的成长，被称为隐性课程。我们将隐性课程显性化设计和实施，从而形成对国家、地校显性化课程的有效完善与补充。如在"阅读课程"的实施中，开展读书演讲、每周好书推介、亲子阅读、节日经典诗文朗诵、校园文化建设等，让经典内化于心，助力学生逐步养成良好的阅读习惯。在校园文化的建设中，分楼层设计了走廊环境文化，分别是责任长廊、活力长廊、海洋科技长廊和品位长廊，在每个班级外墙打造成了"班级责任文化"长廊，通过图文并茂及展评栏的开放，营造了良好的育人氛围。

第四章
学校课程的评价探索与研究成效

————

一、学校课程的评价探索

课程评价是通过系统地收集有关信息，采用定性、定量的方法，对课程立意、计划、准备与投入、实施、效果等方面做出价值判断并寻求改进途径的活动与行为的总和。学校在进行课程评价的过程中运用逆向设计思路，以课程设计目标为标准，考察学生发展情况，以此来提升教师研究的科学性和学生学习的主动性。

（一）对课程的评价

1. 专家评估

学校建立学术委员会，借助专家及教学骨干的力量对课程实施进行专业指导。学校的学术委员会成员包括高校的专家、教育中心的教研员、学科骨干力量等，在对于课程评价方面，学术委员会的各成员从理论与实践的不同角度给予科学的、适切的评价，进一步科学、规范地指导课程改革，调整方向与内容。

2. 社会评价

通过面谈、问卷调研的形式面向社会开展对于课程实施的评价。社会群体主要以家长为主，分为三个层面进行，第一个层面通过宣讲，让每一位家长对学校课程实施进行全面了解；第二个层面通过面谈、调查问卷等形式，让家长在与学生交谈的基础上了解学校课程的设置、实施效果、学生需求；第三个层面为汇总、调整、评价阶段，全面汇总相关数据，为今后的进一步改革调整提供方向性的数据。

3. 学校自评

在调研的基础上，结合学校的发展目标，围绕学校"有责任、有活力、有品位"的培养目标，我们把逆向教学设计理论运用于学校课程建设，提出运用逆向思维设计教学的方法进行课程自评，提出改进建议，及时调整课程实施方向。在实施中不断进行评价、反馈和修正，全面提升学校课程的质量，凸显学校的办学特色。

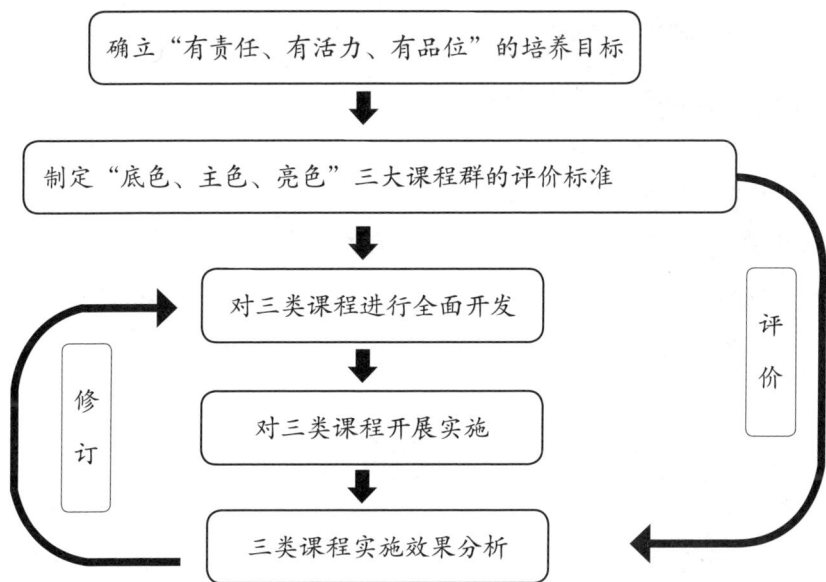

图 2-4-1　评价体系

（二）对课堂教学实施的评价

1. 使用评价表

进一步促进教师对课程的实施能力，调控教师课程实施方向。对教师的课程与课堂展示使用《青岛香港路小学课程实施教师评价表》进行评价，帮助教师进行课堂改进。

2. 经验交流

开展以课程课堂实施为内容的教研活动及经验交流，促进团队研究力的成长。开展"课程子课题经验交流会"与"教师微课题经验交流会"，以会促发展，以会促反思，以会促提高，编写课程实施经验交流汇报手册，为今后的课程实施与改进提供经验。

3. 成果评价

对于课程子课题组成员编写的学校课程成果、教材进行专家、家长、学生层面的评估及评价；学校组织开展课程成果展示会，对于课程成果进行现场交流，进行反馈、总结、提升；编写课程成果手册，对于课程成果进行过程性、终结性的评价展示。

（三）对学生学习效果的评价

1. 评价主体多元

针对学习内容和学习方式，学校探索了教师对学生学习的及时评价、学生之间的相互评价、家长对学生的跟踪评价、学生的自我评价以及通过大数据对各类课程中学习兴趣的调研评价。

2. 评价方式多样

为使评价过程更真实、形象，综合评价学生在各类课程学习中情感态度、知识与技能、创新与实践能力的具体体现，学校实施了学生成长过程性评价。通过建立学生的成长档案袋搜集并保存研究性学习成果记录单、研究性学习报告、学习心得等，并及时进行展示与交流。利用学校的各楼层的文化长廊定期展示学生的优秀作品，让学生相互分享收获。

3. 基于课程目标取向的反思评价

为使各类课程的实施真正促进每一个学生的健康成长，学校还通过各类活动开展、汇报展示、家长问卷调研等形式及时搜集过程性评价与终结性评价的数据及相关信息，及时开展课程论坛，反思课程目标的达成，推进课程的进一步完善。

4. 依托《"五育并举'三有'同行"学生综合素养评价手册》的使用，确保各类课程的有效实施

从横向和纵向两个维度对"德、智、体、美、劳"五育目标进行校本化解读，提出了做"有责任、有活力、有品位"的幸福儿童的横向目标，根据学生年龄特点设定低、中、高年级的纵向目标。在评价过程中，从养成教育入手，融合各类课程学习，引导学生争得"责任章""活力章""品位章"和"课程章"。进一步完善学生自主管理中心制度，通过晨会开设"一日常规我会做"主题展播，将评价手册的各级指标有效落地，不断提高学生的核心素养。

二、课程实施的思考与成效

我国著名的教育家陶行知先生曾说过："做一个学校校长谈何容易？说的小些，他关系着千百万人的学业前途；说的大些，他关系着国家与学术之兴衰。"校长应是学校发展的精神领袖和道德楷模。因此，规划学校的发展、引领学校的课程改革、提升教师的专业成长等是校长的重要使命。作为校长，如何发挥自身的课程领导力，带领学校教师团队深入课改，寻找学校发展的突破口，这也是摆在我面前的课题。学校要发展，贵在找到"自我"，了解"自我"，因为校正方向、正本清源，学校方能走向可持续发展。只有全面了解学校在教师队伍、教学质量、学校生源等方面的现状，为学校的规划发展找到事实依据，通过全面了解学校的发展基础，才能更好地找准发展的起点。

校长的办学思想要在教育实践中得以落实，课程是最有效的载体。从某种角度来说，一个学校拥有怎样的课程也决定着培养怎样的人。兴国必先强师，优师才能兴教。再好的课程都需要优质的教师团队来实施。为此，激发教师的研究活力，提升教师的专业发展自觉尤为重要。学校一是启动分层打造教师团队计划,结合教师的工作年限、专业能力、工作业绩等方面,制定教师梯队建设标准,在教师自主申报、学校审核后,确定名师型、骨干型、胜任型三型教师名单,制定了教师发展目标,并以《教师专业发展手册》为引领,指导教师分层制定好新学期个人发展计划。通过发展目标的分层落实,不断完善教师梯队建设,更好地促进教师专业成长。二是点上推进,成立学校名师、名班主任工作室。通过开设教学节、开放日等活动,为名师、名班主任搭建展示交流的平台,引领其专业发展,发挥其榜样示范的作用;三是实施"青蓝工程",开展"拜师学艺"活动,为每位新教师选配一位骨干教师作为专业成长的师傅,结合《师徒结对公约》的内容,从班级管理、教学技能、职业道德、家校沟通技巧等多方面,促进新教师发展。

学校课程的建构、研究与实施激发了教师的研究活力,不断提升师生的综合素养。在教师的专业发展方面,各学科教研组致力于学校研究课题,从学生学习目标的定位到教学目标的达成等细节研磨,从一人一堂课、骨干汇报课到教学节展示课等,教师的研究热情日益浓厚。近三年来,香港路小学教师中有 3 人次获评市、区名师工程培养人选,实现了历史性的突破;45 人次出市区公研课、优质课;3 人次获得市教科研优秀成果特等奖、一等奖;23 人次进行了区级以上教学经验交流。教师素养的提升,也带动了学生的成长。有 300 多人次获得了全国、省、市级奖项。其中,棒垒球社团成员勇夺省、市比赛第一名,全国联赛亚军;成立三年的女足队,两获市长杯亚军,获区长杯比赛冠军;学生的胶东大鼓表演,登上了首届中国少儿春晚……学校先后获得中国 WEO 轮滑示范学校、中国 STEM 教育2029 行动计划"种子学校"、全国校园足球特色学校、全国网球特色学校、山东省教育信息化应用创新示范学校、青岛教育改革创新领军学校等十余项全国、省市级的荣誉称号。三年里学校迈了三大步,教育教学、体卫艺科技等工作成绩大幅跃升,社会满意度考评提升到中上游水平,课题研究实现了零的突破,在 2018、2019 年的考核中连续两年获得奋进奖,2020年迈入优秀行列。师生们也在各种比赛中崭露头角。学校课程的建设与实施,不断挖掘学生的发展潜质,提升学生的综合素养,全面提升学校的办学品位。名不见经传的香港路小学实现了振奋人心的华丽转身。

三、青岛市名校长工作室课程论坛纪实

论坛主题:让校长的课程领导力如何真实发生。

主持人:中小学校长的专业标准涵盖了六个方面,于校长在您的工作室三年发展规划中,您特别指向领导课程教学这一重点研究领域,您当时是如何思考的呢?

于庆丽(青岛香港路小学校长):作为工作室的主持人,如何通过短短几年的研究与实践使工作室的校长抱团发展,在校长的专业素养提升方面成就自己、成全别人,我想这需要做好工作室的发展规划,抓住关键、找准共性、扬其特色才能让我们的工作规划落地落实,正可谓"君子务本,本立而道生"。在中小学校长的专业标准中提出了六个方面的要求,虽然每一个方面都很重要,但我还是将校长"领导课程与教学"作为重点研究领域。因为课程是国家意志、核心素养、学校育人目标的具体体现,一所学校有怎样的课程也意味着培养怎样的人;课程与教学的实施水平也决定了学校的办学质量。校长作为学校的一把手,应当是课程变革的主体,要明确并引领课程的改革方向,指导并带动教师团队的协同发展,不断学习并反思课程实施的效果。这就需要校长要具备一定的课程哲学观、课程专业知识以及明确的办学理念和课程实施策略等。因此,我希望工作室全体成员围绕这样一个重点项目,因地制宜,因校施策,履行好校长在学校课程建设中应该承担的职责,增强应具备的课程意识,发挥好校长的课程领导力,同时通过校长们的主动学习、同伴之间的相互学习达到相互促进、各美其美的作用。

主持人:课程建设在学校教育教学工作中发挥着重要的作用,作为校长如何建构学校的课程体系(也就是我们常说的顶层设计)来引领学校的

发展呢？

林霞（青岛重庆路第三小学校长）：课程是表达一所学校的精神与文化特色的重要载体，是学生全面发展和个性发展的重要保证，是一所学校标志性产品。每所学校应围绕自己的办学理念开启自己的课程体系。合理优质的课程体系是培养学生、发展学校的现实路径。

我认为应该从三个层面去思考如何构建学校的课程体系。

第一，要着眼于学生的核心素养展开思考。学生的核心素养是一个根本问题，也是必须明确的育人目标。学校课程改革不论持何种教育主张，也不论一所学校有着怎样的历史发展背景，课程改革归根结底是为了培养人而展开的，落实立德树人的根本目标，对每一所基层学校来说，要回答的便是培养什么样的人，也就是学生必须具备哪些核心素养这样的问题。另外，不同的学校其学生的核心素养有什么不同吗？怎样在立德树人的总目标之下，结合学校已有的办学条件和发展历史确立本校学生的核心素养？本校学生的核心素养该用什么样的语汇去提炼、概括和表达？学校在进行课程顶层设计时，确立学生的核心素养，即明确育人目标，是构建学校课程体系的重要前提，否则课程改革就失去了意义。

第二，要概括、提炼学校的办学核心理念。

在明确了核心素养即育人目标的前提下，学校要鲜明地提出办学核心理念，因为办学核心理念是一个学校的灵魂，是为了培养学生核心素养而提出的学校价值主张，也是学校构建课程体系的基础和突破口。构建学校课程体系不仅要传承学校的历史传统，符合本校生源实际，还要注重学校培养目标的达成；既要体现"以人为本、多元文化和自主选择"的学校课程核心价值观，体现课程设计基础性、实践性、选择性、整合性和时代性的构建原则，又要体现本校方案区别于同类型水平学校的差异和特色。如果没有统整在一个核心之下，学校课程开设再多，也难以构成一个有机联系、彼此联结的完整系统，而沦为一个个松的板块，这样的课程不会有巨大的能量，不会推动学生的成长和学校的发展。

第三，要以统整与跨界的眼光构建课程体系。如果没有站在人的完整发展的视角，课程设置就很容易彼此割裂、重复交叉、重知识轻能力，与立德树人的根本目标不相匹配，这也是必须深化课程改革的重要原因之一。这就要求学校在构建课程体系时，必须结合学校实际情况，统筹考虑国家基础课程、地方课程、拓展性校本课程之间的关系，还有课程实施的比重、资源、策略等，用统整与跨界的眼光来重设课程、创生课程、实施课程。教师之间要尽可能地打破学科边界，倡导跨界协同教学。[1]

我校以"善美相成，慧书人生"文化理念为引领，确立了"写中国字、育民族情、怀天下心，做现代人"育人目标，把中华优秀传统文化教育系统融入课程和教材体系，致力于以"1+x"为主要内容的"新六艺"课程体系的构建，将学校书法特色与礼、艺、体、技、数领域的课程相融合，凸显国家课程校本化、校本课程特色化、特色课程精品化，让学生在课程实施中感受中华优秀传统文化的博大精深，传承中华文化基因，汲取中国智慧，传播中国价值，逐步养成正确的价值观、高尚的情操和优秀的思想道德品质。

李淑红（西海岸台头小学校长）：台头小学以"和善"为学校的文化核心，引导师生追求和善的人文情怀、和善的博爱思想、和善的生态理念，逐步走近"仁和至善"，从"小我"走向"大我"，实现人事物、思想与行为的和谐统一，与人相处和谐共生，待人接物与人为善。通过"和善"校本课程建设，让学生内心充溢平静、踏实与幸福；通过"和善"校本课程学习，让学生以和为贵，善思善行；通过"和善"校本课程熏陶，让学生的言行合乎理性，合乎宇宙与自然的本性。

我校开发的"和善"1+N 特色校本课程，是在学校近十年的特色建设、文化建设的基础上，结合学校所在地的地域特色逐步锤炼而成的，其中的"1"指中国象棋教育，在我校已连续开展近十年，取得了累累硕果；"N"包括

1　佚名.山东青岛重庆路第三小学：书写新六艺，指尖新传承 [J]. 小学教学研究，2017（3）：1.

人文类、体育类等方面的课程，这些校本课程可以让学生在自己熟悉的环境里学习、成长，开发他们的思维，培养良好的审美情趣，提高人文素养，有助于培养学生热爱家乡、报效祖国的思想情感。

主持人：有了对学校课程建设的顶层设计，我们的课程如何真实在教学中展开？课程与教学又有怎样的联系呢？

李晓丽（西海岸安子教育集团嘉陵江路小学校长）：在讲这个话题之前，我们一定要了解两种范畴的关系，也就是课程和教学的关系。

课程论研究的范畴有课程目标、课程内容、课程结构、课程实施、课程评价。教学论研究的范畴有教学模式、教学过程、教学方法、教学评价等。通过研究他们的研究范畴，我们得知课程论是研究教什么的问题，而教学论是解决怎么教的问题。正因为课程和教学范畴的不同，它们之间的关系也就产生了多种不同的观点，受现代教育学创始人夸美纽斯《大教学论》以及苏联教学理论影响，国内外先后产生过课程与教学包含论、相互独立论、相互交叉影响论等理论观点，美国著名教育家、课程理论专家拉尔夫.泰勒在他的《课程与教学的基本原理》一书中有详细阐述。

课程与教学的研究伴随人类知识体系的发展演进，在不同时期呈现不同的特色与侧重点。寻求两者的融合与整合成为当前的普遍认识。基于当下的课程改革，我们要将课程建设和教学建构统一考量，就是要在宏观文化的引领下，用全课程的理念将育人目标、课程目标、教学目标进行贯通，然后落地于微观层面的课堂上，这样才能整合成一种全息的教育合力，给学校教育理念、教师的教学方式、学生的学习方式带来变化、带来突破。正所谓有什么样的发展方式，就有什么样的学校；有什么样的课程，就有什么样的学生；有什么样的课堂，就有什么样的成长方式。

主持人追问：在深化课改阶段，我们追求的是深度学习。您对深度学习是怎样认识的？深度学习有哪些策略呢？

从理论上说，深度学习是基于建构主义理论的一种学习方式，是在理解学习的基础上，学习主体能够批判性地学习新知识、新理论，将学习的感受、感知与感悟有机地融入自己原有的认知结构中，进而提升学习层次，强化学习能力，去适应新情境，探究新问题，生成新能力的综合学习，与表层学习、浅层学习、机械学习相对立。用一句简单话来理解，那就是深度学习是知其然且知其所以然的学习。在实践层面，要想让深度学习真正发生，一是要改变教师教的方式，教学中要实现经验与知识的相互转化，要帮助学生通过深度的加工把握知识本质；二是要转变学生学的方式，让学生在学习的过程中，通过对所学的知识进行价值判断，进而激发自己深度学习的内驱力。

主持人：您对当前流行的大概念引领，大单元整体学习是怎么认识的？

那朋云（原青岛莱芜一路小学副校长）：大概念（big ideas）也被译为大观念、核心观念、核心概念等。依据所适用的范围不同，大概念有跨学科大概念和学科大概念之分。所谓学科大概念，是指能反映学科的本质，居于学科的中心地位，学科大概念指向这些具体知识背后的更为本质、更为核心的概念或思想。

单元设计更被认为是撬动课堂转型的一个支点。单元教学往往"以课时为单位的教学导致知识碎片化"。大单元整体学习在对知识进行重组与整合后，揭示教学内容之间的关系，这就要求教师必须能够看到具体知识背后的大概念，进而围绕大概念组织教学。

以学科大概念来组织教学内容，将更为充分地揭示知识间的纵横关系，有利于培养学生利用已有知识解决问题，进而生成新知识的能力；对具体的事实、概念进行抽象概括、一般化等思维加工活动，可以形成知识间纵向向上的联系，实现知识的拓展和知识结构的改造；将抽象概括获得的大概念用来指导或运用于解决具体问题，是知识纵向向下联系的过程，也是促进学生将知识转化为能力的重要途径。

主持人：课堂教学的关键是教学设计，如何让我们的教学设计走向深度，践行我们的课程理念？

卢华丽（青岛天山小学校长）：我非常同意刚才晓丽校长的观点，课程论是解决"教什么"的问题，而教学论是解决"怎么教"的问题。我们也关注到了朋云校长提到的"大概念引领，大单元整体学习"。下面，我以我们学校的"一核三图五有"和悦课堂教学模式研究为例具体讲述。

第一，确定一个核心，为和悦课堂寻根。

课堂教学是践行课程理念的主阵地。大概念引领下的单元教学，重在促进学生把学科知识转化为解决具体问题的思路与方法。知识是思维的载体，知识是一条明线，思维则是一条暗线，我们以大概念为视角分析教学内容，围绕大概念系统规划进阶式教学目标、确定教学结构，突出发展积淀下来的思维方法，形成相应的思维能力。

学校开展了"思维悦动"三轮培训活动，在专家的面对面指导下，深入理解深度学习。将思维导图工具与互助跟进式教学模式有效结合，最终确定和悦课堂的核心就是提高学生思维品质。"一核心"指的是教学设计的归宿，和悦课堂教学理念以提升学生思维品质为目标。

第二，选定思维导图，为和悦课堂塑形。

以大概念为视角来梳理相关内容，形成有意义关联的结构化的知识整体。我们已经完成了语文、数学、英语全年级的学科知识体系进阶内容设计，明确大概念引领下的单元统整学习。课堂的教学中，我们充分借助思维导图让学生思维可视化的优点，选定思维导图作为工具，"三图"作为媒介。

1. 利用导学感知图提出问题——学生在课前按照老师的导学要求完成自己导学感知图，并将疑问处标注出来。这样，每节课都从生活中的问题导入，培养学生善于发问、敢于质问的品质。

2. 通过合作精细图建立联系——课上，在老师提供的学习支架下，通过小组交流补充完善自己的感知图，将疑问逐一解决，形成合作精细图，让深度学习在每个学生身上真实发生。

3. 立足深入凝练图习得方法——学生在掌握知识的基础上凝练归纳，完成凝练图，从全面到凝练的思维产生过程，让学生在掌握知识的同时习得学习方法。

整个过程能够反映学生的思考角度、思维过程，提供了给学生体验"发现问题—探索问题—解决问题—发现新问题"的深度学习的路径。

第三，进行文化凝练，为和悦课堂铸魂。

在以"同创共享"为基础，以"每月教学展示"为依托，在通过预约课、校级"一师一优课"促进集备组深入开展教学研究的基础上，学校找到了"五有"作为课堂的文化内涵，指向的是大概念引领，大单元整体学习。"五有"指的是有序（清晰课堂环节、引领思维节奏）、有趣（设置思维动点、激发求知欲望）、有效（注重问题教学、加强思维训练）、有情（增强师生互动、提升思维品质）、有用（延展思维路径、链接现实主题）。

至此，"一核三图五有"的课堂文化内涵形成，成为全体教师课堂教学的理论共识与行动纲领。

第四，深入实践评价，为和悦课堂提质。

学校进行了专题教学展示活动，将和悦课堂的理念由来、目标设计、突破点以及学习素养在课堂教学中转化的三个要素等方面进行深入浅出的阐述，完善了《学校思维悦动课堂观察量表》。教研员、家长代表参与课堂教学评价活动，精研细化学校的和悦课堂观察量化。研究的过程中，教师的深度学习带动了学生更加深入持久自觉的深度学习，学校将完善和悦课堂的细节，促进学生的可持续发展。

主持人：课程是学校教育的核心，课堂是课程实施的核心。课程实施的关键在于教师，作为校长如何引导教师的专业发展？

钟芳（青岛无棣四路小学校长）：高水平的课程建设、高效率的课程实施要想真正落地，其关键因素除了校长的课程领导力、学校的顶层设计之外，高水准专业化的教师队伍也是其中十分重要的力量。作为校长，引领和促进教师的专业发展是领导力的重要体现。那么，如何引领教师的成长呢？我想，主要是两方面的工作：一是激发教师的内驱力，二是提高团队的研究力。

第一，激发教师的内驱力。

我们经常说一句话，"一个鸡蛋从外面打破，只是千篇一律的一盘食物。从内部打破，是一个又一个鲜活的生命。"但问题是内力从哪里来？

其实，每个人心中都有一颗需要被认可的种子，学校要善于运用各种方式认可老师，点燃老师的小宇宙。亲近、参与、成就、被认可，这些是人性最基本的表达，能给人带来主动性和极大的创造力，它会把人的能量100%地释放出来，由内而外才有力量。而将这几个方面归纳起来就是归属感和价值感。

正如美国管理学大师韦尔奇所说："成为领导之前，成功在于完善自己；成为领导之后，成功就在于推动他人成长。"校长要以强大的洞察力寻找机会成就教师。

校长应该以"促进者"和"援助者"的角色，关注教师的教学设计、教育行动、教学活动、课程和课堂创新。教师可以在宽松的学术氛围下展开自由讨论，尝试新的冒险，而不用担心受到过多的行政干预或限制，即使碰到风险和压力，校长与教师之间也能相互支撑、共同面对。

校长应该是站在教师背后的人，是给教师支撑、成全教师的人。成全普通教师最重要的是什么？他自己的愿望因为长时间得不到机会实现，就像火一样熄灭了。学校最重要的就是要把"火"重新点燃，只要点燃，每个教师的潜能都是无限的。

第二，提高团队的研究力。

群体会成为一种力量，可以相互切磋，相互启发。要真正地在研究当中实现共同发展。教师在工作中有思考，产生学习的需要、研究的需要。通过学习、研究有实现发展的感觉，然后越来越感受到工作的价值、吸引和魅力，这样他才会成长起来。要关注和提升教师的日常教育、教学的质量，这里的提升就是要把研究放进教师的日常工作中去。一群人一起走，当看到别人成长的时候，个人的成长欲望也会被激发起来。学校要用研究气质和研究文化带领教师成长。

建一所令人向往的学校，令人向往就是给你希望，让你有憧憬，你会被重视、会被发现、会被成就。这是学校的办学理念，也是学校的文化，强大的个人内驱力和团队研究力会不断助力教师的专业发展。

总结

那朋云（原青岛莱芜一路小学副校长）：几位校长提到了校长课程的领导力在我们的课程实践中如何真实发生，如何引领教师的专业发展才能更好地实现学科育人，从理论和办学实践两个方面阐述了学校的最高管理者的学习与思考。随着教育改革的不断深化，课程管理领域发生了很多显著变化，学校拥有课程开发和设置的自主权，也为校长的管理之路设计新挑战，提出新的考验。

正如林霞校长谈到的，课程设计要基于两个方面的传承、两方面链接。两方面的传承中第一方面是原有学校文化的传承，任何一个学校的发展都有一定程度的文化积淀，这是由全体师生长期的教育实践过程中创造和积淀出来的。校长做课程设计时，首先要充分调研学校原有文化基础，在此基础上根据当下教育的发展，学校目前的发展现状，社会、教师、家长和学生的需求推陈出新。第二方面是学校原有办学特色传承，办学特色是学校文化的体现，校长的课程领导力在于明晰原有学校文化特色，有效传承发展，围绕文化和特色核心，构建学校课程图谱。如我所在莱芜一路小学的学校课程体系，是在学校原有美术特色、美育特色的基础上，丰富其内涵，拓展其外延，建构由美体、美心、美智、艺美四方面课程组成的美好课程体系。

校长的课程领导力还体现链接两个方面的视角，国际化视角和中国本土文化视角。现在学校培养的是面向未来的学生，我们提供给学生的教育必须是面对未来发展的教育，在课程设计中必须要融入国际化的课程精神，如现在开展的项目式学习等。另一方面中国传统文化的教育不能丢弃，要在基础教育中体现文化自信。各种传统文化，传统艺术的精髓、经典都可以纳入学校课程图谱中。

刚才还有几位校长谈到了课程、教学、教师专业发展，学校主要工作还在于人的发展，有学生的发展，也有教师的发展。校长需要高位理解课程与教学之间的关系，帮助教师理解课程、重构课程，将教育理念转化为教学行为的有效践行，组建教师发展团队，整体推进教师成长，并且需要设计有效的载体，提出具体可操作的流程，让每一位教师动起来、变起来、活起来，帮助教师在变革的艰苦中找到创造的快乐，激发内在需求，获得同伴们的认同，渐渐找到求新、求异、求实后职业的幸福感。校长在这期间一定要做到陪伴教师，在行动上支持教师，从而促进从教师个体到教师团队的成长，积淀学校发展的不竭动力，让校长的课堂领导力在学校里真实发生。

教学改革，是课堂教学不断发展的需要，也是提升教学质量、师生综合素质和办学水平的关键。

3

第一章
让教育真实有效地发生

教学，始终是学校工作的主线，是学校育人文化的缩影。教学改革，是课堂教学不断发展的需要，也是提升教学质量、师生综合素质和办学水平的关键。从某种意义上来说，课堂是师生精神相遇的场所。课堂教学改革就是要在注重基础知识和基本技能的同时，关注学生的学习过程与方法，关注学生的情感、态度和价值观的形成，充分发挥学生的自主性、能动性、创造性，关照每一个生命个体的成长，满足不同学生的多样化需求。

一、课堂教学的沿革

课堂教学是在课堂这一特定的情境中由教师的"教"和学生的"学"构成的双边活动。古往今来，课堂教学就是学校教育的主阵地，也是实现教育教学目标的主要途径。作为教育改革的核心和关键，课堂教学直接关乎人才培养的质量。

自新中国成立以来，我国基础教育几经改革，直至 2001 年新课程改革，撬动了以往教育教学理念的转变，各类研究如雨后春笋般破土而出。一时间，教育领域越来越呈现出百花齐放之态。新课程理念充分突出了学生在教育活动中的主体地位，强调学生主动参与、探究发现、交流合作的学习方式，充分体现了素质教育的理念，注重知识与技能、过程与方法、情感态度与价值观的"三位一体"发展。经过十年的实践探索，课程改革成效显著，却也存在一些弊端，2011 年，义务教育各学科课程标准全面修订，新课程标准明确指出，学生是学习的主体，教师在教学中应积极为学生创造自主、合作、探究的学习方式。2016 年，《中国学生发展核心素养》的正式颁布，确立了未来社会人才所需的必备品格和关键能力，其从文化基础、自主发展和社会参与三大领域塑造"全人教育"，形成了人文底蕴、科学精神；学会学习，健康生活；责任担当，实践创新六大核心素养，具体细化为国家认同等 18 项基本要点[1]。

展望世界，放眼未来，现代教学新理念的提出无一不是对素质教育的发展和延伸。小学教育作为国民素质教育的奠基工程，理应率先落实好教育教学的质量和要求，由此，关于课堂教学的实践研究便成为学校教育的关键和核心所在。

在国家基础教育改革的潮流下，新教学理念日益深入人心，深刻影响着当前教育事业的发展，基础教育领域确实也发生了不少可喜的变化。然而，当热闹的形式过后，我们静下心来审视这些变化时，却敏锐地感知，一些课堂虽然打着合作探究学习的名号，却难以确保学生的主体地位真正有效落实，课堂沦为师生间的一场表演和作秀，部分学生失去课堂学习的热情和兴趣，教学评价的缺失和使用不当使得评价的诊断作用和促进作用难以有效发挥……一些违背教育改革本质的问题值得每一位教师重视和反思。

二、现实教学的缺失

（一）学生主体地位难以有效落实

教育改革的浪潮席卷全国，各地都如火如荼地开展各种教育尝试。而现实教学中，部分教师在形式上追求学生的主体地位，在讲解知识时，虽

1　核心素养研究课题组. 中国学生发展核心素养 [J]. 中国教育学刊,2016（10）: 1-3.

然也会提出一些问题，采取合作探究的方式与学生间进行互动，但是往往预留给学生的思考时间不充分，或是学生还未进行充分的思考，教师便已开始了细致的讲解。再如小组合作时，成员之间发言不平等，个别学生发言机会多。换言之，课堂容易沦为成绩好的学生与教师间的"表演和作秀"。学生的主体地位流于表面，难以真正落实。

（二）忽视学生间个体差异问题

学生间由于个体的差异性往往在知识的接受、理解和吸收方面存在较大差异。而现实教学中，部分教师的课堂存在"一刀切"现象，即教师为了完成教学任务、追赶教学进度而不顾学生的学习基础和个体差异，使学生的学习处于一种被动接受的状态。从而导致部分基础薄弱学生难以有效掌握课堂知识，对课堂教学失去信心，而部分能力水平较高学生则认为课堂单调乏味，缺乏兴趣。长此以往，部分学生学习的积极性和主动性逐渐下降，教学效果难以有效提升。

（三）课堂教学评价的诊断、促进作用缺失

在山东省教育教学研究课题组的调研中，我们发现，传统的教学设计主要存在评价（即效果达成度的测评方式）的缺失和使用不当问题，因此，教学设计的活动环节极易脱离教学目标或者目标性不强，教学评价的缺失和使用不当使得评价的诊断作用和促进作用难以有效发挥，具体表现：一是在开始教学前，教师并不清楚目标达成意味着什么，也就不清楚学生已有的学习经验和目标之间的距离，即评价的诊断作用没有有效发挥；二是在教学过程中教师对自身的教学效果和学生的掌握情况并不清楚，来自学生的反馈被忽视，教学容易变成教师单方面的独白，即评价的促进作用难以有效发挥。这种教学忽略了学生，违背了教育为学生服务的本质。

三、教学策略的有益尝试

（一）构建以生为本的幸福课堂

诺丁斯在《幸福与教育》一书中提到，"教育是为了幸福的事业"。她认为"有了幸福这一教育目的的引领，教育教学活动就不再是一种令人感到压抑、苦闷、痛苦的生活经历，而是一个充满愉悦、让人神往、魅力四射的人生乐园，教育活动的全面育人功能随之得以充分释放"[2]。

在实施素质教育的今天，我们理应为了学生的幸福成长，发挥教育的全面育人功能，彻底扭转"以师为本"的课堂模式，构建能够引导学生主动学习和发展的课堂教学模式，从而真正实现"以生为本"的教育教学发展道路。

生本教育的课堂教学，即学生在教师的组织引导下自主学习、发展个性的个性化课堂。可采用个人、小组和班级等多种方式的自主学习。在教学组织上，鼓励学生先学，以学定教，少教多学。在教学模式上，可采用"自主学习—合作探究—展示交流—精讲提升—当堂达成"的"五步导学"法。生本课堂具有以下特点。

一是主体性，生本课堂必须面向全体学生，高度尊重学生，真正落实学生的主体地位，发挥学生的主体作用。二是全体性，生本课堂关注学生的个体差异，课堂教学面向每一个学生，不放弃每一个学生。三是体验性，生本课堂注重创设民主、平等、和谐的课堂氛围，注重在体验中进行互动对话、合作探究。四是发展性，生本课堂鼓励学生积极主动地参与学习活动，一切为了学生的发展，教师在身心、兴趣、能力和习惯等方面为学生提供发展支持，促使每一个学生全面发展与个性发展。五是目的性，生本课堂鼓励学生主动参与体验，常运用自主、合作、探究的学习方式，最终能实现学生的自主学习，提升学生独特的生命价值，形成完美的个性，真正实现幸福成长。[3]

基于以生为本，幸福教育的理念，课堂教学应尊重学生的生命成长规律，

2　诺丁斯 . 幸福与教育 [M]. 龙宝新，译 . 北京：教育科学出版社，2009：4.
3　于庆丽 . 生本课堂的研究与实践 [J]. 学园，2015（22）：12-14.

为学生的未来发展考虑，让学生在课堂上感受到学习的乐趣，为了每一个学生的幸福成长和幸福一生奠基。

（二）实施分层教学的课堂教学策略

早在春秋战国时期，伟大的教育家孔子便提出了"因材施教"的教育原则。现如今，在班级授课制的背景下，分层教学符合因材施教的原则，是落实面向全体学生，以生为本，全面推进素质教育的课堂教学有效策略。关于分层教育的实施需要注意以下几点。

一是要对学生合理化分层。教师在实施分层教学时要面向全体学生，分层的好坏直接影响和决定着分层教学的效果和成功与否。在进行分层时要综合考虑学生的各方面特点，可从学生的基础、性格、性别、习惯、能力等实际情况考虑，将学生划分成不同的学习层级。在编排座位时进行异质分组，小组成员由不同层级组成，人数以4~6人为宜。课堂教学中设计和实施以小组合作的方式自主学习，组内学生进行分享和交流，再在全班进行展示和汇报。小组成员之间分工协作，有的负责记录与板书，有的负责投影展示和话筒传递，有的负责组织与交流，有的负责朗读……此外，分组不是固定的，可以根据一段时间学生的表现，做出相应的调整，以形成竞争意识，鼓励学生不断进步和提升，实现组员之间、同学之间互帮互助，相互提高，进而更好地实现"提优、促中、转差"目标，使不同层次的学生都有不同的收获。

二是教师在设计教学时细化分层。在分层教学时，教师在备课阶段就应该事先对教学目标、教学方法和教学过程及教学评价等环节进行充分考虑。针对不同层次的学生要制定具体可行的学习目标和学习活动。在面向全体时，也要兼顾个性，努力做到虽然分层但不分散，努力将因材施教原则贯彻到预习、提问、评价等教学环节中。

三是要在教学过程中注意灵活分层。在教学过程中实施分层教学是具有挑战性的环节。课堂教学中，教师在分层提问时，要随机选取相应层级的学生进行理答和应答。对于较为基础和简单的问题可让学习能力较薄弱的学生来回答，鼓励他们积极参与课堂学习，并及时发挥评价的激励作用，增强他们的自信心和积极性。对于稍有难度的题目可多给中等生一些锻炼的机会，对他们进行相应的引导和帮助。对于思维难度较大的问题可交给优等生来回答，让他们充当小老师的角色，将自己的学习方法和思考过程与同学进行分享。此外，对于一些有难度的问题可以先在小组内解决，小组成员之间通过讨论交流进一步加深对问题的认识和理解，教师适时给予一定的点拨和指导。

四是要在作业设计和练习中进行分层训练。分层练习是分层教学的核心，其目的在于帮助不同层级学生强化和巩固学习效果，及时发现学生存在的问题，查漏补缺。在进行课堂练习和作业设计时，教师要针对学生的不同层级，分类设计不同梯度的题目，由难到易，并让学生结合自身情况选做。同时在批阅作业和习题时，针对不同层级的学生，教师要及时发现他们的亮点和进步，及时表扬和鼓励。

分层教学的实施不但能有效提升课堂教学的效益，而且有利于提升学生的学习兴趣和积极性，对学生学习能力和水平的提高有着重要的促进作用，更是面向全体学生实现素质教育的有效途径。但想要真正发挥分层的作用，还需要我们在今后的教学工作中不断摸索和改进。

（三）基于逆向教学设计进行课堂改进

逆向教学设计指评价设计优先于教学活动，即先确定教学目标，然后基于目标预设评价标准和方式，最后依据评价标准和评价方式进行教学活动设计和安排[4]。这样基于逆向，教学设计的主要表现在三个方面：一是解析课程标准，建立学习目标；二是设计学习评价，通过学习评价，促进学习目标的实现；三是依据学习目标安排教学活动，合理地组织教学。通过上述三方面的开展，教师将课程目标、课堂学习评价、课堂教学一致起来，从整体上来考虑课程与教学。

4　李峰. 基于标准的教学设计：理论、实践与案例 [M]. 上海：华东师范大学出版社，2013：25.

我们基于山东省课题研究发现，将逆向教学设计的思想应用于课堂实践层面的问题支架的设计，能有效提高核心问题与子问题设计的目标性与有效性，促进教育教学环节的有效实施。在课堂教学改进层面，我们构建了基于逆向教学设计的"目标导引＋问题驱动＋逆向学评"教学模式。该教学模式以"序列化的目标"为引领，以"问题支架"构建教学环节，突出以问题点拨学生思维的生成与发展，以"可视化的评价"为学习效果的保障，确保学生学习的"目标性＋问题性＋评价性＋反思性"，促进学生具备终身学习的素养培养。

在课题研究实践中，课题组对于基于逆向教学设计的课堂学习观察与自评编写策略进行了实践反思，梳理总结出基于逆向教学设计的课堂观察"三看"规则，一看学习目标的达成（借助逆向评价设计完成），二看学习的投入状态（借助逆向评价标准完成），三看学习方式的展示（借助逆向评价方式完成）。结合评价目标，制定了《基于逆向教学设计制定课堂观察表》。课堂观察从目标与评价的维度出发，可以清晰地辨识出逆向教学设计对课堂教学改革的关注点，更好地体现课堂教学是否有学生的主体性存在、师生是否进行真正的对话、课堂反馈与评价的有效性等。

逆向教学设计是基于课程标准的设计，要求教师要从课程建设者的角度整体思考课程标准、教科书、教学与评价的一致性，并在实际教学需要内做出正确的课程决定。在具体实施当中，需要教师准确解读课程标准的相关要求，有良好的课程理解和驾驭能力，能够在课堂教学中落实目标与评价的一致性问题。

总而言之，教育关乎人的生命成长，更关乎国家的未来发展。学校教育是一项面向全体学生、为每一个学生的幸福成长奠定基础的事业。让教育在中小学生的课堂上真实、有效地发生，真正做到以生为本，因材施教，让每一个生命都能在课堂上幸福绽放。

第二章

基于逆向教学设计的备课改革

————

备好课是上好课的前提，也是课堂教学实施的行动指南。"凡事预则立，不预则废。"无论要完成什么工作，都要事先做好充分的准备，否则就会事倍功半，收效甚微，徒劳无功。在教学当中，教师要想事先做好充分的准备，就不能不重视备课这个环节。

一、备课的重要意义

（一）对备课的理解

所谓备课，实际上指教师在进行课堂教学之前所进行的设计准备工作，其书面表现形式就是写教案，即一堂课的教学设计，一般包括学习需要分析、学习内容分析、学习者分析、学习目标的阐明、教学策略的制定（设计教学过程和选择教学方法）、教学媒体的选择和应用以及教学设计成果评价等内容。[1]

（二）备课的重要性

备好课是上好课的基本前提，也是课堂教学实施的行动指南，更是教

————

1　乌美娜.教学设计 [M].北京：高等教学出版社，1994：53.

师专业成长的重要途径。备课质量的高低是课堂教学能否取得成功的基础和根本保障，对教育教学质量和学生成长发展起着十分重要的作用。

1. 备课是教师开展教学的基础和前提

备课是教育教学工作的首要环节。教师只有认真备课，备好课，对教学过程深思熟虑、了然于胸，才有可能呈现出一堂生动精彩、引人入胜的好课，有效地完成教学任务。因此，为确保教学工作的有效开展，认真地备好课是对教师开展教学工作的基本要求，也是教师教育教学工作的基础和前提。

2. 备课是提高课堂教学质量的关键

备课的过程是一项系统研究的工程，需要教师对影响教学的各个要素进行规划与统筹。课程标准提出了面向全体学生的学习要求，教材是依据课程标准编制的、系统反映学科内容的教学用书，具有基础性、综合性和开放性的特点。因此教师应在课前对教材进行全面、深度、系统的解读，既要尊重教材，深入钻研，又不局限于教材，创造性地使用和补充拓展资料，还要结合课程标准的相关要求和学生的实际需要，合理地确定教学内容的广度和深度，制定合理的教学目标，展开详略得当的教学，并在过程中通过恰当的评价方式掌握学生的学习效果，确保课堂教学的质量。由此可见，备课质量的高低，直接决定着课堂的教学效益，而作为教师，不管上什么课，都应该认真备好每一节课。

3. 备课是教师专业成长的重要途径

备课是教师课前准备的过程，备课时教师既要研究课程标准，钻研教材，学习教参，还要分析学生，设计教法学法，确定评价方式和标准。教师通过一次次的收集资料、一遍遍地处理教材、一点点地改进提升，经历认真思考、全面考量的备课过程，自觉地汲取先进的教育经验，主动地实践理论知识，深刻地反思教学行为，其专业水平和教学设计能力自然得到提高。因此，备课不仅是教师讲好课的重要前提，是提高教学质量的基本保证，还是教师不断丰富教学经验和提高专业知识、业务能力的重要途径。

4. 备课是确保学校内涵发展、实现育人目标的切实需要

为了促进学校的长足发展，提升学校的办学质量，学校紧紧围绕国家的育人目标、中国学生发展核心素养这一方向，立足儿童的生命成长需求和终极发展目标，结合学校的校情，提出了"培养有责任、有活力、有品位的幸福儿童"这一办学目标，力求在实践中为学习者量身打造一个适合其潜能的，并让个性得以发展的学习舞台，使学生成为可持续发展的自主成长个体。而课堂是教育教学的主阵地，只有打造有效课堂，才能确保教育教学的质量，才能实现学校的内涵发展、实现育人目标。

由此可见，备课对于教师、学生、学校、教育的重要性不言而喻，扎实地开展备课应当引起我们高度的重视。

二、关于逆向教学设计

教学设计有两种思路，一种是基于教学内容的设计，一种是基于课程标准的设计，前者在教学大纲时代盛行，我们暂称之为传统的教学设计；后者是课程标准时代的"新宠"，主张在教学设计中先要明确学习目标，同时确立实现目标的评价方式，由于它相对于传统教学设计来说是将评价方式进行前置设计，所以称之为逆向教学设计。

（一）逆向教学设计的内涵和特点

逆向教学设计指评价设计优先于教学活动，即先确定教学目标，然后基于目标预设评价标准和方式，最后依据评价标准和评价方式进行教学活动设计和安排。逆向教学设计的基本程序：①依据课程标准，确定教学目标（确定预期的学习目标）；②依据教学目标，明确评价标准（如何证明实现了预期目标）；③依据教学目标与评价标准，制订教学计划，确定教学内容（围绕目标安排各种教学活动）。

所谓的"逆向"并不是指其逻辑逆向，而是指与我们教学设计过程中的习惯性操作相比较，是逆向的。其所"逆"之处主要在于常态教学设计中，评估往往是教师最后要做的工作，而逆向教学设计认为最好的设计应该是"以终为始"，即从学习结果开始的逆向思考。这要求教师在设计和安排教学活动之前，先认真思考教学要达成的目标和实现的效果是什么，以及通过什么样的评价方式和证据表明达成了学习目标。它可以被看作有目的的任务分析或有计划的指导。以"有效教学"为具体改革目标，把评价环节设计前置，以更好地实现教学目标、设计、实施、评价的一致性。

（二）进行逆向教学设计的必要性

逆向教学设计强调以清晰的学习目标为起点，评价设计先于教学活动设计，指向促进目标的达成。与传统教学设计相比，主要有以下三个方面的优势。

1. 以课程标准为思考的起点，设计清晰可靠的学习目标

传统的教学设计依据教材和经验安排教学活动，重在完成既定的教学内容，因缺乏目标导向而造成教学低效或者无效。[2] 在课题调研中，我们发现太多教师在备课中最先关注自己的"教"而不是学生的"学"，他们首先花大量时间思考的是自己要做些什么、需要使用哪些材料、要求学生做什么，而不是首先思考为了达到学习目标，学生需要什么。换言之，教师最先关注的是教材的内容，即授课内容，以授课内容设计教学环节，忽略了课程标准，更是将课程目标、单元目标、课时目标当成摆设。而没有目标为引领，教学的实施极易处于随意状态，出现低效与无效教学。

而逆向教学设计的第一步就是要确定预期的学习目标，思考通过教学活动的开展，学生应该知道什么、理解什么或者能够做什么，学生良好的情感态度和价值观应该是什么样的。在这一环节中，教师首先要对课程标准进行充分的考虑，明确教与学的优先次序，同时要结合多数人和不同学

2　崔允漷，王少非，夏雪梅. 基于标准的学生学业成就评价 [M]. 上海：华东师范大学出版社，2008：9.

生的需求因素，例如，学生的兴趣差异、发展水平、班级规模等学习特点，界定出既符合课程标准的要求又适合当前学生学习需要的学习目标。

2. 评价设计先于教学活动设计，重视教师评价素养的提高

在课题调研中我们发现，传统的教学设计主要存在评价（即效果达成度的测评方式）的缺失问题，因此教学设计的活动环节极易脱离教学目标或者目标性不强，还有的教师虽然考虑到了要围绕教学目标设计活动环节，但只是凭感觉判断学生学习效果的达成是否与教学目标一致。教学评价的缺失和使用不当使得评价的诊断作用和促进作用难以有效发挥，具体表现：一是在开始教学前，教师并不清楚目标达成意味着什么，也就不清楚学生已有的学习经验和目标之间的距离，即评价的诊断作用没有有效发挥；二是在教学过程中教师对自身的教学效果和学生的掌握情况并不清楚，来自学生的反馈被忽视，教学容易变成教师单方面的独白，即评价的促进作用难以有效发挥。这种教学忽略了学生，违背了教育为学生服务的本质。

而在逆向教学设计中，评价设计先于教学活动设计，这就要求教师带着问题思考教学活动，增加教学活动的针对性，使预期学习结果、学习成绩、教学与学习行为之间实现有机的关联。[3] 通过评价来促进教学，确保达到预期学习效果，避免教学流于形式或"走过场"的现象。

目标有效实现的证据在教学活动设计前就已确定，教师便可依此判断学生已有的学习经验和目标之间的距离，选择和组织恰当的学习经验及具体的教学指导，使教学的指向性更明确，教师在教学实施过程中也就可以根据所发现的证据判断学生的实际掌握情况，检验自己的教学效果，并结合实际情况不断调整和完善，达到预期的学习结果。

3. 注重目标、教学与评价的一致性，确保课程标准的落实

传统教学设计往往容易陷入聚焦活动与聚焦灌输的两大教学误区。[4] 聚

3　李峰. 基于标准的教学设计：理论、实践与案例 [M]. 上海：华东师范大学出版社，2013（6）：25.

4　维金斯，麦克泰格. 追求理解的教学设计：第二版 [M]. 闫寒冰，等译. 上海：华东师范大学出版社，2016：16.

焦活动的教学设计对存在于学习者头脑中的重要概念和学习证据的关注较为缺乏，没有明确学习体验如何帮助学习者达到学习目标。其不当之处在于"只动手不动脑"，活动纵然充满乐趣，但并不一定真正让学生获得智力上的成长，即使学生真的有所收获和感悟，也往往是伴随有趣的体验偶尔发生的，学生认为自己的任务只是参与，认为学习只是活动。

聚焦灌输的教学设计，即学生根据教材（或教师通过幻灯片展示）逐页学习（讲授），尽最大努力在规定时间内进行事实资料的学习，缺乏总括性目标的引领，缺乏为确保学习效果而设计的过程。

综上所述，传统教学设计重在教学内容的安排，学习目标的重要性往往被忽视，敷衍了事，对教学和评价缺乏指导意义，评价则往往是教学活动后的练习安排，目标、教学与评价之间不一致，使得教学没有清晰的目标引导。

逆向教学设计之所以得到教师的关注，是因为它既是一种面向目标的设计，又是确保目标实现的设计。逆向教学设计的优势在于它是目标与评价一体化的过程，因此在教学设计时要将目标与评价进行同步思考。而教师在设计教学时，只有在头脑中有了清晰、明确的预期结果和评估证据后，才能真正做好教学活动计划的设计——学习经验的选择和组织、方法与策略的选择以及资源材料的选择等。它以一种动态的方式将目标、评价和学习经验组成一个教学整体，真正将学习目标贯穿于教学过程中，确保教学有序、动态地开展。

逆向教学设计通过评价的预先设计，将评价任务嵌入教学活动的设计中，形成"教学—评价—教学"的螺旋式上升环。教学从某种意义上成为发现证据的过程，学习目标被替代为证据嵌入教学活动中，通过过程性评价的开展，确保学习目标的有效达成。而评价的设计，一般包括评价任务和评分标准，评价任务的设计依据学习目标达成所需要的证据来确定，评分标准的设计则需参考相关标准来制定，如课程标准。如此一来，目标、评价与教学之间的一致性就得以体现，确保了课程标准的有效落实。

总而言之，备课对于学生和教师的专业成长、学校的发展和教育质量的提升十分重要，当前教师的备课仍存在教学目标虚化、教学评价缺失、教学实践倾向于知识的传授、忽视学生主体作用的现象。究其原因，主要在于教师没有掌握科学的教学设计方法，不能系统地对教学过程的各个知识点进行规划与实施，在备课、讲课时往往只凭经验，甚至只是不假思索地照搬课标和教案，很少对具体问题进行分析。基于上述情况，就要寻求一种具有实际应用价值的课堂教学设计方法，而基于逆向的教学设计正是这样的教学设计模式。

三、逆向教学设计理念下的备课改革举措

"师者，所以传道授业解惑也。"我国古代著名教育家韩愈以精辟的话语总结了传统教学。告诉学生什么该做、什么该学，体现了传统教学设计以学科为中心，单向进行知识传授，强调知识学习的特点。在这种教学模式下，教师掌握学习的决策权，成为课堂的主宰者，让课堂一味按照教师的设计前进，不利于学生思维的发展，课堂枯燥无味，难以调动学生的主观能动性。针对传统教学设计呈现出的种种问题，逆向教学设计应运而生，逆向教学设计强调学习的自主性，以学生为主体。着重学生多元化的发展和学科知识多样化及均衡，教师作为学习的引导者，学生获得课堂学习的决策权。鼓励学生独立思考和学生解决问题多样化。促进学生思维发散发展，培养学生独立思考与合作交流能力，充分调动学生的学习热情，促进学生主观能动性的发展。结合逆向教学设计的优势，学校在 2018 年立项了山东省十三五重点课题《基于逆向教学设计的课堂改进与课程建设的研究》。首先，我们对传统教学设计与逆向教学设计进行了对比研究，并对我校备课进行了改革，结合学校发展目标提出了打造逆向设计理念下的"幸福三原色课堂"，在促进学校教育教学方面的发展起到了重要的作用。

表3-2-1 传统教学设计与逆向教学设计对比（1）

传统教学设计	逆向教学设计
以学科为中心	以学生为主体
强调对学科知识的掌握	强调学习的自主性
着重学科专门化和学术人才	着重学生多元化的发展、学科知识多样化及均衡
教师掌握课堂绝对决策权	学生分享决策权
教师是主宰者，学生是接受者	教师是引导者，学生是主体
问题解决方法固定化，限制学生思维发展	鼓励学生独立思考，问题解决多样化，促进思维发展

表3-2-2 传统教学设计与逆向教学设计对比（2）

	方面	传统教学设计	逆向教学设计
学生	学习	被动	主动
	角色	依赖性强	自主、合作
教师	课程	教材中心	学生中心
	教学	单向传授	自主建构
	角色	主宰者	引导者
结构	组织	教师控制	学生自主
	形式	僵硬、枯燥	生动、灵活

表 3-2-3　逆向教学设计课时备课（以数学学科为例）

单元标题		培养的最重要学科核心素养点			
教学内容		课型		课时	
学段课程标准相关内容					
立德树人德育渗透点					
教学目标			教学评价方式与手段（用何种方式和手段了解学生达标情况）		
知识技能					
数学思考					
问题解决					
情感态度					
教学资源、设备、教具			学具		
教学过程和方法	师生活动	问题支架构建	评价支架构建（达标准备、达标行为、达标评价）		
		活动一： 核心问题一： 分解问题： 1. 2. 3. 活动二： 核心问题二： 分解问题： 1. 2. 3. 活动三： 核心问题三： 分解问题： 1. 2. 3.			

（一）把准目标，科学评价有依据

逆行教学设计的最突出特点将依据教学目标设计的评价置于教学活动设计之前，使评价贯穿于整个教学过程之中，保证教学目标的达成，实现课程标准、教学目标、教学评价、教学活动之间以及评价体系内部的一致性，最终促进学生的理解。因此把准目标在逆向教学设计改革中十分重要。

1. 以课程标准为指导，掌握学科教学大方向

课程标准是课程计划中每门学科以纲要的形式编定的，有关学科教学内容的指导性文件。它规定了学科的教学目的和任务，知识的范围、深度和结构，教学进度以及有关教学法的基本要求。它是各个学科教育教学设计与开展的指导性文件，为各学科教育的设计与开展指明了方向。在逆向教学设计备课改革中，每一节课的设计，都遵循课程标准中的要求，制定教学目标。

在学校第三届教学节中，每位老师的教学设计，首先都针对课程标准的相关内容进行阐述和设计。

【案例1】

张媛媛老师的语文优秀课例《胡萝卜先生的长胡子》，首先结合新课程标准的内容进行了阐述和分析，"会运用音序检字法和部首检字法查字典和词典。能联系上下文理解词语的意思，体会课文中关键词句表达情意的作用。能够初步把握文章的主要内容，体会文章表达的思想感情"。通过对语文课程标准相关内容的解读和分析，奠定了本节课的总目标，围绕这个核心来推动课程走向。

【案例2】

在刘杰老师的数学优秀课例展示中，通过"列举是解决问题的重要策略，解决问题的教学过程中要充分运用相关策略解决实际问题，指导学生从多个角度进行深入分析，运用相关策略解决实际问题，提升解题能力的同时，锻炼自身的创新思维，从而进一步突显小学数学解决问题教学的有效性"

阐述了课程标准对"解决问题的策略——列举"的要求。明确本节课的目标，实现从解决问题到思想方法策略总结归纳的飞跃。

【案例3】

"理解祈使句和一般过去式，能根据图片、词语或例句的提示，说出或者写出简短的描述。"根据课程标准内容，苗涵清老师在其英语优秀案例《Go to bed early》进行分析和设计。认真研读课程标准内容，结合课程标准内容进行分析和设计，在教学设计中体现，让逆向教学设计课程案例目标明确，为教育教学工作的有效进行奠定了基础。

2. 以三维目标为基础，"三位一体"促进知识掌握

三维目标即教育教学过程中应该达到的三个目标维度：知识与技能目标主要包括人类生存所不可或缺的核心知识和学科基本知识。过程与方法目标主要包括人类生存不可或缺的过程与方法。过程指应答性学习环境和交往、体验。方法包括基本的学习方式和具体的学习方式。情感态度与价值观目标：情感不仅指学习兴趣、学习责任，更重要的是乐观的生活态度、求实的科学态度、宽容的人生态度。价值观不仅强调个人的价值，还强调个人价值和社会价值的统一；不仅强调科学的价值，还强调科学的价值和人文价值的统一；不仅强调人类价值，还强调人类价值和自然价值的统一，从而使学生内心确立起对真善美的价值追求以及人与自然和谐和可持续发展的理念。三个层面相互融合，不可分割，组成了教学目标的三个方面。在逆向教学设计改革过程中，每一节课的三维目标都是在认真研读、分析课程标准内容的基础上，结合教学内容特点与学生学情进行设计和制定的，让目标更加科学、完善，为教学评价提供明确的标准。

【案例1】

在纪翔老师的数学优秀课例中，制定了三维目标："（1）结合实际情境，让学生运用列举、直观画图和假设法等方法，发现规律，解决问题;（2）经历探索规律、建立模型的数学学习过程，体验解决问题方法的多样性和策略择优的价值，培养创新思维和创新意识;（3）使学生积极参与解决问题的过程，进一步积累解决问题的经验，体验获得成功的乐趣，提高学习数学的兴趣。"三位一体，从不同维度制定了本节课的学习目标，学生在解决问题、总结方法、择优升华的过程中，逐步达成目标，完成本节课的学习，掌握相关的知识方法，取得丰硕成果。

【案例2】

吴金霏老师执教《逃家小兔》，在备课中精心确定教学目标："（1）喜欢阅读，感受阅读的乐趣;（2）学习用普通话正确、流利、有感情地朗读课文，能借助读物中的图画阅读;（3）阅读浅近的童话、寓言、故事，向往美好的情境，关心自然和生命，对感兴趣的人物和事件有自己的感受和想法，并乐于与人交流。"通过科学制定三维目标。吴老师的课深入浅出，声情并茂。学生在充满乐趣的交流讨论中完成本节课的学习，产生对语文学习的浓厚兴趣。

【案例3】

张雨婷老师在《She was very happy》的备课中精心确定教学目标："（1）学生能够掌握关于 feelings 的单词及句型 Sb.+was+（表达感受的）形容词;（2）学生能够运用所学单词及句型表达自己与他人的感受;（3）学生能够明白正因为我们拥有不同的感受，我们的生活才变得五彩斑斓。"设计的三维目标，相辅相成，层层递进，学生在一个又一个活动中达成目标，在愉快的过程中学习掌握知识。

3. 以学校育人目标为核心，让每个生命幸福绽放

学校形成了"有责任""有活力""有品位"的幸福三原色育人目标。幸福三原色融入学校工作的方方面面，在教育教学方面更是形成了"以生为本，以学定教"的教学设计宗旨。

表3-2-4　青岛香港路小学"幸福三原色"课堂教学标准

有责任	目标要求	实现学科教学目标
	方法指导	教学目标的制定基于学科课程标准，课时教学目标准确；有逆向评价设计，以此测定目标达成度；教学效果测评达成教学目标；教学及学习时间分配合理
	能力提升	课堂上教师教的目标与学生学的目标达成；学生有效掌握知识，同时获得成就感；解决学生共性的疑难问题，学生建构自己的知识点与知识体系
有活力	目标要求	培养学生自主学习的能力
	方法指导	教学环节"以生为本"开展探究式的学习活动，活动设计具有开放性；做到了"先学后教"，适时点拨、解惑、归纳、提升；问题设计有探究价值；立足学生自主学习能力的培养，合理采用学习方法的指导，培养学生的自学能力与自学方法，为自主学习打下基础
	能力提升	及时、合理地进行有效评价，课堂氛围民主和谐、学生学习兴趣浓厚，做到"活而不乱"；引发学生对新问题的思考，科学、有效地处理课堂中生成的有价值的问题；学生思维活跃，有浓厚的探究欲望
有品位	目标要求	体现课堂育人，提升学生的学科素养
	方法指导	学生真正参与讨论，讨论有深度、有效果，敢于发表自己的见解，发生了有效质疑；学生参与展示的类型有效，在展示中突出学科综合素养；不同层次的学生都能有所得，能够体验成功的喜悦，不同层次的学生有不同的发展
	能力提升	学生能基本掌握课程标准所要求的知识与技能，在学会学习和解决实际问题方面形成一些基本策略；学生的表现能够突出本学科核心素养的素养点，具备学科素养特色；学生在学习中有积极的情感体验，表现为好学、乐学、会学，并形成正确的价值观；将科学性、思维性、人文性有机统一

【案例1】

李福林老师在《看魔术——乘法的初步认识》中，不仅在课程标准仔细研读分析的基础上制定了三维目标，还将学校幸福三原色育人目标融合其中。通过科学的三维目标制定与幸福三原色育人目标相互促进，促进学生更好地掌握知识，激发学生的学习兴趣。校园育人目标与学科育人目标的相互结合，更加为今后培养学生学科素养、形成思想方法奠定基础。

表3-2-5 《看魔术——乘法的初步认识》教学目标

课标内容	建立数感，初步形成运算能力，发展形象思维和抽象思维
三维目标	（1）会用连加的方法求出几个相同加数的和，进一步培养运算能力 （2）结合具体情境，通过大量相同加数连加的计算，体会乘法产生的必要性及乘法与加法之间的关系，感受乘法计算的简捷性 （3）培养学生思维的灵活性，使学生初步形成交流合作的意识，并在交流合作的过程中获得成功的体验
幸福三原色育人目标	以观看魔术为背景，激发学生热爱生活的情感。培养学生的创造性思维，提高学生的合作交流能力，让其感受数学与生活的密切联系

【案例2】

《比例尺的意义》是六年级数与代数领域的重要知识，徐旭峰老师在进行本节课设计的时候，结合课程标准内容和本节课的特点与学生的学情，制定了本节课的教学目标。在促进学生知识掌握的同时，兼顾教学的育人职能，为学生带来了一堂丰富多彩的课，学生在探究、交流、操作的热烈氛围中主动思考，自主学习，合作交流。谈论时热烈激昂，完成习题时静如止水。有张有弛、动静结合，达到了意想不到的效果。

表 3-2-6　《比例尺的意义》教学目标

课标内容	理解比例尺的意义，并能根据比例尺的意义求一幅图的比例尺，认识数值比例尺和线段比例尺
三维目标	（1）结合具体情境，理解比例尺的意义，并能根据比例尺的意义求一幅图的比例尺 （2）在解决实际问题的过程中，探究知识，提高能力；进行数值比例尺和线段比例尺的互化 （3）体会比例尺在生活中的应用，感受数学与生活的密切联系；发展学生的应用意识和空间观念
幸福三原色育人目标	培养学生的抽象概括能力和数学应用意识，发展学生的思维。激发学生的学习兴趣，调动学生学习积极性，培养问题意识，让学生感受数学的广泛应用性

（二）前置评价，反思改进共提升

教育评价是教育教学工作中的重要组成部分。教育评价即系统从评价对象的各方面，结合评价内容，客观地收集证据，进行分析，并做出价值判断。通过评价，对学生的学习情况进行分析，能够对教育教学工作进行诊断，发现问题并改进。

1. 教学评价前置，促进学生理解

逆向教学设计也被称为逆向设计模式，是由威金斯和迈克泰提出的运用逆向思维设计教学的方法模式。其最大的特点是将依据教学目标设计的评价置于教学活动设计之前，使评价贯穿于整个教学过程之中，保证教学目标的达成，实现课程标准、教学目标、教学评价、教学活动之间以及评价体系内部的一致性，最终促进学生的理解。逆向教学设计为小学教学目标的实现提供了衡量标准。逆向教学设计教学任务的达成会进一步促进教师教学经验的积累与应用。逆向教学设计倡导的"评价先行"理念贯穿教学过程始终，能够促进学生对知识的理解，结合全面明确的评价机制，有利于教师掌握不同学生对知识的掌握程度，从而更加具有针对性地进行辅

导，帮助学生更好地掌握知识。

【案例1】

在执教道德与法治学科《传统游戏我会玩》时，自己根据课程标准、单元目标及学生的学情确定了如下目标：引导学生了解传统游戏，扩展学生视野；让学生在游戏活动中体验传统游戏的乐趣，感知传统文化；让学生了解和尝试多元文化背景中的游戏玩法，感知中外传统游戏的不同，丰富学生的课余生活。为使教学目标有效达成，针对每一点目标都需确定具有可操行的评价方式，比如针对"引导学生了解传统游戏，扩展学生视野"这一目标，设置了"通过观看视频和交流访谈，学生能够说出三种以上认识、会玩的传统游戏"。通过课前教学目标与评价方式的前置思考，使教学目标的达成具有一定的可测性。

【案例2】

表3-2-7是我校刘慧老师就《克和千克的认识》制定的教学目标与教学评价方式与手段。通过深度研读分析课标内容，结合本节课的知识特点和学生的学情，拟定出科学完备的教学目标，充分体现"以生为本，以学定教"的特点。针对每项教学目标，精心制定教学评价方式与评价手段。从不同方面对学生掌握进行评价，多维度、全方面进行分析，了解不同学生的掌握情况，针对学生间差异，因材施教，有针对性布置分层作业与课后辅导。让每个学生在数学方面都能够得到不同程度的发展。不同学科的老师结合其学科的特点和学生的学情，同样制定出了科学的教学目标以及教学评价手段，从不同方面进行全面、多维度评价，使得对每一个学生的学习结果的评价更加客观、更加完善，为实现更有针对性的教学活动打下基础。

表 3-2-7　《克和千克的认识》教学目标与教学评价方式与手段

	教学目标	教学评价方式与手段
知识技能	1. 理解 1 克和 1 千克的质量观念； 2. 了解用天平称物体的方法，会称整克、整千克物品的质量	1. 考察学生是否清楚表述 1 克大约有多重，并能举例； 2. 习题练习和反馈，并让部分学生黑板演示和讲解
数学思考	1. 运用适当的度量单位克、千克描述现实生活中的简单现象； 2. 发展数感	1. 观察学生在探究中的兴趣与表现； 2. 引导学生发现探究题目的相同点，引发思考
问题解决	1. 从日常生活中发现和提出一克有多重的数学问题； 2. 体验与他人合作交流解决问题的过程	1. 教师命题或利用教材中的习题指导学生进行列式计算和反馈； 2. 学生组内相互出题与纠错，教师巡视观察和反馈
情感态度	1. 对身边与克、千克有关的事物有好奇心； 2. 了解数学可以描述生活中的一些现象，感受数学与生活的密切联系	1. 观察学生学习状态和热情； 2. 观察学生探究中思维状态和参与程度； 3. 观察学生课后愉悦状态和满足状态

【案例 3】

表 3-2-8　《逃家小兔》教学目标与教学评价方式与手段

	教学目标	教学评价方式与手段
知识技能	通过象形字识字法记住"兔"，能结合字形说出对"逃"的理解	学生能结合兔的图片和象形字，说出"兔"字每一部分对应的笔画；能结合图片猜出"果"。学生能说出"逃"的意思

（续表）

	教学目标	教学评价方式与手段
过程方法	1. 引导学生结合图画仔细观察，根据图片猜测故事情节，理解故事中的意思； 2. 抓住故事中的重点词句，观察图片细节中，指导学生理解感悟兔妈妈对小兔子的爱与呵护； 3. 学会绘本阅读的方法	1. 学生能看图猜出故事发展的基本情节，并能结合具体的图片细节，谈对兔妈妈爱的感受； 2. 能运用绘本学习的方法进行新的绘本阅读，猜测故事情节
情感态度	能联想到实际生活中爸爸、妈妈对自己的爱，学会感恩	能结合实际情况，谈父母对自己的爱

【案例 3】

表 3-2-9 《She was very happy》教学目标与教学评价方式与手段

	教学目标	教学评价方式与手段
知识技能	学生能够掌握关于 feelings 的单词及句型 Sb.+was+（表达感受的）形容词	通过歌曲《Feelings》引出本节课所学及过去所学关于感受的单词，达到学习与巩固的目标
过程方法	学生能够运用所学单词及句型表达自己与他人的感受	运用 pair work 游戏 turntable game 帮助学生操练关于感受的表达，通过观看绘本以及自己动手制作绘本进一步巩固学生对于感受的表达能力
情感态度	学生能够明白正因为我们拥有不同的感受，我们的生活才变得五彩斑斓	通过教师所制作的小视频升华主题 Enjoy your feelings, enjoy your life

2.量化评价描述，学习成果可测量

【案例1】

表3-2-10是鞠艳华老师对《整十数乘一位数口算与两位数乘一位数(不进位)乘法笔算》所设计的教学目标—评价—量化表格。本节课的教学目标、相应的评价手段以及不同评价结果所对应的量化数据在其中呈现。该表格既是教师建立学生学期学习成长档案的重要组成部分，又是对学生知识掌握情况进行描述、分析，采用数学的方法取得数量化结果从而进行客观评价的重要依据。通过对教学目标中每个项目评价进行统计分析，了解学生对于该部分知识的掌握情况，从而更具有针对性地进行辅导和训练。

表3-2-10　"整十数乘一位数口算与两位数乘一位数
（不进位）乘法笔算"量化表

教学目标		教学评价方式与手段	评价结果
知识技能	1.熟练掌握整十数乘一位数口算； 2.正确理解两位数乘一位数的算理； 3.正确两位数乘一位数不进位乘法的竖式计算，并能运用简便写法熟练计算	1.说明口算方法，进行正确口算；	A　B　C　D
		2.通过操作学具，说出几个几的意义；	A　B　C　D
		3.正确写出两位数乘一位数不进位乘法的竖式，并准确说出每步计算的意义	A　B　C　D
数学思考	1.结合操作学具，说明乘法竖式中数字的意义； 2.抽象出两位数乘一位数不进位乘法的竖式模型	1.在具体问题中，指明乘法中每个数字的意义； 2.正确说出两位数中十位上的数与另一个因数相乘的意义	A　B　C　D
			A　B　C　D

（续表）

教学目标		教学评价方式与手段	评价结果
问题解决	1.对问题做出正确分析； 2.能够运用所学知识解决简单的实际问题； 3.对同一类题目做出总结和概括	1.正确梳理出问题中的数量关系，并列式； 2.正确计算解答； 3.举出还可以用同样的方法解决的实际问题	A B C D
			A B C D
			A B C D
情感态度	1.学生主动参与到学习活动中，并为取得的成果而高兴； 2.在合作学习中积极表达自己的想法	1.认真参与课上活动； 2.小组合作中有序表达，认真倾听； 3.主动分享课堂收获	A B C D
			A B C D
			A B C D

3.结合不同评价方式，实现全面客观评价

评价策略的全面性不但体现在对学生进行评价时从不同角度对学生进行全方位的评价，而且体现在不同评价方式的多样性。针对不同学科，我校结合"幸福三原色"在评价上真正做到评价手段多，评价方面广。

（1）质性分析与定量分析

质性分析是对评价资料作"质"的分析，是运用分析和综合、比较与分类、归纳和演绎等逻辑分析的方法，对学生进行评价。关注学生的学习结果与教学目标之间的一致性。强调对学生的优缺点调查了解与分析，从而对学生该阶段的学习进行评价。定量对学生的学习结果进行描述、分析，采用数学的方法取得数量化结果。我校不仅局限于平时的各类测试，对于学生上课时候的表现、思维活跃程度和课堂练习完成情况等方面进行评价，并对最终结果进行分析，从而了解学生对知识掌握的情况。两种评价手段以不同的形式相辅相成，对学生学习结果进行客观分析。鞠艳华老师的教学案例中，通过对学生上课表现情况进行评价分析，同时结合学生课堂作业的完成情况，进行定量分析。结合对学生日常行为习惯、学习习惯以及优缺点为学生书写评语。将定量分析和质性分析两种评价方式相结合，再

对学生和家长及时反馈。让学生能够及时查漏补缺，去粗取精，取得更大的进步。

（2）综合评价体系

我校逆向设计备课的改革结合使用"诊断性评价－形成性评价－过程性评价－终结性评价"的方式来总结提升，形成价值取向的评价。首先，通过诊断性评价，对学生学习准备的方面进行评价，侧重学生的预习工作是否到位，对相关知识是否复习准备到位。形成性评价主要侧重学生对知识掌握的情况，通过作业、基础测试等不同手段，检测学生对所学知识是否扎实、学习是否有效等。过程性评价主要侧重于在变式变化的知识掌握方面，学生能否学以致用，灵活运用所学知识，总结方法，形成解题思路。终结性评价侧重对学生学习情况的整体状态进行评估，从而了解学生的整体学习情况。基于以上评价方法和策略，我校形成了一套以教学目标与学习内容为准则，以学生学习兴趣、学习习惯和学业成果为框架，以成长记录册为载体，充分体现学生学业成果、学习兴趣与习惯，以思想品德、课程修习、身心艺术与创新实践为主体的综合素质评价体系。

（3）对教师的评价

评价主体不仅限于学生，学校对教师也形成了严谨的评价体系。首先，衡量一堂好课的首要标准就是教学目标的达成度。要求教师在设计教学目标时从知识、技能与情感三个方面做出规定，要善于解读学生、解读教材，在此基础上清晰而明确地表述应培养学生的哪种行为以及该行为可运用于哪些生活领域或内容中。教学要达成的三维目标，要以学生为主体，知识与育人并重。其次，一节好课的教学环节要清晰。一是体现在上课一开始，教师就应明确讲明学生所应达到的教学目标，让学生清楚教学的要求和将要完成的任务，激发学生学习的欲望与期待。二是体现在教师应做好学情分析，理解学生已有的知识基础，关注最近发展区。让学生在已有知识的基础上，建构新知识。三是体现在教师表达方式要清晰。教师的语言艺术十分重要，要声音响亮、吐字清晰、语调起伏、基调符合，结合丰富的肢体语言与多媒体教学设备，充分调动学生的学习积极性，让学生更具有主动性。教师要善于进行总结反馈，总结反馈是提高教学有效性的重要一环，有利于学生掌握与巩固知识，并把知识运用到实际中去。因此每节课都要留给学生交流答疑的时间。

（4）好课的评价标准

一节好课的教学过程要开放度高。只有开放的课堂，教学才能充满生机与活力，充满生命成长的气息。教学过程的开放就是要充分尊重学生的主体地位，给予学生主动学习的时间与空间，让学生主动发展。在时间上，要给予学生充分的自主学习时间；在空间上，可以根据教学目标设置多样化的教学组织形式，把大班授课、小组合作学习与个体自主学习结合起来。给予学生自由活动的空间，使学生拥有独立、自主、合作和宽容的心理状态，开放心灵，唤醒自我，体验快乐。

一节好课中，学生学习的参与度也是很高的。凡是能够有效促进学生发展的教学活动，都是好的教学。苏霍姆林斯基曾说，任何一个优秀的教师必须是一个善于激起学生学习兴趣、确立自己课堂吸引力的教师。学生不是信息的被动接受者，而是获得知识的主动参与者。只有积极、主动地参与学习过程，学生才能得到充分的发展。

一节好课的教学资源也具有很高的生成度。学生不仅是教学的对象，还是教学的资源。一个好的教师要能够做到"心中有学生，眼中有资源"。在学生身上，有差异性资源。不同学生来自不同的地域和家庭，具有不同的知识基础与认知风格，形成了各具特色的差异性资源和建构知识的不同视角，这就为教学资源的生成提供了各种可能性。生成性的课堂要求教师善于倾听学生的发言，成为耐心的倾听者、及时的反馈者、积极的鼓励者。

四、备课改革让教学变得更加有效

在我校逆向教学设计的备课改革实施的两年中，我们清晰地感觉到：

逆向教学设计与传统的顺向教学设计相比，能保证教学活动始终不偏离课程标准的要求，使教学活动目标更加明确；在具体实施中，我们落实评价设计优先于教学实施，同时把教学评价嵌入整个教学过程中。它保证教学活动从实现预期结果出发，教学活动服务于学习目标。逆向教学设计的关注点更多的是学生将要学会什么，而并非是教师将教给学生什么。

（一）逆向教学设计改革后教学目标更加准确

1. 逆向教学设计的教学目标以学生为主体

传统教学设计根据教材内容和教师自身的教学经验来确定教学目标。这种以教师为导向的目标设计注重知识的传授，忽视了学生的主体地位，淡化了学生学习能力的培养。

而逆向教学设计则通过深度解读具体的教学标准来确定教学目标。依据学情分析将课程标准进行精细分化，可以使单一的注重知识传输的教学目标层次化。在进行预期教学目标的设计时，能首先考虑学生原有的知识水平、学生的学习能力和接受程度，而不是教师能教授的知识内容。

【案例】

我校苗老师刚入职一年。刚刚开始准备教案时，这位老师不能很好地把握学情。在书写教学目标时，总是从主观判断出发，认为一节课学生应该会读会写哪几个单词、哪几个句子，学生应该理解哪一篇课文，并据此设计教学活动和教学任务。结果，这堂课的效果非常不理想。苗老师急于完成自己的教学任务，没有顾及学生的理解和接受能力，在学生没有很好地理解这一个知识点的基础上，就进行下一个任务了。这使得一堂课的实效性很低，学生没有学懂学透，落实到作业上也完成得不够认真，在下一堂的复习环节，很少有学生能讲出老师上节课所讲的知识。一系列的连锁反应下来，学生的学习积极性越来越低，老师的教学成就感也越来越低。在发现了这个问题之后，苗老师根据学校的逆向教学设计及时修改了自己的教案，尤其是在教学目标的制定上，优先考虑学情，从学生的实际情况出发，根据学生的接受能力，思考每节课学生可完成的目标。根据这个目标设计教学活动后，苗老师也更关注学生的课堂反馈。当发现学生对某些知识有疑惑时，会主动放慢课堂节奏，灵活地帮助学生理解，教学过程有松有紧、张弛有度，学生的课堂积极性越来越高，老师的成就感也越来越大。

2.逆向教学设计的教学目标具有可视化

传统教学设计通常是在教学活动之后设计教学评价，评价方式往往也是简单的考察和考试，这样的评价既没有发挥评价的诊断作用，又没有体现评价的促进作用，忽视了学生本身的发展，违背了教学是为学生服务的本质。且在通过简单的考察或考试后，教师再调整教学过程帮助学生巩固，会浪费大量时间，缺乏实效性。而逆向教学设计将评价前置，让过程性评价始终伴随整个教学过程，当教师发现学生对某一知识点理解得不够透彻时，可以及时调整教学策略，帮助学生当堂巩固复习，这使得教学过程中教学和评价呈螺旋式交替上升，不断促进教学目标的达成，使评价成为诊断学习和驱动学习的工具。

【案例】

我校李老师执教学校二年级英语，在使用逆向教学设计之前，其教学以完成学校布置的教学任务为目的，教完即结束，并不注重学生的认知水平、学习能力和先前的学习基础。一段时间后，学生的口语能力始终不见提高。在学习了学校提倡的逆向教学设计后，李老师找出了自己课堂的问题所在，在教学过程中开始根据学生的课堂反应判断学生的实际掌握情况。之前学生能够齐读朗读单词，李老师总是判断全体学生已经学会单词。在学习逆向教学设计之后，李老师会通过设计简单的活动邀请某一位学生朗读单词，或者设计同伴或小组活动，让学生在组内朗读单词，李老师会环绕教室观察学生的学习情况。通过这种过程性评价，李老师能够检验自身的教学效果，并根据学生学习的实际情况做出调整。

3.逆向教学设计的教学目标更全面

以往的教学目标更多地考虑学生的认知性目标，忽视了学生的情感态度体验。而逆向教学设计的教学目标不仅关注学生获得的知识，还重视学生的情感体验、技能增长、主观态度等各个方面产生的变化。在新课标的要求下，为了更好地培养学生的核心素养，逆向教学设计从学生的实际需要出发，尊重并理解学生在学习过程中的主体地位，结合现代信息技术手段进行教学，让学生在知识、技能、情感和价值观等方面都能得到有效提升，从而提高课堂教学品质和教学效率。

【案例】

以我校某新老师为例，在尚未接触到逆向教学设计时，这位老师认为在课堂上讲好知识就足够了，并不注重学生思维能力的培养，更不在意学生学习的积极主动性。而在学习了逆向教学设计之后，这位老师能从三维目标出发，并有效结合学校的育人目标。比如，在一堂四年级的英语课上，这堂课的教学目标是用祈使句描述班规。这位老师在讲解完课文知识后，请学生以小组合作的形式，使用今天所学的知识描述自己班级的班规或者学校的校规，并制作一份手抄报。学生在收到这个任务之后都跃跃欲试，积极地在组内进行讨论。这个活动不仅调动起学生们运用知识的积极性，还让学生再次明确校园规范，理解规则在生活中的意义。

（二）逆向教学设计改革后教师的专业能力得到提升

通过逆向教学设计，教师在设计教学目标、教学活动和教学过程时，要考虑和计划在规定的时间内做哪些事情、怎么做、为什么这么做，要对整个教学过程中发生的所有教学活动的先后顺序和具体行动进行策划。这对教师的备课能力提出了更高的要求。

教师不仅要灵活掌握课本知识，熟悉教材内容，了解课本知识的内在逻辑，还需要立足学生，从学生的实际情况入手，学习学生的认知发展规律。教师要根据学生已有的学习经验和目标之间的距离做出准确判断，根据学生学习某一内容的起点水平和背景再安排相应的教学活动，这对教师的角色提出了更多要求。以前的教师仅仅只是一名"教书匠"，是教育教学活动的设计者、组织者和管理者，而逆向教学设计要求教师更是一名研究者。教师不能千篇一律地、机械地进行教育，而要不断反思、研究自己的工作，灵活机智、创造性地开展教书育人的工作。面对着充满生命力和个性十足的学生，教师不能仅仅研究科学知识，更要对自己的教育对象进行研究。这需要教师终身学习，不断更新自己的知识结构，以便使自己的教育教学建立在更宽广的知识背景上，适合学生的个性发展、自己的专业发展和教育教学改革的需要。

除此之外，教师需要在教学过程中，采用有效的教学原则，由易到难、循序渐进地帮助学生掌握系统的知识。教师还需要科学地分配活动时间，采取合理的活动方式，启发学生的思维。

我校教师在学习逆向教学设计之前，备课和讲课往往仅凭个人经验，尤其在教学初期，时常感到盲目无助、顾此失彼，明明已经讲完了课本里面的知识，让学生做完了课本要求的练习，收效却很差，抓不到教学的重难点。而在认真阅读了逆向教学设计的相关文献后，教师终于明白自己的问题所在。每个学校的学情并不相同，盲目照搬教参，没有考虑到自己学生的具体情况，只会让自己的教学与学生的学习脱节。

在备课改革后，教师认真分析了自己学生的实际情况，以学生为主体制定教学目标和教学过程，渐渐地在备课过程中，他们就能猜到学生会在哪个部分遇到难题，会在哪个知识点上需要反复练习，甚至都能猜到学生在每个教学环节的表情如何。通过逆向教学设计，教师的备课水平和教学质量越来越稳步上升。

（三）逆向教学设计改革后学生的能力得到提高

即使在现在，我国的中小学教育仍倾向于知识的传授和应试能力的培养，在这样的大环境下，学生的学习具有依赖性，始终处于被动的地位。学生以学习教材为主，缺乏自主思考的能力，缺乏创造能力和创造思维的培养。而逆向教学设计是以学生为主体，立足于学生的年龄特征、兴趣爱好、情感特点、认知水平以及个体之间的差异，通过灵活、生动、有趣的课堂活动，激发学生自我研究、自我探索的能力。

在课堂活动中，教师更多地扮演信息的提供者，为学生提供大量的信息和举例，由学生进行总结、梳理和概括。学生不再单单是一个信息的接受者，更是学习和自我发展的主体。在教学过程中，学生可以得到多元化的发展，可以进行独立思考，可以解决可能出现多种答案的问题。

【案例】

在一堂英语课上，临近期末，学生们已经学习到了最后一个模块。在这个模块中，再次出现了 take 这个单词。不过在本模块它有一个新的意思，通过 take the medicine 这个短语，学生们了解到这里的 take 是"吃（药）"的含义。这时，任课老师提问到："同学们，请问大家还记得含有 take 的其他句子吗？在这些句子中 take 是吃药的意思吗？请同学们两人一组，找出 take 在本册书中出现的句子，我们一起来讨论。"学生们讨论得热火朝天，哗啦哗啦地翻找着课本，几分钟后就找齐了。这时，老师请一组学生上台分享他们找到的含有 take 的句子，其余学生听完之后可以做补充。通过这么一个小活动，大家的积极性都提高了起来，通过自己的能力概括出了 take 的不同含义，并举出了例子。学生们感到非常有成就感。

逆向研究成就了教师的专业发展。自逆向教学研究以来，我校教师出区级以上公开课、优质课共 49 余次，其中市级 12 人次，论文发表、课程评选及经验交流共 45 人次，教师个人获奖 49 人次，我校以科研的视角思考"逆向教学模式"的探索运用，以"问题的思考者"进行课堂实践，提升了教师的专业素养与思考力、学习力，我校也正朝着"有责任、有活力、有品位"的办学目标坚实地迈出每一步。

第三章
逆向教学设计理念下的教学变革

————

  课堂教学是教师的安身立命之本，也是学校教育教学的主阵地，还是实现立德树人这一教育根本任务的主渠道。虽然当下科学技术迅猛发展，互联网、人工智能等不断丰富我们的教育形态，但以班级为单位的课堂教学是学校教育的主要形式一时还不可能改变。学生走进学校，大部分时间都在课堂中度过，学生不是容器，而是一个个鲜活的生命体，教师在每一堂课中传授知识，培养能力，教会学生学会学习、自主成长，就是对提升学生生命质量的最好诠释。

  近些年来，在提升学校办学质量的过程中，我始终抓住课堂教学这条主渠道，深研课堂教学的策略内涵，因地制宜、因材施教，适时进行教学变革，不断提升育人质量。从探寻生本课堂的研究起点到确定生本课堂教学策略内涵，从逆向设计思路的引入到教学模式的探索，不断推进"生本·幸福"理念下的课堂教学策略研究。先后进行了教学目标、设计、实施与评价方面的内在一体性探索，构建"目标导引＋问题驱动＋逆向学评"教学模式，明确了"生本·幸福"理念下的课堂教学内涵，即基于学生、发展学生、面向全体、关注差异、注重学情、以学定教。教学过程以学生的学为主线，创设民主、平等、和谐的生本课堂氛围；采用自主、合作、探究的学习方式，运用多种教学策略；注重培养创新精神、实践能力。课堂真正成为学生主动建构、自主发展、全面提升核心素养的愉悦课堂。

一、把握课堂教学的研究基点

实践证明：教学的基点是尊重和信赖每一位学生。我校将打造"生本·幸福"课堂作为提升质量的重要手段，是因为"生本·幸福"课堂作为课堂教学的一种理念和样态，体现了"以学习者为中心"的理念，充分尊重学生，强调学生学习的内在建构，唤醒学生内在的学习积极性；呈现了一种积极、灵动的课堂样态。教师调动学生主动参与课堂学习实践，关注每一个学生的生命在场，学生能够积极地动口、动脑、动手，让思维不断地跃动。通过师生教与学行为的有效互动，提升每一个生命的质量，让每一个生命幸福绽放。

（一）明确研究背景

"十三五"期间，学校立项了省市重点课题——《基于逆向教学设计的课堂教学改进与学校课程建设研究》。我们以课题研究为引领，将"逆向设计"这一思路引入悦动课堂的研究中。因此，在学习目标上，充分尊重学生的已有知识，以学生的素养提升为出发点，更加关注学生认知的建构过程，关注学科的核心知识结构，关注对非认知技能如情绪、团队合作能力等方面的培养，重视学生在经验和生活情境下的探究、创造、协作与问题解决。在学习内容上，更加致力于设计可以观察、可以评价的真实情境性任务，模仿生活和学生的经验呈现学习内容和任务，还原知识发生的过程。在学习方式和方法上，以学生学习测评为基点，更加重视探索性项目学习、重视跨学科整合，重视真实情境下的实践活动，重视互联网教育资源的利用，将课堂无限放大。

（二）以课题为引领，确定研究目标

我校课题研究《基于逆向教学设计的课堂教学改进与学校课程建设研究》的目的在于三个方面：一是探索运用逆向设计模式改进课堂教学，以

目标建设与评价建设推动教学活动,提升教学质量;二是协同教学改革,迁移运用逆向设计理论,深度构建"幸福三原色"学校课程体系,提升课程的系统性和针对性,强化课程实践效果;三是借助课题的研究,提升教师专业素养,立足学生发展,在课程构建与课堂教学改进的同时,提升学生的综合素质。

对于课程与教学关系问题的认识,有学者归纳为三种类型:独立模式,包含模式和循环模式,其中包含模式中美国现代课程理论奠基人泰勒把教学作为课程理论的组成部分。它们的包含关系如图3-3-1所示。我们在课题实践中以这种理论为基础,将基于逆向教学设计的课程构建与教学实践确定为这种包含模式。

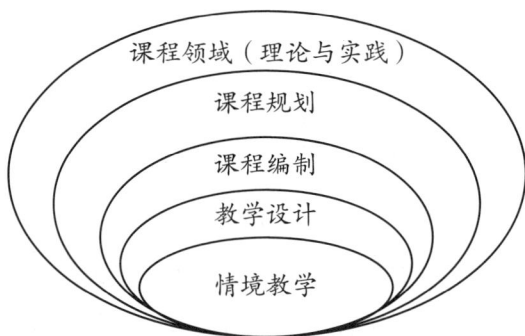

图 3-3-1 课程与教学的关系图

但凡课程改革总要经历"课程编制—教材编写—教学实施"等环节,而且在这些环节之间总会存在某种"落差",那么,如何减少这种落差呢?借鉴威金斯和麦克泰的"逆向设计模式",我们在课程设计、教学设计中将学习目标、学习评价、学习经验作为一个动态、统一的整体来看待,三者相互作用以确保"课程目标—单元目标—课时目标"的落实。

(三)逆向教学目标的序列化策略应用

逆向教学设计是基于课程标准的一种设计思想,在教师的实际工作中最大的困难就是将课程标准中提到的课程目标逐级分解至单元目标、课时目标,形成"课程目标—单元目标—课时目标"的目标阶梯,构建目标体系。

在制定教学目标时,我们始终以课程标准为依据,紧紧围绕课程标准的理念,设计各级目标,促进学生学科素养的提升以及目标的达成。

【案例1】

语文课程标准对小学三、四年级学生的阅读方面的要求包括"能联系上下文,理解词句的意思,体会课文中关键词句表达情意的作用。能借助字典、词典和生活积累,理解生词的意义;能初步把握文章的主要内容,体会文章表达的思想感情"等方面的内容。围绕课程标准的学段要求,我们在语文四年级下册第四单元"作者笔下的动物"的教学中,设计了其中一条单元目标为"体会作家是如何表达对动物的感情的"。依据这样的单元目标,在教授老舍先生的《猫》一课时,围绕课本以及课后的阅读链接中两篇同样是写猫的小文章,确定本课第二课时其中一项课时目标为"通过比较阅读,体会不同作者是怎样用不同的方法表达对猫的喜爱的"。

二、基于"逆向教学设计"构建学习目标

以逆向教学设计为脚手架,对基于逆向教学设计的学习目标与评价目标进行了双射化的思考,深研并总结提炼了基于逆向教学设计的学习目标、评价目标的序列化制定策略、基于逆向教学设计的评价方式、评价标准的可视化策略,对基于逆向教学设计的教学活动进行课堂观察与实践思考,以"基于逆向设计的问题支架"为抓手,构建了"目标导引＋问题驱动＋逆向学评"教学模式,不断激发教与学方式的变革。

逆向教学设计能够很好地将课程目标、单元目标、课时目标形成序列化,因此,运用"逆向"思想,依据课程标准制定学习目标,借助评价设计将目标成为出发点与归宿点。那如何依据课程标准的课程目标分解并制定单元及课时学习目标,具体的方法是什么呢?

策略一:引用法。直接引用课程标准中关于目标的相关描述,如:小

学数学"三角形面积"的课时目标可以直接引用课程标准中的相关描述，即在观察、实验、猜想、验证等活动中，发展合情推理能力，能进行有条理的思考，能比较清楚地表达自己的思考过程与结果。

策略二：拆解法。将"课程标准"中的学段目标进行拆解，选取其中与本单元或本课时相关的目标。如："课程标准三至六年级学段目标有一段这样描述："探索一些图形的形状、大小和位置关系。"根据教学需要，小学数学"三角形面积"的课时目标可将以上目标进行拆解，选取"大小"这部分描述，将课时目标描述为"探索三角形的面积大小"。

策略三：扩充法。由于课程标准中的目标描述多为高度概括的描述，在单元目标及课时目标的编写中多采用扩充法。如：课程标准中"探索一些图形的形状、大小和位置关系"这一段为例，在五年级的单元目标中就可扩充为"探索三角形、梯形的形状特点、面积大小以及在平面图形中关于位置关系的描述。"

策略四：合并法。将课程标准中关于几个目标描述进行节选、合并，如：课程标准中关于一至三年级学段描述中有一段这样描述："经历从实际物体中抽象出简单几何体和平面图形的过程，了解一些简单几何体和常见的平面图形；感受平移、旋转、轴对称现象；认识物体的相对位置。掌握初步的测量、识图和画图的技能。"在三年级单元目标中就可以合并、整合为"了解长方形、正方形平面图形；感受平移、旋转、轴对称现象；认识物体的相对位置。"

其实在实际使用中无法单纯地使用某一种方法，而是结合具体教材内容组合使用，找准目标中的关键词，进行删减、合并或扩充等。

三、构建可视化的评价目标

在课题调研中我们发现，传统的教学设计主要存在评价（即效果达成度的测评方式）的缺失问题，因此教学设计的活动环节极易脱离教学目标或者目标性不强，还有的教师虽然考虑到了要围绕教学目标设计活动环节，但只是凭感觉判断学生学习效果的达成是否与教学目标一致。因此，逆向教学设计通过评价的前置设计将"目标""学习""评价""效果"融为一体，为课堂教学目标达成"保驾护航"。

（一）基于逆向教学设计的评价方式可视化的操作策略

"当教师能详叙学生学习后所期望反应的细节，清楚地指出期望的学习结果，这些学习结果的描述也就可以作为学生学习后评价的准则，确认学习后的具体表现。"因此评价方式的设计就要能看到、能摸到、能测到，即通过具体化的、实物化的、外显化的评价方式将学生的学习过程与状态可视化地呈现在教师面前。在实践中，我们提出逆向教学设计评价方式可视化的实施策略，使得教师可以及时看到学生的学习结果，通过这种可视化的评价掌握教育教学效果，从而促进教师高效地达成教学目标。

综合学校学科实践，我们将可视性的评价方式主要划分为以下几类：文本反馈类、动作操作类、语言外显类、综合评价类，各学科结合学科特点进行细致划分。

【案例2】

小学数学可视化评价方式例举。

表 3-3-1　小学数学可视化评价方式表

可视化评价方式分类	具体评价方式
文本反馈类	单元思维导图、客观测试题、研究成果报告等
动作操作类	探究操作、演示、画线段图、可视性的题目反馈（判断题采用手势表示对错、举手等）等
语言外显类	小组汇报、口头提问—对答、直接谈话、讲解、语言表述思路、自我评述法等
综合评价类	教师观察学生表现、简易调查、等级量表、开放性提问、答辩、小组互评等

以小学数学《分类列举》一课为例,教师设计了可视化的评价方式,如:探索环节可以采用动手操作分一分、有序地表达、按要求画一画、写一写研究报告、小组汇报交流展示等。通过这些评价方式,教师可以及时了解学生的思路是否科学合理,运用的方法是否得当,还可以全面了解学生的学习过程与思维动态,从而科学评价学生的学习效果。

(二)基于"逆向教学设计"的评价可视化陈述方式的操作策略

策略一:评价标准可视化。逆向教学设计将评价进行前置思考,除了围绕教学目标思考评价方式(采用哪种方式了解学习效果的达成度)之外,对于评价的标准也要进行思考。如:知识与技能层面对于认知水平中关于学习效果达到的成效标准可以分为以下层次,"知道、领会、应用、识别、解决、判断"。有的教师设计评价标准时最易出现的问题是评价标准模糊、不清晰,因此,在"知道、领会、应用、识别、解决、判断"这些评价标准层次之下还应继续细化评价标准,使得评价标准可视化,便于衡量。

【案例3】

以小学数学《分类列举》一课为例,传统备课通常会把"结合具体情境、学生掌握分类列举的方法以及运用策略解决实际问题"作为教学目标。按照逆向教学设计的思想制定出可视化的评价标准,则设计为:学生结合创设的具体情境,能够通过不重复、不遗漏的列举方法找出符合要求的所有答案;在探索解决问题的过程中,通过小组讨论、交流汇报,总结出分类列举的策略,并能用语言准确地表述出利用这种策略进行列举的过程;根据提供的具体情境,学生能够选择合理的方法(图表法、画图法等)进行研究过程分析,并写出所有符合要求的答案,依据题意判断出答案是否合理。不难看出,逆向教学设计将"掌握"细化为"通过不重复、不遗漏的列举找出符合要求的所有答案"这种表述形式,将"领会"细化为"能用语言准确地表述出利用这种策略进行列举的过程"的表述形式,将目标变得可视化。

策略二：陈述语言可视化。评价方式的确定为教师测评学生的学习效果选取了可行的测评渠道，评价标准为学生学习效果的状态提供了评价的标尺。评价陈述可视化就是通过可以测量的行为动词及学生外在可测量的表现进行陈述。

将评价陈述可视化有助于我们判断学生学习效果的达成度，通过内部过程与外显行为相结合的陈述方式使得学生的学习行为变化更为直接形象。在表述中我们可以遵循以下结构特点"测评方式＋主语＋评价标准（描述程度的形容词＋行为动词）"。

【案例4】

仍以小学数学《分类列举》为例，以逆向教学思想设计的教学目标3的具体表述更具操作性和实效性。这种可视化的评价目标制定，使教师的教学有的放矢，也使学生的学习目标更加明确，"测评方式＋主语＋评价标准"这一表述方式成为此类教学目标制定的指南。

四、探索课堂教学活动策略

逆向教学设计思想的优势在于评价优先于教学环节的设计，在制定教学目标的同时便思考评价教学效果的方式，因此，将逆向教学设计的思想应用于问题支架的设计，能有效提高核心问题与子问题设计的目标性与有效性，从而促进教学环节中分目标的落实，促进教育教学环节的有效实施。

（一）基于逆向教学设计的问题支架的一般构成

在研究中，我们总结出基于逆向教学设计思想的问题支架一般构成分为显性构建与隐性构建。显性构建主要分为核心问题构建与子问题构建，隐性构建分为内在逻辑链构建与OQE（目标—问题—评价）支架链构建。在构建的策略上以隐性构建为基础，再进行显性构建，通过显性的构建与实施，完成隐性构建的知识链与能力链，从而促进学生内在能力的提升。

（二）问题支架隐性构建策略

隐性构建既是基础构建，又是问题支架构建的核心，所有的问题支架的构建在隐性构建的基础上进行外显与拓展，主要包括：内在逻辑链构建与 OEQ（目标—评价—问题）支架链构建。

内在逻辑链的构建：知识点与能力点密不可分，主要分为内在知识点的逻辑链与内在能力点的逻辑链。内在知识点的逻辑链构建首先需要做的是梳理本单元或本节课的知识点，明晰知识点内在的逻辑关系，可以借助思维导图进行构建，形成知识体系。

【案例5】

以"三角形的面积"课时授课为例，梳理出本课时所需的主要知识点有明晰平行四边形的面积、三角形面积与等底等高的平行四边形的面积关系、三角形的面积计算方法、计算三角形面积所需的条件，依据以上知识点结合内在的逻辑关系，从而构建内在知识链为平行四边形面—三角形与等底等高平行四边形的面积关系—三角形的面积推算—计算三角形面积的条件；内在能力逻辑链主要为类推迁移—猜测推理—验证总结—反思纠错。知识链与能力链不能割裂，互相支撑，在知识链中提升能力，在能力链中获取新的知识。

问题支架的核心是 OEQ 支架链的构建。基于逆向教学设计的问题支架在构建中除了明晰内在知识链与内在能力链之外，还应明确两点一线的关系，即两点一线的构建。何为"两点一线"？即"目标点（O）""评价点（E）""问题逻辑线（Q）"，从而构建 OEQ 支架链。这是将逆向教学思想应用于问题支架构建中与以往的问题导学的不同之处。

【案例6】

仍以"三角形的面积"为例，支架链1：利用已知图形的面积推导出未知图形的面积的方法（目标点）—学生能够利用已提供的图形通过摆一摆、拼一拼等方法猜测推理出三角形面积与已知图形面积之间的关系（评价点）—你都学过哪些平面图形的面积计算？你能利用前面学习的方法推导出三角形面积的计算方法吗？（问题逻辑线）；支架链 2：推导出三角形的面积计算方法（目标点）—学生在探究学习中演示并说出三角形与等底等高的平行四边形面积的关系，归纳出三角形面积公式（评价点）—三角形的面积与等底等高的平行四边形的面积有关系吗？有怎样的关系？你是怎样得出的结论？（问题逻辑线）；支架链 3：在实际生活中计算出三角形面积（目标点）—在提供的素材中有选择的使用条件，选择合理的方法计算出三角形的面积（评价点）—计算三角形的面积需要哪些已知条件？根据已知条件如何求出三角形的面积？你是如何思考的？（问题逻辑线）。

　　OEQ 支架链将目标点、评价点通过问题链进行串联，它是基于目标的，同时又有评价作为实施方向性的保障，因此问题链的设计就会体现出方向性、评价性与逻辑性。

（三）问题支架显性构建策略

　　在问题支架的隐性构建的基础上，思考如何设计外显的问题加以落实与推进，主要分为核心问题与子问题的构建，从而在隐性问题支架的基础上支撑起显性问题支架。在备课设计及课堂实施中如何设计核心问题与子问题，从而构建起显性问题支架呢？

　　首先确立本课时的核心问题，围绕着 OEQ 支架链的目标点、评价点及问题逻辑线很容易提出课时的核心问题；在子问题的设计中则通过内在逻辑链进行构建，体现的是子问题与核心问题间的内在知识点的逻辑链与内在能力点的逻辑链。

　　【案例 7】

　　以"三角形面积"为例，围绕 OEQ 支架链提出核心问题 1：你能利用前面学习的方法推导出三角形面积的计算方法吗？子问题：你学过哪些平面图形的面积计算？平行四边形的面积如何计算？你能利用前面学习的方法推导出三角形面积的计算方法吗？核心问题 2：如何推导出三角形的面积计算方法？子问题为：三角形的面积与等底等高的平行四边形的面积有怎样的关系？你是怎样得出结论的？核心问题 3：如何结合实际选择相关条件计算三角形的面积？子问题为：计算三角形的面积需要哪些已知条件？如何求出三角形的面积？需要注意什么？每个核心问题与子问题都与每个OEQ 支架链一一对应，以此确保核心问题围绕目标、体现评价、突出主要内容。

五、课堂学习观察与自评编写策略

首先我们应该确定课堂观察有什么用？到底是做科学研究教育的基础，还是要改进教学设计？我们认为进行课堂观察的目的是不断地改进教学设计。课堂观察的主要对象是老师还是学生呢？既然是学生，那课堂观察时我们应该指向哪里呢？

（一）基于逆向教学设计的课堂观察到底看什么

一看学习目标的达成（借助逆向评价设计完成），二看学习的投入状态（借助逆向评价标准完成），三看学习方式的展示（借助逆向评价方式完成）。

课堂观察的程序：

- 课前
- 观察什么——带着清晰的目的进入课堂
- 怎么观察——做好必要的准备走进课堂
- 同伴将观察什么——知己知彼
- 课中
- 聚焦什么——从丰富的情景中找到焦点
- 记录什么——从复杂的信息中提取证据
- 课后
- 依据什么——基于证据的适度推论

课前会议

↓

课中观察

↓

课后反思

●建议什么——基于个体的专业发展

课前与课后的小观察

●课前：观察学习准备情况；同伴之间的关系。

●课后：访谈和测试学生的收获，印证课堂观察的即时结果、同伴之间的关系。

（二）基于逆向教学设计制定课堂观察表

逆向教学设计以"有效教学"为具体目标，主张根据预先确定的学习目标和评价标准，选择适当的教学内容和教学活动，适时适度地加以安排，形成明确而详细的课程设计，有效地促进学生对所学知识的理解，将学生从单纯的知识接受者转变为探究者，让学生在探究的过程中学会独立思考，掌握通往智慧之门的途径。

逆向教学设计所要求的理解不同于简单的知识输入，与其意思相接近的词有"洞察力""智慧"等，学生必须深刻领会那些抽象的概念性知识，学会将其联系为一个统一的整体，并能够在不同的环境下灵活地、创造性地运用这些知识和技能。基于此，学生在课堂上对问题做出的解释、讨论、论证、应用以及创新等活动，才是真正的理解。

那么，以课堂观察与评价为依据，进入逆向教学设计评析的阶段，就可以对课堂教学的观察与评价主要按照教师的逆向教学设计进行观评课，从而更好地、有针对性地了解本堂课的目标达成度与前期预期目标是否一致。从课堂观察与评价的维度出发，可以清晰地辨识出逆向教学设计对课堂教学改革的关注点，而在综合这些视角对课堂教学进行观察与评价的同时，更好地体现课堂教学是否有学生的主体性存在、师生是否进行真正的对话、课堂反馈与评价的有效性等。

【案例8】

逆向教学设计课堂观察评价。

表3-3-2　逆向教学设计课堂观察评价表

教学目标细化	教学评价方式与手段
1. ★学生能够初步掌握以下单词和句型，达到听、说、读的程度，四会单词：cloudy, sunny, snow, rain, hot；四会句子：It will rain in Beijing. It will be windy.	1. 指读、齐读单词，使学生能在句子中运用、朗读。
2. ★学生初步了解课文的情景，大致理解课文内容。	2. 教学过程中，借助对话视频回答问题的方法，使学生理解对话大意。
3. ★▲学生能够在图片的提示下运用 It will...，向他人介绍自己的旅行计划。	3. 在拓展练习中，请学生用"It will...."向他人介绍自己旅游的计划，进一步运用已学语言。

　　在课堂观察方面，评课目的是让老师的课上得更好。在听课的过程中收集证据，从而使后续的评课能更有理有据的提出改进建议，可以让上课的老师感到评课有时效性，易于及时调整自己的教学。

　　另外，对我校教师课堂提问过程进行了分析，通过分析所得结论研制出提问评价量表。量表主要从课前提问设计、课中提问实施两个层次进行观察，在课前提问设计中包括思维层次、清晰性、启发性、针对性、数量五个要素。在提问课堂实施部分包括候答、叫答、理答三部分。各项观察内容有相应的观察指标。

　　【案例9】基于逆向教学设计的课堂提问评价。

表 3-3-3　基于逆向教学设计的课堂提问评价量表

观察时段	观察内容	观察指标		效果呈现
课前提问设计	思维层次	思维水平：低层次还是高层次		
		思维过程：靠近学生最近发展区还是远离学生最近发展区		
	清晰性	内容与授课内容直接相关		
		有行为主语、动词、有条件、有标准		
		语言表述与学生实际水平相符		
课前提问设计	启发性	答案非简单应答		
		答案非唯一		
	针对性	针对教学任务		
		面向全体，针对不同层次的学生		
	数量	数量少，问题精		
课中提问实施	候答	老师提问和学生反应之间的暂停时间		
		学生回答和老师反馈之间的暂停时间		
	叫答	参与的对象、次数、时间		
		叫答的方式与技巧		
	理答	追问	让学生解释这样回答的原因	
		转问	让另一个学生回答同一个问题的数量及解决技巧	
		评价	对待回答的态度及继续引导的方向	

【案例10】

以外研社四年级上册 Module 4 Unit 1 Chinese people invented paper 这课为例，教师在课前设计一个学生的自我评价表（如下），学生可以随着教学的推进，自主完成表格，明确自己学到的内容，实现自我评价。

I know who invented paper.　　　√＿＿＿＿＿　　×

I know who invented printing.　　√＿＿＿＿＿　　×

I know who invented bicycles.　　√＿＿＿＿＿　　×

I know who invented cars.　　　　√＿＿＿＿＿　　×

课堂教学往往不会那么尽善尽美，听课教师带着具体目标走进授课教师的课堂去观察，就能最大限度地从课堂教学情境中汲取改进教学的方法、技能，提炼授课教师的课堂优势，分析授课教师的课堂劣势，用数据有针对性地进行评价，通过获取课堂教学的优点并移植，来优化与改造自己的课堂教学的情境，拓展课堂优势，从而提高每个教师的课堂教学能力。

六、构建"目标导引＋问题驱动＋逆向学评"教学模式

逆向教学设计思想在教学模式中的应用能有效通过教学效果评价来保障教学实施环节的目标性与实施效果的一致性；"目标导引＋问题驱动＋逆向学评"教学模式以"序列化的目标"为引领，以"问题支架"构建教学环节，突出以问题点拨学生思维的生成与发展，以"可视化的评价"为学习效果的保障，确保学生学习的"目标性＋问题性＋评价性＋反思性"，促进学生终身学习素养的培养。

（一）"目标导引＋问题驱动＋逆向学评"教学模式下的数学学科"五问导学"教学策略

子曰：学而不思则罔，思而不学则殆。抓住"学思结合"就抓住了"自主学习"的"牛鼻子"，才能真正让课堂悦动起来。但是如何测量目标的达

成度？通过何种方式进行了解与调控？也是教学中中需要尽快解决的问题。

　　因此，结合数学学科特点，将逆向教学设计运用在教学实践中运用，总结出了数学学科"五问导学"教学策略，有力地保障了目标与评价的有机结合、学习任务与学习效果的有机结合，学生既能学有目标，又能学而有法、学而有思、学而有效。

1."五问导学"策略的要素及实施要点

　　基于逆向教学设计的"五问导学"教学模式是在创设问题情境的基础上，以问题支架为脚手架组织学生探究活动，在为学生提供交流、合作、探索、发展平台的同时，以教学评价方式的实施作为教学效果达成度的保障，有效地促进了学生反思与评价。下面以数学学科基于逆向教学设计的"五问导学"中的"五问要素""五问环节"进行简要阐述。

　　"五问要素"主要包括：问缘起、问关联、问内涵、问应用、问方法。这"五问要素"构成学生思维的阶梯。要素1"问缘起"是思维悦动的起步阶段，从生活现象及相关事实中引导学生提出问题；要素2"问关联"，在于在问题目标能给予学生跨越"已知区"到"最近发展区""未知区"的支持；要素3"问内涵"，引导学生用已知知识与方法探究未知领域，思考知识间的内在联系，拓展知识的深度与广度，构建知识体系；要素4"问应用"，解决生活中的实际问题，思考新式的实际价值与现实意义。要素5"问方法"，通过问题支架的引导性学习，总结反思知识探求的方法。要素1至要素5既有联系，又有提升，"问缘起"随着教师在课堂中提供给学生的探究案例，引导学生在"问关联""问内涵""问应用"的问题支架中通过猜测、推理、应用探究问题的实质，引发思维悦动的生成；"问方法"则是"五问要素"当中进行归纳反思的重要问题环节，也是问题支架的顶层构建。

2."五问导学"策略实施的"五问环节"

　　结合"五问要素"，课堂中进行"五问环节"的实施：悦问发现（实施要素：问缘起）—趣问启思（实施要素：问关联）—智问推理（实施要素：问内涵）—巧问应用（实施要素：问应用）—享问收获（实施要素：问方法）。为确保

"五问环节"在导学中的有效实施，在每个环节中依据逆向教学设计的思想同步进行评价方式的思考，具体关系如下表。

表3-3-4 "五问导学"策略

五问要素	五问环节	五问评价方式 （逆向教学设计的落脚点）
问缘起	悦问发现	提供素材、提出问题
问关联	趣问启思	小组合作、猜想推测
问内涵	智问推理	展示汇报、构建体系
问应用	巧问应用	分层设疑、找准切点
问方法	享问收获	反思交流、总结方法

【案例11】

问题支架在计算教学中的应用。在学生思维发展的目标和现有认知水平之间的最近发展区内，以"五问"支架作为桥梁，增加思维的阶梯，同时通过评价方式进行实时评价与效果达成度的诊断，提高学生思维的兴趣和成就感，有效提升学生的高阶思维水平，使学生在"学思结合"中成长为一个独立的学习者。

（二）"目标导引＋问题驱动＋逆向学评"教学模式下的英语学科"三境导学"教学策略

在设计课堂教学活动时，英语组通过"借境""创境""入境"，巧妙地将英语绘本融入课堂教学中，更好地促进平日英语课堂教学。

1. 借境

绘本教学实际上就是情境教学，英文绘本故事让学生身临其境的感受故事所要传递的内容。为此学校为英语组购置了全套《大猫英语分级阅读绘本》，在课堂中教师引领学生从原版绘本入手，借绘本情境融入课堂教学，既拓展了学生的英语阅读，又提高了学生的英语学习兴趣。

在英语课堂中实施绘本教学，有利于课本单词的理解。在进行课本教学中，单词的教学往往比较孤立。或仅限于课本的文本场景，而不能让学生更多地延伸，而在教学中选择适当的绘本故事给学生阅读能加强单词、句型的运用和记忆。以四年级上册为例，在本册书中，又新加了一些表示方位的介词，因而在本课中，插入绘本 The Toy's Party，通过对绘本的阅读，加强单词的运用和记忆。绘本的故事有很多的类别，在结合文本学习的基础上，适当地提供有价值的绘本阅读，能将文化进行多元融合。如在学习课本中关于节日的知识时，我们可以结合绘本 Festivals，书的内容是不同国家的小朋友互相写信描述自己如何度过不同的节日以及相应的人文习俗，其中描绘了 Christmas Day 等节日，每个节日都有不同的习俗。

英文绘本是比较重要的课外资源，更是语言应用的平台。英文绘本不但可以展示和传播英语信息，而且在培养学生想象力和语言应用能力方面具有重要的意义。教师要想巩固课堂阅读内容，需要在学生阅读后根据学生的语言表达能力设计不同的活动。创造性的阅读活动能够锻炼学生的语言运用能力，从而让学生英文绘本的阅读更加具有趣味性。教师可以让学生改编或者续写绘本故事，培养学生的想象力。比如在二年级上册 Module 5 Unit 1 一课中，让学生用照片记录自己的一天，自己创编一个绘本，既提高学生的想象力，又引起学生学习英语的兴趣。

2. 创境

在英语课堂教学中，情境的创设尤为重要，一个好的情境往往来源于一个好的故事情节。以英文绘本故事为基础，在阅读后，开展以绘本故事内容为情境的主题活动，并让学生参与到情境中，能够更好地灵活运用绘本，突出以学生为主体，在创作过程中也能不断提高学生的思维创作能力。

教师在一节五年级英语复习课中，先运用绘本故事让学生感知小猴子的情绪变化及其原因后，再结合 Are you sad? 一课的教学内容，让学生自己创作有关自己情感的迷你故事书，引导每一个学生用英语讲自己的故事，从而使学生更好地融入课堂情境，将绘本讲给同学、老师和家长听，更加提高了学生参与活动的积极性，同时也锻炼了学生的沟通与交流能力。

在 2019 年 10 月学校教师到平度大泽山小学送教活动中，送教教师执教的 Festival 一课，把教材作为资源使用，让学生脱离教材束缚，却能吸收教材中的营养。执教教师先从学生最为熟悉的春节入手，用 When、What、How 为问题支架，向学生询问春节的习俗。之后，根据问题支架请学生听有关圣诞节的课文，并从文中找出圣诞节的习俗。最后，绘本阅读为学生补充了感恩节的故事。这堂课内容丰富，活动有趣、多样，在向学生提供新知识后，会提供练习帮助学生进行复习巩固。可以看出，即使学生的教材不同，学习内容有所不同，但借助绘本教学，创设情境，学生都能很好地融入课堂活动中。

3. 入境

仅仅在日常课堂教学中运用英文绘本，是无法满足每个学生的需求的。为此，我们还将英文绘本阅读延伸到了课外。每年的寒暑假，我们都会针对不同年级、不同水平的学生布置英文绘本阅读任务，让学生阅读自己喜欢的绘本，并通过 Reading Log 记录自己的阅读经历，并在开学后分享给自己的小伙伴。

在阅读的过程中，教师也在尝试将绘本融入剧本，将阅读的内容以英语音乐剧、英文童话剧的形式展示出来，让学生更好地进入情境，并能展示情境。

（三）"目标导引 + 问题驱动 + 逆向学评"教学模式下的语文学科"三有导学"教学策略

1. 紧扣"标准"，提问要有目标

课堂提问是为了启发学生的思维、深化教学内容、落实教学目标而采取的师生双边活动。我们不仅要设计出紧扣目标的关键性问题，还要把问题提准，目标性要强，使各教学环节组合成有机的整体，产生合力。

【案例 12】

在教学部编本二年级上册第 9 课《那一定会很好》一课时，依据统编教材编写意图，教学时重在让学生运用精读课文学到的阅读方法和策略，进行自主阅读和学习。基于此，教师设计学习卡片作为问题支架，"想一想，从一粒种子到阳台上的木地板，它经过了一段怎样的历程？"这个问题会引导学生自主探究和学习。

学习卡片 1：历程中的变化

种子—（　　）—（　　）—（　　）—木地板

学习卡片 2：变化过程中愿望改变

站 ○　　　坐 ○

种子—（　　）—（　　）—（　　）—木地板

学习卡片 3：进一步关注"怎样实现的目标"（关注人物、提取"动词"）

站 ○　　　坐 ○

种子——（　　）——（　　）——（　　）——木地板

自己努力生长　农夫　　　（　　）　　（　　）

长、钻（　　）拆、做　　拆、锯、铺

在教学过程中，不同层次的学生根据自身实际，选择难易不同的学习方法，都体验到了学习成功的乐趣。

2. 提问要有层次性，循序渐进提问，深化教学内容

学生的个体差异性决定了其理解能力也存在较大差异，因此问题的设计应满足不同层次学生学习的需要。教师在进行教学设计时，要面向全体学生，有层次地设计问题，遵循由易到难、循序渐进的原则。这样有助于克服部分学生的畏难心理，增强其参与课堂的自信心，并引领学生深入思考，提高学生思维的深度和广度，使教学内容逐渐深化，教学重难点逐步突破。

【案例 13】

在教学部编本五年级上册第 26 课《忆读书》一课时，为了达成"梳理

出作者的读书经历，说出作者对'好书'的看法"这一学习目标，教师设计了以下问题。

1. 林冲、武松、鲁智深是作者在读《水浒传》时所列举的例子。课前我们认识了林冲，武松和鲁智深。他们是什么性格？

2. 一部《水浒传》，人物性格生动，让作者深深地爱上了它。除了这本书，还写到了哪一部书？

3. 写《水浒传》就可以了，为什么还要写《荡寇志》呢？

学生抓住关键词句，"那部书里着力描写的人物，如林冲、武松，都有极其生动的性格……但我觉得比没有人物个性的《荡寇志》要强多了"，将两部书进行对比，分析原因。

4. 由此，我们可以总结出，作者认为什么样的书是好书？（人物个性鲜明）

在教学过程中，师生通过"边读边圈画关键词句"的方法梳理作者读《水浒传》的阅读经历，并通过列举林冲、武松等人物，说明《水浒传》是一部人物个性鲜明的小说。通过问题的设计层层递进，调动不同层次学生的兴趣，引发学生的思考，使教学内容不断深化，最终指向教学重难点的有效达成。

3. 提问要有启发性，巧设悬念，激发学生探究兴趣

恰当的课堂提问可以激发学生的兴趣，引发学生的思考，促进学生对知识的深入理解。在语文教学的课堂导入环节，教师可以通过问题的导入设计激发学生的兴趣，调动学生的积极性，从而为本节课后续的教学做好铺垫。

【案例14】

在教学部编本五年级上册第27课《我的"长生果"》一课时，教师从学生的生活实际经验出发，设计了以下问题："同学们，在《西游记》中，众妖魔都惦记吃唐僧的肉。你知道是为什么吗？你知道长生果是什么吗？题目中为何加引号？"

在课堂教学的导入环节，教师通过提问《西游记》中的长生不老故事，一下子吸引了学生的兴趣，调动了学生的积极性。教师借"题"发挥，巧设悬念，既让学生了解了"长生果"的字面意思，又让学生快速浏览课文，并循着自己的疑问在文中寻找答案，培养了学生对文本进行综合分析的阅读思维能力，也为后续的学习做好铺垫，激发学生的探究兴趣。

研究以来，课堂不再是教师的一言堂，真正实现了对话和互动，较好地落实了学生的主体地位，有效促进了教与学方式的转变。学生在课程实践中尝试自主学习、主动质疑、合作探究，创新精神与实践能力都有了明显提高，课堂焕发出了生命活力，教学质量显著提升。任职学校学生先后获得了世界头脑奥赛、世界机器人大赛冠军，胶东大鼓艺术社团登上了中国首届校园春晚，棒垒球队获得全国少儿联赛第一名，足球社团获得市长杯、区长杯比赛冠军，众多学生在全国、省、市比赛中取得佳绩，综合素养得到明显提升。

教学研究没有止境。相信通过"幸福三原色"课堂的深入研究，我们会更加靠近儿童教育的本真，获得更多生长的力量。"旨归幸福"，何为幸福？幸福的内涵有多少？学生想要的幸福是什么？如何使学生获得更多追求幸福的能力？作为一名校长，我应该每天反思学校课程育教学有没有给学生的现在和未来带来幸福。近年来，学生出现叛逆年龄"小学化"、厌学情绪"小学化"、体质下降"小学化"，等等，不由得让我去反思。关注学生的全面发展，我觉得更应该关注学生的身心健康，更多地从科研的视角走进学生的心理，同时期待与高校更多的合作，借助专业的引领和实践的探索，真正让每一个学生在享受幸福童年的同时，能储备下为自己和社会创造幸福的能力。"生本·幸福"教育还需要更扎实的行动与更深入的反思，才能成为学生幸福之路上永恒的灯塔！

第四章

疫情下学校"教与学"方式的变革

————

2020年注定是一个不平凡的年份，因为受新冠肺炎疫情的影响，全国人民的正常生活受到了不同程度的影响，作为祖国的未来，孩子们的教育问题再次成为家长们瞩目的焦点。在疫情期间，国内超过2亿学生接受在线教学，网络取代校园成为教育教学的主阵地。视频课、直播课、在线答疑、微课学习……一批基于互联网技术的教学形式对教育抗疫起到了积极作用。当前，基于线上教学可能延续的现实，如何"总结线上教学经验，提升线上教学质量"，是教育界关切的问题。下面将以2020年疫情期间我校线上教与学的感悟为例，浅谈疫情下学校"教与学"教育方式的变革。

一、"教与学"方式变革的动因

当下的社会变革正在倒逼教育变革。站在"十字路口"的教育，透过"可预见的未来"，审视当下学校"教与学"变革的动因：依托学习共同体，重塑新课堂，才能建设好学习新时代。一场突如其来的疫情，让教育场中"教与学"教育方式发生了变革，网络教育模式开启。

二、"教与学"方式变革的举措

为阻断疫情向校园蔓延，确保师生生命安全和身体健康，教育部门及时下发通知，要求 2020 年春季学期延期开学，学生在家不外出、不聚会、不举办和参加集中性活动。与此同时，教育部同工信部于 2 月 17 日正式开通了国家中小学网络云平台，一场"提前试水"的大规模教育变革启动了，这一举措让覆盖全国 31 个省市区的教育阵地纷纷开展网络教学，包括开放直播课程，提供网络学习资源等。学校的"教与学"双边教育方式发生了变化，以网络教育来努力实现"停课不停教、停课不停学"的教育目标，让"微课"这一快捷、简便的教学辅助手段为全国中小学生居家有效学习提供了保障。疫情下的学校"教与学"的教育方式由网络教育发生着质的转变。

我校一线的老师置身于这场突如其来的教育变革之中，在校长和分管领导的组织、引领下，在区教育指导中心的指导下，精心备课，研发在线录播微课程，从国家级课程（语文、数学、英语、音乐、体育、美术学科）到校本课程（责任、海洋、阅读、STEAM 学科），每周都录制近百节微课，内容丰富精彩，深受全校学生、家长的欢迎和称赞。听课学生踊跃参与，家长更是热情支持。学校的教育教学工作以"大疫当前，勇敢成长"的态势正式开播，学生和家长网上听课达千人次。

这样的课堂"教与学"教育方式的变革在传统课堂上是难得可见的，网络教学在这次疫情防控中发挥了重要的保障性作用，在一定程度上满足了疫情时期的特殊教育的需求。可以说，为了应对疫情，学校呈现出了一次"互联网 + 教育"的教学方式，进行了一次大规模的网络教育实验，开启了一次前所未有的、最大成效的学校"教与学"教育方式的变革。尽管疫情下学校"教与学"教育方式变革中还存在一定不足，但即便如此，这次"网络教育大练兵"对学校领导、师生以及对学校整体教育改革发展还是大有裨益的。

对学生而言，他们的课程更丰富了，传统课堂里只听到自己的老师上课，而疫情中的网络教育平台可以接触到其他老师，增加学习机会和学习资源。

对教师而言，这也是一次自我知识更新和自我发展的过程。进行网络授课，师生之间不再是简单的知识传授关系，而是组成了学习共同体，许多教师要与学生共同听课，成为学生学习的陪伴者、课后的答疑者。这更加凸显出符合未来教师发展的趋势。在未来,学校的"教与学"教育方式中，教师就是学生的指导者和陪伴者。

对于教育来说，这次疫情是"危"，更是"机"。这让我们更好地思考未来教育的形式，思索未来如何通过大数据、互联网、人工智能来推进教育的变革，如何把学校和社会，把网络学习、居家学习、学校学习、社区学习连成一片、变成一体，这些都是对教育形态的新挑战。由此一来，这也为我们教育战线提出了一系列新课题：互联网在何种意义上改变了我们的教育生态？如何真正实现网络学习与线下学习的融合与合作？如何实现学校与社会教育的优势互补？对此，我们教育工作者应抓住机遇，在致力于提高教师队伍的信息化能力基础上，要不断提升互联网时代教育教学的治理能力，满足个体学习的特色化、多样化、个性化的需求，以适应于"互联网＋教育"对于"教与学"教育方式的需求，有效指导学生使用网络课程资源的全面覆盖。

三、"教与学"方式变革的成效

疫情犹如一次"大考"，我们只有尊重自然规律，把握教育规律，顺应学习规律，才能在"大考"中取得更好的成绩。回顾三个月来的"战疫历程"，回想我们"停课不停教、停课不停学"的那段日日夜夜，我倍感欣慰，疫情下学校"教与学"教育方式变革中我和我的团队通过网络教育平台收效甚好。例如，我校部分学科教师在云课堂展示后做了如下小结。

2020 年居家学习第十周，我们一年级的数学老师根据区里统一要求，坚持积极统筹班级各科老师的空中课堂的工作，根据结合线上学习特点，开展丰富多彩的居家学习内容。本周我们以课程预习《人民币的简单计算》、数学绘本阅读为主，让学生再次感受到数学与生活的联系。让学生多角度丰富自己的认知，对自己近期的居家学习进行整体认知，激发了一年级学生的学习兴趣。每天的数学趣味早读时间，老师根据学生的特点，精心准备练习题目，并利用微课给学生讲解晨读的趣味题目，激发了学生的数学学习兴趣。每天下午的答疑时间，老师根据学生居家学习特点，选择合适的反馈方式，做到对学生的完成情况心中有数，有针对性地进行帮扶。每个周五的各科答疑时间，老师引导学生梳理这一周的学习单，做到进一步查漏补缺。我们努力做到让每一个学生每天的学习能学得明白、清楚，学会做题，让每一课都取得了切实的效果。

为更好地培养学生自主学习能力的提高，我校中、高年级英语老师在常规视频课的学习过程中，鼓励学生将英语微课中的语法知识点进行梳理与记录，通过给学生介绍英语笔记的记录方法，逐步引导学生完善自己的英语学习。学生通过英语笔记和思维导图等形式，在学习的过程中记录，在复习的过程中补充，从而加深英语学习的记忆。

在战"疫"的特殊时期，为适应新的教学形势的需要，我校低年级语文教研组结合线上教学特点，围绕"悦动课堂"研究，将"线上导学式"教学作为教学研究重点，对分层辅导策略进行了具体实施。经过一段时间的线上教学，低年级语文老师发现学生的网络实操性较弱，需要家长的陪同方能实现网络学习。为了使一个班级中的学情保持均衡发展，老师在教学中实施了适合不同学生的"分层辅导"教学方式。老师为学生线上学习提供自主学习空间，同时跟进评价机制，大大提升了学生的学习效率，也保障了学习效果。

从以上各学科老师的总结概括中可以看出，我校老师线上教学主要以"激活学习情趣—跨越精准教学—达到学以致用"三段式教学手段来完成疫情下的教学任务，教学效果显著。

在"跨越精准教学"这个环节中，为使微课凸显出教学跨越时间、空间的有效性，老师借助云平台多媒体手段，通过网络直通车推送教学资源，实时掌握学生完成学习的进度，及时给予评价和自我反思。在这个过程中老师从以下几个方面切入，有效实现了精准教学。

一是精准入学。通过云平台旧知检测，了解学生知识结构和不足，通过微课推送问题式、故事性视频，让学生带着任务阅览知识，使学生初步理清知识脉络，反馈疑难问题，引导学生带着问题进入后续学习。如四年级数学教研组的老师除了录制一周的预习新课微课，还根据平日搜集学生作业中出现的易错题、难理解的题目，编制成闯关题，发给学生，检测批改后，制作成课件，利用直播课进行讲解，让学生在线参与问答。这更好地突破了重难点，进一步巩固了学生的基础知识和方法，激发学生的学习积极性，使学生取得了更好的学习效果。数学早读时间，老师会进行"数学文化影院"和"解放双眼聆听数学故事"的活动，让学生充分感受数学与生活的密切相关性，尝试用数学的知识解决生活中的问题，感受数学源于生活的特点。

二是精准展学，利用电脑功能开展学习共享对话。师生通过云对话，质疑并交流学习过程，以此促进深度学习，达成学习共识。如部编版语文教材五年级推进的整本书阅读是四大名著选读，而《红楼梦》这本小说共一百二十回，近百万字，怎么才能引导十几岁的学生爱上阅读，顺利走入这个无比瑰丽灿烂的世界？五年级语文教研组的石媛媛老师考虑再三，通过自己深入研读小说，确定了适合学生阅读的部分章节和几个重点人物，设计了两条引读线路，引导学生在疫情期间展开阅读：一是从第一回开始导读，逐回向后面的章节推进。按照故事情节发展的顺序，引导学生逐步走进这个跌宕起伏的故事。二是跳跃式阅读：以人物为点，引出整本书中与之相关的情节。以情节为依托，深刻解读人物。两条线同时推进，相辅相成，互为补充，使学生在不知不觉中走入小说，轻松驾驭对小说重点内容的阅读理解与感悟。延迟开学网络授课，石老师利用每周两次的经典阅读时间，接续推进小说阅读内容，引导学生们层层深入阅读文本。为了保护学生的眼睛，石老师一般采用语音录入的方式与学生对话，给学生介绍情节的主干部分。久而久之，每天下午的语文答疑时间里，学生都会主动与石老师交流有关《红楼梦》的部分内容，不论收获或者疑惑。

三是精准诊学。基于学情与疑难问题，判断并定位学生学习的程度，通过微课推送分层次练习试题，并利用学生反馈的信息，实现对学生学习状况的全面掌握，引导学生居家学习因需而学。学校青年教师中，四年级语文教研组的单从从老师对于信息技术的使用和操作要强一些。单老师结合自己在直播教学中的经验和反思，在推送录制微课的同时又十分重视直播答疑的环节。单老师的答疑过程主要经过"文字点评—语音点评—直播点评"三个过程。

"抽样批阅，树立典范。"因为单老师教两个班级语文，在进行任务单的批改时，最初要求学生在11：30—1：30非上课期间将学习任务单通过钉钉或微信上传到群里，老师选取最先上传的5份学习任务单进行批改。经实践操作发现，作业发送过程比较混乱，可能会冲掉老师发布的重要信息。于是，老师进行了第二次调整，按照学号，每个小组分为8人，其中5人上传学习单供老师批阅，3人在直播答疑后将学习单用红笔修改或补充后再传给老师检查。对小组的划分，老师心里有数即可，不必提前告知学生，以防学生提前准备，失去了犯错的机会。如此轮转下来，一周便可将所有学生的学习任务单都进行至少一次的批阅。第二次调整后作业上传情况有所好转。在学习和借鉴其他老师的经验和做法后，单老师又进行了第三次调整，请学生将任务单上传到老师指定的群相册中。这样一来，老师也不用担心漏批作业的情况。

通过抽样批阅，老师在11：30—2：30期间共需批阅10份学习任务单，并从这10份任务单中挑选出典型错误和优秀典范，即寻找学生错误中的共性问题，并树立正确的典范以便修改。学生上传任务单往往超出10份，老师会优先选择指定学生的学习任务单进行批阅，再把其他的任务单中出现的问题和典范作为"番外篇"进行点评。此外，在决定抽样批阅数量时，要根据每个班的实际情况进行，可以三科老师商讨后一致起来。

在直播答疑的尾声，老师还会再次提醒学生修改补充自己的学习单，老师抽样检查。抽样检查的过程中对学生的任务单修改情况进行点评，了解学生对学习内容的消化和吸收情况。在此期间，针对还有疑问或困惑的学生进行个别指导和讲解。

四、"教与学"方式变革的启迪

（一）"双线融合"，成为"教与学"方式变革的新路径

教育部《教育信息化 2.0 行动计划》中指出，发挥技术优势，变革传统模式，推进新技术与教育教学的深度融合，才能真正实现从融合应用阶段迈入创新发展阶段。此次居家学习导致教与学的方式在悄然地发生改变，它扩展了传统的课堂教学空间，丰富了教育资源的供给，改变了传统的教与学模式，还有针对性地实现了教学过程中的实时评价，有效提升了教育质量。面对后疫情时代疫情防控常态化的现实，探寻线上与线下"双线融合教学"的内涵及有效实施方式成为我们教学变革的新路径。加强学校数字资源库建设，实现信息技术与学科教学的深度融合，深化悦动课堂研究将是我们不变的主题。

（二）"双线融合"，信息素养成为教师专业发展的新起点

面对突如其来的疫情，面对"停课不停学"的要求，信息技术与教育教学的深度融合带来了教育方式和教育环境的变化，也触发了教师角色的快速转变。教师展现出很强的学习力和适应能力，信息技术能力也在短期时间内得到了大幅提升。我校教师在接到居家学习授课任务后，从大多数完全没有接触过"直播"，再到熟练掌握技术，对应用软件的使用触类旁通，这一过程使教师的信息素养得到不断提升。结合学科教学特点和个人实际情况，教师纷纷开始寻找更适合自己的直播平台进行教学。微课是线上教

学的有效辅助形式，对突破教学重难点、提高教学效果有极大的帮助。为了给学生带来有针对性、趣味性、实效性的微课，教师在短时间内学习了多种录制和剪辑方式。在不断努力下，居家学习授课期间，教师尝试了不同模式与工具的组合，最大限度地提高了教学效果。教师也深深地体会到通过实践探索，不断提升自己的专业能力，把信息技术更好地运用到教学当中去，灵活运用好微课、问卷调查工具、学情分析工具等信息化手段对教学的帮助。面对网络环境下的海量资源，教师如何精准筛选、合理开发、有机整合适合学生的学习资源，是信息化环境下教师的核心竞争力之一。

（三）"双线融合"，搭建学生发展的新平台

线上学习不仅有利于提升教师的在线教学能力，更有助于培养学生良好的信息素养和自主学习能力。线上学习为学生提供了更丰富的学习资源，促进了教与学的有机互动，运用多种教学模式来弥补传统教学模式的短板，从而真正实现精准教学、深度教学、有效教学。居家学习期间，学生通过"钉钉平台"、班级微信群，与教师零距离进行交流。教师根据学生在线问题、作业提交等不同形式反馈数据掌握学生的学习情况，及时加以调整、监督。教师录制的微课为不同层次的学生辅助学习提供了极大的帮助。对于学习能力较强的学生，微课是预习的好帮手；对于学有困难的学生，可以通过课后反复学习理解、突破难点。除此之外，教师为学生提供的优质线上学习资源包和教师在线指导也满足了不同层次学生进行研究性学习的需要。学生对于这些新型的教学方式，感到非常的兴奋、激动，在兴趣的带动下积极投身学习。师生借助网络讨论交流，深化"线上教学"，延伸课堂教学，不断培养学生迎向未来的关键能力。

（四）"双线融合"，成为教育评价方式的新手段

教师的多元评价就是学生成长的催化剂，教师持续的评价与激励有助于学生养成自主学习的良好习惯。线上教学缺少了面对面的交流互动，建

立量化评价体系就显得尤为重要。信息技术在很大程度上能够助力克服传统教育评价难以采集学生学习行为，收集评价依据和评价信息单一化、片段化的问题，使教育评价的内涵和功能得到拓展。在居家学习期间，教师通过钉钉平台数据反馈的学生课堂互动次数、随机提问回答、练习题正确率、随堂测试学习效果等方面评价，掌握学生学习情况后再分层次地对学生进行课后指导。教师通过平台设置的教师点赞、同学点赞、家长点赞等评价方式，激发学生的学习兴趣。家长也可通过学生学习平台显示的自主学习时长、课后练习题正确率以及学生学习及精神状态等方面分层次了解、评价学生的学习情况。学生也可利用资源包附带的学习单，根据各学科教师提前发布的"逆向学习评价单"在自学和线上学习时对自己的学习效果进行评价。

2020年疫情期间，学校线上教育教学工作的开展，使我对学校的未来发展与规划有了更为深刻的思考。按照青岛市市南区2020年春季学期《延期开学工作通知》以及"居家教学期间"线上教学的相关要求，统筹学生居家学习时间与在校学习时间，通过网络教学模式，立足信息化环境，重组教学结构，打破传统教与学的方式，实现信息技术与课堂教学深度融合，探索线上线下"混合式"学习方式，引导学生进行探究式与个性化学习，从单纯的知识获取向知识、能力、素质的全面提升转变，促进学生自主学习能力的提高，为管理赋能，为教师助力，为学生发展负责。疫情之下的线上教学带给教育遇见未来的机会，借此学校和教师可以探索改变传统教学和重构教学流程的方法。运用"互联网+"的技术优势，促进学校空间、课程与技术的融合，实现学校教育结构性变革，形成"人人皆学、处处能学、时时可学"的个性化学习支持体系，确保实现公平的优质教育，使人人可以获得终身学习机会。

如果说，理念是行动的方向，实践是行动的脚步，那么品悟就是反思昨天，感悟今天，期许更美好的明天。

4

第一章

品·思

———

以生为本，贵在尊重每一个生命的成长。

——题记

一、释放爱的力量

爱是教育永恒的主题，"爱"这个字在教育工作者的字典里，永远是"今日头条"。没有爱，就没有教育；但是，爱，其实并不简单，也并不容易，尤其是要思考如何呵护孩子的心灵，尊重孩子的心灵，让每一个孩子的生命之花灿烂绽放。

（一）教育的守望

春天的校园里，布满了绿色，充满了生机，一切是那么温润而美好。伴随着清脆的哨声，一群入校半年多的小豆丁们步入我的眼帘，而这其中的一个小男生——小宁，正紧跟解放军战士响亮的口令，精神抖擞地摆臂、行走。我看着整齐划一的队伍，顿时，无限感慨涌上心头……

小宁是2019年秋季入校的一年级学生，我负责教授他们班的"道德与法治"科目。执教短短一个月的时间，我和班主任以及各科老师对班里这个特殊的小男生就有点招架不住，课堂上的他经常随意喊叫，任意打同学，小伙伴们对他敬而远之……面对幼小衔接的孩子需要适应期的问题，老师们都做好了一定的心理准备，一直尝试着从点滴小事开始，帮助他明晰规则，抓住契机就加以鼓励，班主任和其他各科老师尝试着十八般武艺，可是对这个学生来讲收效不大。接下来，班主任尝试着跟孩子妈妈沟通，第一次沟通时，妈妈挺客气，可是随着孩子接二连三的"小暴力"事件发生，妈妈接电话时有些不耐烦了，"这是在学校里发生的事情，是你们老师应该处理的"，"我工作很忙，以后这样的事情别给我打电话了！"教育是学校、家庭、社会共同的责任，尤其是面对刚刚入学的孩子，养成好的习惯、有一个良好的开端是多么重要。可是面对这样的情况，老师很无助，小学六年这才刚刚开始啊，此时的班主任、任课老师和我都陷入了彷徨……

　　看着着急的老师，想着冷漠的家长，回想着课堂上小宁频发的特殊表现，我一直在追问自己，"这个孩子的问题到底在那里？""从哪里找到与家长有效沟通的突破口？"不能因为孩子的问题没有得到合力解决而导致安全问题的发生。有心的班主任留意到接小宁的家长总是孩子的姥姥，经过沟通发现，老人很是通情达理。于是在征得家长同意的情况下，孩子的姥姥答应先来陪读一段时间，保证不要有安全问题发生。陪读过程果然没有什么安全事件发生，可是小宁课上、课下的表现却丝毫没有好转，陪读的姥姥很感谢学校和老师的包容，面对外孙的屡教不改却很是无奈。

　　我在想，教育者是不是应有"静待花开"的胸怀？《麦田里的守望者》一书为世界贡献了一个特别的词语——守望。教育不是管，也不是不管，是在管与不管之间，也许这就是对生命真正的尊重？

　　小宁的"故事"在一段时间里，成为我和班主任夜以继日研究的课题。我们深知，孩子的成长像小树一样需要阳光和雨露，面对特殊时期的问题，教育者要有足够的耐心和爱心，尊重孩子的差异，找准症结，修枝剪叶，敬畏每一个生命的存在。正如我国著名的教育家陶行知先生所说：人像树木一样，要使他们尽量长上去，不能勉强都长得一样高，应该是立脚点上求平等，于出头处谋自由。基于此，"不抛弃，不放弃"，"寻找沟通的突破口"，

"医教需结合，了解孩子身体的原因所在"，"借助校内外心理辅导专家的力量一同推进……"这些教育方法成为我们的共识。

古语说，"方，道也"，"法，所若而然也"。又是一天的清晨，心理专家、孩子爸爸、班主任和我在学校相约而至。先从孩子的"进步"说起，再点到困惑的问题，班主任对孩子表现的时时关注，心理专家对问题的层层剥茧，孩子爸爸真心地感受到学校、教师的良苦用心，从谈话开始的拘谨到后面的开诚布公、频频点头呼应，让我们深刻地感受到"方向对了，路就近了"的曙光。交流到最后，学校老师、家长、心理专家各自领回一份分工不同的"小作业"（家长有效陪伴，教师及时问询，专家随时指导），我们期待孩子的成长能够给这份作业打出优异的分数。在接下来的寒假里，我们彼此不忘完成这份"小作业"，时时地交流，真诚地互动，"爱与智慧"的力量在小宁身上不断地迸发，让小宁度过了一个温暖的假期。开学的第一周，小宁的"状子"消失了，课堂上还能乖乖地听课，积极地举手发言，课下和同学们愉快地相处。

小宁就这样转变了。

尊重、激励与唤醒成就儿童的更好。教育，不是一朝一夕的事情。对儿童的教育，不能急于求成，也不能刻板教条，在奉献爱的同时，还需要付诸教育的"法"与"术"。小宁的故事让我们不断思考教育的逻辑起点，理解孩子的差异，感悟生命的成长。不同的孩子，有着不同的成长花期，在补给阳光与雨露的同时，有时需要修枝剪叶，有时需要教育的"守望"。教育者要在"守望"中，聆听孩子成长的渴求，寻求教育的合力，感悟教育的真谛。教育者的守望，就像麦田里农夫对庄稼的劳作、培育时的期许和见证果实由青涩到成熟的守候。或许，明天会让我们面对另一个"小宁"，但是对教育的这份责任与坚守，对教育价值的不断追问，让我们享受着身心忙碌中的快乐，体验着呵护每一个生命的幸福。或许，儿童未来的每一个更好，就在我们每一个教育者的手中！

（二）用爱燃起希望

"于校长好！"一个稚嫩的声音时常在我耳旁划过。她，细高的个子，白白的皮肤，天真的面庞，渴望的眼神，每每看到她心中总是涌动起一股股酸楚。她是一个典型的患有自闭症的儿童，出生在一个高知家庭，由于特殊的身体状况使得孩子的妈妈不得不放弃对事业的追求，一心照料孩子。孩子妈妈不得不把孩子送进特殊的小班幼儿园，而且缓学一年。

忘不了初夏的一个上午，适逢新生入学的报名时间，孩子的爸爸、妈妈带着孩子来到学校，奇怪的是他们没有马上给孩子办理报名手续，而是在迟迟地等，上午的报名马上收尾了，妈妈领着孩子在报名桌前坐了下来，说："老师，我们是缓学一年的孩子，今年要来上学了。"妈妈平静的话语却掩饰不了几分担忧和期盼，报名老师边登记边疑惑地了解孩子的入学情况，没等和孩子进行交流，只见她早已离开妈妈的身边，开始在走廊里跑动，时不时还自言自语……职业的敏感让我们的报名老师增添了几分不安和慎重，"孩子的这种情况上学能行吗？""你们回去再考虑一下，毕竟我们班级要教好多孩子。"报名老师不断抛出话题让家长慎重考虑孩子的求学环境，然而对于老师的疑惑似乎家长早已心中有数，"我能见见你们校长吗？我想单独和她谈谈。"

很快，老师、分管干部将信息传递给我，说实话当时的自己非常为难，但是打太极式的拒绝是毫无意义的，于是我把家长请到了校长室，想先听听她的想法。谁知话还没等开口，孩子的妈妈已经黯然泪下，"于校长，帮帮我们吧，孩子是我们全家的希望，收下孩子吧！"我立即安抚家长情绪，"您先不要激动，适龄儿童上学是每一个孩子的权利，只是大班额教学是否对孩子的成长有利呢？"家长依旧泪眼蒙眬，"我们已经缓学一年了，孩子的个子和年龄都比同来上学的孩子大，我们不能再耽误孩子了。我们咨询过有关专家了，她是典型的沟通障碍，这样的孩子在正常的环境中会得到更好的恢复和发展。我会陪读，保证不给学校添麻烦。"听到这些，我真的有些茫然，站在学校和老师的角度，收下她可能意味着无尽的麻烦和未知的影响，甚至还会有家长和孩子的抱怨；但是不留下她可能意味着她会辍学，可能会走进辅读学校，可能会给这个家庭带来沉重的打击。当时我真是举棋不定，在情感和理智的分界线上不知该如何是好。最终，为将事情处理得更加圆满，我不得不来了个"缓兵之计"。"这种情况我知道了，您的心情我也能够理解，每一个孩子的上学不仅是家庭的大事，也是学校的大事，您回去把孩子的健康查体报告拿给我们看看，我们咨询下上级部门，您也再回去慎重考虑下哪种环境更有利于孩子的发展……"第一次谈话就这样结束了。

事后，我很快召集班子讨论这个孩子上学问题的处理意见，同时向上级部门交流了这个特殊孩子希望在正常学校上学的想法，寻求合适的解决办法。在此期间孩子的妈妈又给我打过无数次电话，每一次都是声泪俱下。站在一个孩子母亲的角度，我真的很难受，世界有时就是这样的"不公平"。最终几经交流、反复查证、多次咨询之后，我毅然决定收留这个孩子，让学校的大爱唤起这个家庭新的希望，燃起孩子生命的火种。为了保证这个特殊孩子有良好的学习环境，尽可能减轻老师们的思想压力，我带领班子讨论了处理意见。一是孩子的妈妈要先陪读，保证自己的孩子在课堂上安静听课，尽最大可能地不影响其他同学；二是班级师资配备，给予师资力量的倾斜；三是家长要为孩子申请随班就读（即所有文化课质检不算做学校和班级的成绩）；四是班主任要做好充分的思想准备和家长工作。我们的想法很快征得了家长的同意，满怀希望地开启了孩子的求学之梦。

接下来的日子，在我们老师凝聚着汗水和泪水关怀下，在家长的精心呵护的陪护中，孩子成长进步很快，有时一节40分钟的课都没有出现丝毫怪声和特殊举动。孩子的智力是没有太大的问题，英语单词考试成绩非常优异，只是与人沟通还是有一定欠缺，但是这已经让家长感到非常满意。有一次，在校门口，孩子的妈妈一直等到我下班，拉着我的手紧紧不放，她噙着泪水表达着对老师们的感谢、对学校的感激……

"于校长好！"

"你好！听说你取得了'阅读小能手'的称号，祝贺你！"

"谢谢于校长！"现在，我经常会和这个孩子说说话，拍拍她的小脸，拉拉她的小手，让校园的阳光照进这孩子的心灵，我们共同期待着孩子每一点的进步。

看着孩子一点点成长、一天天开朗，我庆幸自己当时接纳了她。虽然特殊孩子的成长对学校、对教师确实是一个挑战，需要教师更多的爱和更加创新的班级管理方法。但是，一个教育者应该悲天悯人，应该有"平等对待每个生命"的情怀，用真诚地给予、热心地接受，让学校充满人文主义的教学氛围，我们周围的一切才会变得更美好。虽然现在我已离开这所学校，但依旧祝福这个孩子能在爱中成长，愿大家共同的爱能不断燃起更多家庭新的希望，愿这火种能在每一个教育人手中绵延传递，共同谱写温暖的乐章！

（三）爱的通道

那是一个突然下起大雨的放学时分，在青岛太平路小学，孩子们没有准备雨具，都焦急地望着天空发呆。一群可爱的老师来到教学大楼门口，用自己的一把把雨伞为放学的孩子们筑起了几十米的"爱的通道"，孩子们沿着爱的通道，在老师们的伞下走出校园，走到了在门外焦急等待的家长的伞下。后来，根据这一真实的故事学校编排了节目，在全国第五届中小学艺术展演中进行了再现，深深打动了与会嘉宾。

教育不是把篮子装满，而是把心灯点亮。老师们的雨伞，在那一个大雨的时刻，就悄悄地点燃了孩子们的心灯。孩子们从中感受到的老师们的爱，会温暖他们小小的心房。或许，孩子们终生都会铭记，小时候有一个下雨的放学时分，头顶上是老师们撑起的彩虹般的雨伞天棚……

小学阶段是学生成长与发展的关键期，是打好根基的重要时段。在这个阶段，学生可以培养良好的习惯和广泛的兴趣，这关乎学生未来发展的潜质，是尤为重要的。而感受到老师的爱，学生才能更积极主动地接受和悦纳老师和学校的教育。作为校长，我必须带领老师用爱、责任与教育智慧，做学生的良师益友，为学生点亮心灯。一把把雨伞，传递了老师对学生的爱和呵护，体现了老师的职业道德和教育情怀。在学校里，老师的爱，不能是喊在嘴上的空口号，必须渗透在实实在在的行动中，融化在一个一个细节里。

"爱的通道"的故事走上了全国的大舞台，作为文艺节目创编的源泉和内容，既是艺术源于生活理念的落实，又是对师生良好的教育和启发，是美德的发扬和光大。同时，也给我们带来了另一个启发：抓住学校里的阳光，在艺术体育教育中，提升学生的综合素养。

身体是载智之舟，只有重视体育、卫生教育，学生才会有健康的身心、良好的习惯；艺术是怡情之源，只有重视美育，才能激发人的创造潜能，促进智力完善和人格完美。因此，在教学的过程中，要秉承"为每一个学生的终身发展奠基"的办学宗旨，将"生本教育"的育人理念贯穿"体卫艺"工作始终，从课程推进，最大限度地满足学生的个性发展需求，让学生的潜质得到尽可能的开发和培养，让学校成为师生幸福成长的美好家园。

二、发掘学生的潜能

每个孩子，都是奇迹，都有你意料之外的"不可能"。孩子们的潜能如果能被教育工作者发掘出来，我们就会获得职业的幸福感，也能具有为人师者的骄傲和自豪。而这，正是做教师的人不同于其他职业的人的原因之一，从这个意义上讲，教师这个职业是了不起的。

（一）头脑奥林匹克的"三种境界"

2012年，我所在的青岛太平路小学开始参与"头脑奥林匹克创新大赛"项目，直到我调离学校，一共经历了6年的奥赛历程。学生得到了历练，体验了成功的快乐。多年前，头脑奥林匹克对学校来说还是新鲜事物。凭着"勇争一流不服输"的太平精神，学生通过了区、市比赛，走上了全国比赛的赛场，甚至在参与的第二年就踏上了远赴美国的决赛征程。

2017 年的比赛，学生特别难忘。赛题是"套材结构"，要结合"精准"的主题设计表演，表演中还要制作一个独特的创造物。学生在老师指导下反复制作实验，最终设计的仅有十几克的"套材结构"就能承受 320 千克的重压考验。学生配合"精准"主题，编排了一个有趣的情景剧：一只饥饿的熊来到了农家小院，损坏了原本的院墙，小朋友在邻居的帮助下，开始重新修建水果墙，最后院墙修复成功，呈现出人与动物和谐相处的场景。学生制作了可以组装的水果墙，其中有用废弃可乐瓶和勺子制作的菠萝、浮漂和气球制作的西瓜和苹果，泡沫纸和瓶盖制作的葡萄。现场拼装完毕后，灯光亮起，水果墙在灯光的映衬下更显得五彩斑斓，煞是好看。值得一提的是，参加结构测试的队员亲手制作的精美的将军服、有趣的队籍标志和栩栩如生的背景都极富创意。比赛现场平稳的承压过程、夸张幽默的表演，得到了评委的一致夸赞，最终夺取了冠军，在世界舞台上展现了太平学子开朗自信、阳光向上的集体风貌，为中国队赢得了"富斯卡创造力奖"。

回顾 6 年的参赛经历，不禁想起国学大师王国维先生在他的《人间词话》中提到的"人生的三大境界"。经历头脑奥赛的过程，我们一步一个台阶，其实，也是在体验着"三种境界"。

1. 第一种境界：团队攻坚，精彩在拼搏中绽放

在头脑奥林匹克竞赛中，团队的战斗力是赢得胜利的关键。6 年来，每一个团队成员都习惯了课间的小聚，习惯了午间的训练，习惯了放学后的停驻……我们从零开始，摸着石头过河，组建团队，研究解题方法，训练学生，制作道具……争取了青岛市少科院、市南区少年宫为团队搭建的学习交流平台，获得专业的指导和帮助。设计多套方案，反复试验，废寝忘食……在团队实践中，学生得到了锻炼和提升，创新精神和实践能力不断跃上新的台阶。头脑奥林匹克需要激情地投入、默契地合作、创新的思考、

智慧的碰撞……一份执着、一份默契、一份挚爱，伴随奥赛团队在历练中成长，精彩在拼搏中一次次绽放。6年来，一批批学生在团队里，在合作中，在互助中，学会了取长补短，学会了拼搏向上，学会了创新创造，学会了感悟幸福，为今后的人生之旅健步前行夯实了基础。

2. 第二种境界：开设课程，创新在课堂上体验

比赛的成绩很重要，但比赛并不是第一位的，也不是太平路小学的唯一追求。作为学校的领头人，我认为：奥赛不能仅仅成为"学优生"的舞台，让每一个学生接受创新教育，实现观念上与思维方式上的变化，这才是更重要的。动手去做、动脑去想、让更多的学生打开思路、敞开胸怀，这才是最终追求的目标。

课堂是教育的主渠道，课堂上学生通过课程接受教育，掌握知识，发掘潜能，培养能力；所以，只有开发更能满足学生需求的校本课程，才能让奥赛这个项目在学生中真正普及，让更多的学生参与进来，接受锻炼，历练成长。2013年开始，学校着手研发头脑奥赛校本课程，努力发展学生的特长和个性，充分调动学生主动性和积极性，发掘学生的潜质，满足学校发展需求，凸显学校"生本教育"办学特色。我们首先在三、四年级开设"头脑奥林匹克"课程，并将课程研究立项为市级研究课题，组建了校本课程研发小组，由校长担任组长，5位科技社团指导教师和学生代表参加。同时，我还积极邀请课程或学科专家参与研发和指导，校内外配合，群策群力，不断提高课程研发的科学性和实效性。

课程研发的过程，我们体会到，应当注重四个"必须"：必须根据学校育人目标，明确"头脑奥林匹克"课程纲要，进而进行课程编制，确定课程的设置与教学节数的配置、确定课程内容、精选课程活动；必须建立评价机制，研究评价时间、评价主体、评价内容和评价方式；必须充分调动教师积极参与课程开发的热情，为教师提供发挥创造性的机会，不断提高教师的专业水平和课程意识；必须为学生提供更加多样化的课程选择，补充国家课程和地方课程的不足。只有这样，才能切实推动奥赛项目的内涵

发展。

"头脑奥林匹克"校本课程的研发和实施，是在全校大面积开展"生本教育"的切入点和关键。由此，拉开了全校性参与活动的大幕，搭建了全校学生发展个性、发展潜能、展示才华的平台，激发了全校学生的兴趣，打开了全校学生的创造性思维之窗，提升了学生的创新精神和实践能力，这是学校能在国内国际大赛中多次取得优异成绩的重要前提。

3. 第三种境界：形成文化，营造校园"创新场"

参与比赛的学生是小众的，但是，参与头脑奥林匹克学习和活动的学生是大众的，我们认为，优异的比赛成绩有一个非常重要的作用，就在于它会形成轰动效应、在一定范围内形成影响，有助于教育理念在全体学生中更好地贯彻与熏染。

6 年的奥赛之旅中，我校均抓住契机、大力宣传：开设专门的奥赛橱窗，一一展示参赛历程、团队服装和徽章等纪念品；建设科技长廊，把每次奥赛经历都做成奖牌形状的灯箱供学生参观；在赛后归来的国旗下宣讲中，分管干部带领指导教师、团队学生一一讲述亲历奥赛的动人故事；全体教师会上，分管干部以"由奥赛之旅看学生创新能力的培养"为主题开展校本培训；让更多的教师参与奥赛选拔，组建"智囊团"……多种举措大大激发了学校教师投入创新教育的热情。更加可喜的是，在各学科课堂上，教师都更加关注学生创新精神和实践能力的培养，全校学生受益匪浅。

培养学生创新能力的途径很多，每一节课、每一次谈话、每一次活动中，只要我们有意识地发掘学生的创新点，鼓励有创新意识的学生发表意见，都是在播撒创新的种子。让越来越多的老师成为"隐形教练"，让越来越多的课堂蕴含创新精神，这样的浸润，难道不是头脑奥林匹克追求的更高境界吗？

以生为本，让学生幸福成长，就要尊重学生的个性，发展学生的兴趣，发掘学生的潜能，展示学生的才干。我们确立的"让每一个学生分享创造快乐"的科技教育理念，实施的一系列有利于学生创新精神、实践能力培养的教育手段，取得了教育实效。我们主打的"头脑奥林匹克"，是一项旨在开发青少年的创造力、培养青少年的创造精神和团队合作精神的国际赛事，通过"头脑奥林匹克"，学生在活动、课程和比赛中，迎接挑战、施展才能，个性得到发挥，思维得到拓展和升华，体验了创造的乐趣和成功的喜悦，感受到学校生活和童年的幸福。"让我成为知识的探索者！让我在未知的道路上漫游！让我用我的创造力把我居住的世界变得更美好！"在头脑奥林匹克精神引领下，学生参与科技活动越来越踊跃，校园里渐渐形成的"创新场"，让每一位教师、每一个学生都不知不觉地被吸引，进而形成"人人参与，乐于创新"的良好校园氛围。学生在创新中张扬个性，全面成长，在创新中感受生命的美好、学习的快乐和生活的幸福。近年来，学校培养出了一大批具有创新精神和实践能力的优秀学生，得到了家长、社会的高度赞誉，打造了区域内具有影响力的创新教育特色品牌。

（二）写在赛前……

说到"头脑奥赛"，总有说不完的话题。这项比赛锻炼的不仅是学生，还是老师的心智，校长的格局。记得我校师生在奔赴上海参加世界第 36 届头脑奥林匹克竞赛中国赛区总决赛的前夕，随着比赛日期的推进，自己心中多了几分异样的不安和激动。

历时 4 个多月的精心备战，从思题、悟题到解题，从创新思维、动手实践到合作探究，凝聚着师生太多的合作精神、奉献与智慧……窗外白雪纷纷，室内热火朝天，研究的路上没有白天与黑夜，不分工作与假期，师生们研究者、分享着，这其中凝聚着太多的心血与汗水。彩排现场，学生个个神采飞扬，入境入戏，精诚合作，博来掌声一片。三支队伍参赛创下了我校头脑奥赛人数的历史新高，学生跃跃欲试，蓄势待发，家长鼎力支持，祝福满满。此时的我被激动与感动环绕着，激动的是学生努力后的这份自信，感动的是家长忙碌后的这份快乐！几天后学生即将启程参赛了，家长的笑声中似乎充满了自信，仿佛已经看到了收获与凯旋。但我深深地知道，头脑奥赛是一项非常具有挑战性的赛事，是培养学生创新精神和动手实践能力的有效途径，需要学生机智、意志与心智的结合。同时，该项比赛也充满了偶然性因素，赛场上学生的发挥如何？一切都是未知的……

忘不了我校师生赴美参加第35届头脑奥赛的现场，对我们精心准备的长期题，学生做到了较为出色地发挥，可是在即兴题的比赛中学生出现失误，导致最终成绩不尽如人意。带队的老师和参赛的学生一时间好一个失落，大家觉得辛勤的付出没有得到最好的回报。其实比赛仅仅是为了成绩吗？在整个过程中，我们看到了学生动手实践和自我管理能力的提升，听到了学生精诚合作后快乐的心声，感受到了学生创新思维的发展，这难道不是学生最好的成绩和最佳的成长吗？看看世界舞台上美国代表队的表现，无论成功与否都报以热烈的掌声，他们更看重的是学生参与过程中的经历与体验，这难道不是最值得我们学习的地方吗？

积极应战、从容面对的心态同样是对学生潜能的激发。我似乎更加理解了这项比赛的意义，我要和师生团队做赛前的最后一次讲话，帮助他们调整心态，充满自信地去迎接比赛……因为，成长和成功同样重要！孩子一生的成长是人生旅途的"长跑"，经历就是一种财富。愿参加头脑奥赛的师生们能阳光、自信地迎向未来生活中的每一处困难，收获人生中每一处精彩驿站的累累果实。

三、打造优质的团队

思想引领，团队打造，是校长的重要使命。众所周知，教育要发展，教师是关键。校长作为学校发展的思想引领者和行为示范者，特别需要用责任、智慧、人格魅力来激发团队的力量，特别需要精心、细心地根植于教育的方寸之地，营造团队向上的文化。

（一）让生命教育成为爱的启蒙

"望子成龙、望女成凤"是每一个家长的夙愿，让每一个孩子能够健康成长，相信也是每一个教育者共同的心愿。可是，前不久看到的相关报道，使我内心有种说不出的伤感，我们今天的孩子怎么了？我们的教育到底要培养什么？无数个问号萦绕心头……

四川成都师范附小五年级学生跳楼一事引发全国关注。"老师我做不到，跳楼时我好几次都缩回来了。"一个五年级的 10 岁男孩，在语文课本上留下这句遗言后，从 30 层高的楼上跳下，还没来得及去享受和体悟世间一切的美好，就这样匆匆地结束了自己的生命。与此类似的事件在我们当地也有发生，学生因学习不好不愿遭受家长打骂而选择跳楼自杀……一个个童稚的生命以血的教训警醒着世人：我们的教育到底要培养怎样的人？引导学生正确认识生命的价值，理解生命的意义，建立积极向上的人生观已成为教育不可缺失的一环。

我们常想，现在的孩子幸福多了，物质生活的富足、家庭条件的优越，真可谓应有尽有。可是，换个角度想想，现行教育体制下，这幸福的背后也有着诸多的无奈和精神的空虚，中考、高考学业负担加重，家长们"望子成龙、望女成凤"，遇到问题时缺乏倾诉的渠道以及周末被特长班、补课班挤满，这些都在压缩着孩子们本该有的锻炼、撒欢的快乐空间。现在的孩子也实属不易啊！

还好，作为一名教育工作者，我们庆幸还有着教育独有的智慧。以生为本，关注每一个孩子的生命质量是"生本教育"的核心。让我们用心去爱我们的孩子吧，无论他们在学习或其他方面有着诸多的问题，请不断地激励他们，不断地传递成长的正能量！让他们感受生命的来之不易，憧憬生活的无限美好，能自尊、自信地快乐成长！因为让孩子快乐成长，拥有快乐的能力是每一位家长追求的理想，为孩子的幸福人生奠定基础是我们每一位教育者工作的目标。

曾经学校的二年级有一个"非常"男童，单纯论学习成绩一般的他，却有着科学探究的大脑，对生物进化、化石研究有着独到的见解，班主任敏锐地发现了孩子的闪光点。学校给予他级部讲学的机会。小家伙有了用武之地，更加地阳光自信了。受到激励的他学业成绩很快有了进步。我窃喜，未来的生物学家或许在这诞生呢。小学阶段是人生的基础阶段，这个阶段不仅仅需要获取知识，还要培养积极乐观的品格，良好的习惯和成长的自信，让我们共同呵护每一个鲜活的生命，让生命教育成为爱的启蒙，共同用发现的眼睛去寻找学校更美的风景吧！

（二）名师在你心中

18 世纪的美国，诞生了一位非常伟大的科学家、杰出的文学家、政治家——本杰明·富兰克林。富兰克林年幼时，并没有良好的教育条件，但学业成绩良好的他 12 岁时就因家庭原因辍学进入一家印刷厂当学徒工。辍学以后，富兰克林并没有中断自己的学习，反而每天从自己的伙食费中省下钱来买书。与此同时，他还通过结交书店学徒，每晚将书偷偷借出，通宵达旦地阅读，第二天清晨再归还。凭借着这样的刻苦读书精神，他涉猎广泛，阅读了大量的书籍，这些作品也成了富兰克林思想的启蒙书籍。

不久后，富兰克林便对写作产生了浓厚的兴趣。恰逢《新英格兰周报》在该厂印刷，富兰克林很想借机拜在名师门下提升自己的写作水平。就在这时，一位博学多才的老编辑费恩吸引了富兰克林，他几次三番，苦苦相求，终于打动了老编辑，勉为其难收下了他。费恩要求富兰克林写作时遇到了没有把握的字词、遇到了不明白的写作知识，必须先自行查字典、翻阅书籍，只有通过认真自学解决不了的问题，才可以请教老师。

富兰克林将师父的话牢牢地记在心里并严格遵守。他每天坚持创作，坚持反复推敲文字，日复一日，甚至翻烂了好几本字典和教材。这样过去了几年，富兰克林始终秉持原则，坚持自学，竟然一次都没有真正请教过老师。后来，凭借着自己的不懈努力，他在 20 岁时就已小有名气，并参与了《独立宣言》的起草。富兰克林始终将自己的成就归结于费恩的指导，在老师去世后，他整理稿件时发现了老师写给自己的一句话："我曾经不擅长写作，与当初的你一样，每个单词都得查字典，一篇稿子要看上几十遍。其实我能做的只是帮助你唤醒心中的那个费恩，让你习惯于自己打磨自己。"[1]

由此可见，真正的教育，不在于传授，而在于唤醒，唤醒学习者内心的无穷潜能。

（三）假如出事校车上是"宅娃"……

看过这样一个报道，美国一辆校车上 12 名 13 岁左右的孩子抢救了突发急病的校车司机：小杰里米眼见司机一头栽倒在方向盘上，便一个箭步冲向驾驶座，紧紧握住方向盘并将车溜往路边，然后稳稳地刹住了车。两名孩子自告奋勇地对昏迷的司机大叔实施心脏按压急救手术，其他孩子则听从他们的指挥，帮助打开了车上全部门窗，让昏迷者呼吸到更多的氧气。孩子们有人打电话叫救护车；有人报告精确的出事位置，以便救护人员尽快找来；有人向医生询问心脏病急救的最佳方案；有人去路边招手希望获得过路车的帮助；有人则细心地在校车后数米处安置了一个红色警示灯，以避免可能的追尾……

如此镇静，如此干练，如此默契，如此高效，简直让人难以置信。假如我们的孩子遭遇这突如其来的事件，又会怎样表现呢？

不能臆测我们的孩子一定没有机智勇敢、从容不迫的行为，但是倘若这校车上乘坐的是 12 个"宅娃"，那么可以毫不讳言地预判：命悬一线的司机难逃死神的魔爪，猛然间失控的校车多半已经侧翻，一群惊恐万状的孩子肯定是凶多吉少了！

这个故事带给我们大家的思考是安全教育如何落到孩子的心中？面对

---

1 晓晓竹.名师在你心中 [J].红蕾·教育文摘（下旬），2012，（9）：1.

困难，如何从容面对？我们的安全教育课堂，应该怎样突出其实效性？愿我们全体教师能从中感悟并带给我们的孩子以更大的启迪与帮助。

　　这则小故事主要从"宅娃"（杜撰的名称）的角度诉说了当今孩子的社会实践和应变能力需要很大的提升。的确，我们今天对孩子的教育培养是为了孩子的将来打好基础，储备力量，但有些事情，特别是安全教育不能简单化、形式化。就拿这个小故事来说，它是安全教育一个很好的案例教材，让我们通过此事例知晓遇到突发事件如何安全逃生，如何面对。

第二章

品·学

————

要想更好地教育学生，教育者首先要做到不断地学习和反省。从事教育工作以来，我一直把这句话作为自己的座右铭。

——题记

"眼界决定境界。"在校长任职期间，我有幸到美国、加拿大、新加坡等国家进行教育考察学习，还两次作为青岛市小学教育界代表赴北京参加"国培"。对国内外知名学校的访问、学习和思考，使我的见识更加丰富，对教育的理解不断走向深入，每一次学习的体悟也成为我教育生涯中难得的记忆，并鞭策我不忘初心，砥砺前行。

一、国外教育，他山之石

问渠哪得清如许？为有源头活水来。历史告诫我们：闭关锁国，只能产生井底之蛙，只有放眼世界，才能开阔视野，启迪思维，以求更快更好地发展。

（一）走进美国中小学教育

在美国考察学习期间，我们很荣幸地来到当地一些中小学参观学习。

走在街道上，不仔细看的话，甚至难以发现这里有学校存在，但是通过亲临课堂、座谈交流等方式，每一所看似不起眼的学校都给我留下非常深刻的印象，同时也带给我深深的思考。

1. 美国的教育机制

在美国考察期间，我们了解到美国教育行政和教育管理体制实行联邦教育行政、州教育行政和地方教育行政的运作方式，整个教育管理体制呈教育分权式状态。全美没有统一的教育法令，各州政府按宪法规定可自行制定各项教育措施，并有自己的法规。美国地方教育行政机构拥有极大的自主权，其组织机构由地方学区、地方教育局组成。学校不由市或镇政府管辖，而是由学区管辖，学区隶属于县教育局，教育局不干涉学校的行政。

美国教育机构被认为是全美最民主的机构，联邦政府不干预地方，上级不干预下级，行政不干预学校，教育行政的主要职能和任务一是监督、二是服务。这样的机制给每一所学校以更大的自主发展空间，而学校校长既能创造性地自主办学，又能自律地不与上级的要求相背离。

2. 美国的课程设置

美国基础教育课程体系体现了国家建议、州级标准、学区决策、学校实施、周期修订和有分有合的特点。在我们考察的学校中发现，他们从初中开始就实行走班制，概括来讲，"班级是没有的，年级是模糊的"。在美国学生手中的课表不是一张表格，而是一个本子。另外，他们把物理、化学、生物统一称作科学课，将历史、地理和公民课统一称为社会课。学生每周有20多节课，均为选修课。每门课只有大纲，学校在执行课程时，基本是一纲多本甚至一纲无本。很多教师在课堂教学中注重采用综合课程的形式，提高了学生分析问题和解决问题的能力。另外，学校特别针对学有余力或学习有困难等不同程度的学生，开设了相应课程，进行有针对性的指导和教学，充分体现了尊重差异、因材施教的教学理念。

3. "以人为本"的体现

美国前总统布什于2002年初签署《不让一个孩子掉队法》，其中心思想是美国《教育战略规划》的灵魂，体现了"有教无类"的观念。

"尊重每一个学生，不让一个孩子掉队"的理念在我们参观的美国中小学中处处体现。无论是校园走廊中的盲道，还是学校里各专用处室的盲文，都让我们感受到：学校尊重每一个学生，一切以学生为中心。在学校里，没有好学生、坏学生之分，"你就是你自己，你是什么样的人，你就努力使你成为什么样的人，但你要尽力挖掘潜力，最大限度地完善自我"。在纽约183小学参观时，我们发现每一个年级都有一个特殊的班级，那些智力或身体有缺陷、语言或心理有障碍、学习或行为有困难的特殊学生没有被排挤，而是受到了更大的"关照"，他们都可以在这里获得特别帮助，即这些班级每班均由两位教师负责该班学生的学习与生活，特殊学生在并不特殊的环境中，得到了学习和生活方面上的特别关爱。

特殊学生受到特别关爱并不是一所学校的偶然。在另外一所 Dawid Getz 学校考察时也有同样的感受。该校每年有义务要接受15%的学习障碍生，当我们询问为什么要这样做时，校长告诉我们："这是我们的使命。"校长平实的语言让我们感到震撼，这是一种怎样的教育胸怀！在校长眼里"每一个学生都是独特的"，存在即合理。在参观的过程中，我们特意去了教室，看到了那些"特殊"的孩子，同样的发言、同样的书写、同样的阅读、同样的计算，我们看到了他们自信的眼神。要说不同，那就是学校配备了多一倍的老师来关注他们，对他们进行个别辅导。如果与其他正常的孩子在一起，不会受到歧视吗？教学的进度能一样吗？家长接受他们被称为"特殊孩子吗"？我们心中的一个个疑问均在美国教育的评价机制和家长对学校的理解与支持中得到了肯定的回答。

在洛杉矶双湖小学考察时我们发现，每个班级的学生人数均保持20人左右，是比较典型的小班化教学，小组交流学习的特点突出。在我们听课的一个低年级班里，来自不同国家的学生汇集一堂，他们或席地而坐，或坐在错落有致的凳子上开展小组交流学习，这其中师生的和谐交流更是随处可见。但是，最让我们记忆犹新的是教师在课堂中因材施教、关注差异，处处体现"以人为本"的教育理念。课堂中,我们看到有的学生在自主阅读,有的在和教师交流,还有的在网上查找资料。经了解得知,如果学生把本节课的内容提前学完,可以根据自己的需求做更有意义的事情,如拓展阅读、网上学习等。虽然双湖小学的学生来自不同的国家,语言种类繁多,但学校不忽视任何一种语言的培养与学习,为每一个学生服务。当然,小班化教学为这种因材施教提供了一方沃土,但教师以人为本、关注全面发展的教育理念也是显而易见的。

4. 求实创新,处处关注学生的成长与发展

走在美国中小学校的走廊上,令我们觉得有趣的是,这里几乎看不到大的标语、口号,也没有展板、画报。我们看到的几乎都是孩子们在各个方面发展的真实展现:有作文展示、美术作品展览、研究性学习报告等。这些作业谈不上什么精品,但充满了童真童趣,有的作业和作品在下方还附上了教师的互动评语和签名,一切是那样的朴实、真实、求实。

像双湖小学、183等学校的课堂,走进去的第一瞬间就会被它丰富的设施所吸引。几乎每间教室除了应有的课桌椅、多媒体教学设备外,还有学生放物品的壁橱、学生的洗脸盆、加餐用具、图书角、门外的座椅……设备的齐全,让我们感受到这不仅是课堂,更像是学生生活的地方。

另外,美国的教育特别注重创造精神与创新能力的培养。让学生动手实践、主动参与、积极思考、勇于创新,是美国教育的法宝。例如,对计算机的学习,有些学校采取分层推进、分类指导、学生主动参与的办法,学生从入门初知的简单操作,到熟练用电脑写报告、制表格、获取信息和交互学习,再到修理机器、设计图纸方案、用电脑谱曲等,在老师的指导下,学生的主动性和创造性得到充分发挥。

5. 一专多能,高素质的教师成就孩子的发展

在美国考察时,我们很佩服每一位教师一人可以教多门课程,语言、数学、历史、科学、艺术、体育等,可以说每一位教师都是全才。他们是怎么做到的呢? 带着疑问,我们与一些中小学校长进行了交流,发现这里

的教师每人手中都有多个教学执照，这些执照的取得是要经过专业考试的，符合要求后才能教授该专业课程。持照教学是美国教育的一个特色，也是不断促进教师自培的一种方式。在美国，教师的专业素养和一专多能是显而易见的。尽管美国在教师的专业发展方面没有我们做得系统、全面，但是具备硕士以上学位才有资格走进教师队伍的敲门砖和新教师连续三年的考核期，不得不让我们佩服美国教师的专业基础。

（二）走进新加坡的中小学教育

1. 法制化的国家，精致化的学校

新加坡是个高度法制的国家，迄今为止还保留死刑和鞭刑，并且严格执法。在新加坡，如果将榴莲带入公共汽车、地铁，将罚款 1000 新币，如果擅自按地铁站紧急按钮，将罚款 5000 新币（新加坡普通职员的月薪大约 2000 新币）。所以，新加坡环境优美，秩序井然，治安良好。

多年前，我到新加坡尚育小学参观学习时发现，学校有六层教学楼，课间学生要背着书包楼上楼下地换教室，却没有一个学生去乘坐电梯，因为学校规定电梯只允许老师使用，学生只有给老师帮忙做事的时候才可以使用。新加坡气候炎热，可是学生天天穿着校服、旅游鞋上学，没有学生抱怨投诉。半个小时的加餐时间到了，音乐一响，学生全都三口两口吃完，不需要老师再三地催促，就立刻离开休息区去上课。

2. 自觉培训，提升教师专业发展

在中国，每年学期初，学校都要绞尽脑汁地考虑学校的这一学期该做哪些校本培训，怎样为老师争取一些培训资格，而且很多培训机会是随着工作的开展统筹安排的，因此常常出现临时安排的现象，从而对原本的教育秩序造成一定的影响。而在新加坡却完全不同，新加坡的国家教育部在每年的学期初给每一个学校下发一个培训计划，上面分门别类地列出这一学年所有的培训内容，不需要学校组织老师集体学习，也并不是所有的培训内容大家都要参与，而是老师根据自己的需要跟学校申请，然后自己

在网上报名，按照规定的时间自由参加即可。看起来很宽松，但有一个硬性指标，即每一个老师在一学年中必须完成 100 个小时的培训时间。在这100 个小时里，要学习，要完成作业，而这个时间的记录相当严格，不存在迟到早退的可能性。如果有不完成者，则在教师考核中会受到影响。还有一点需要提及的是，中国绝大多数的教师培训是利用工作时间参加，但是在新加坡所用的时间绝大部分是课余时间，只有一些很重要的培训，学校经过再三考虑才允许利用上班时间开展，而这种培训的可能性很少。所以老师的工作也并不是很轻松，每周平均要上 20 节课实属正常。但是这样的培训模式也有其可取之处：国家开拓资源，减轻了学校的负担，学校只是安排人员去参加；培训成为个人个性化的发展渠道，按需选择，自主参加，特别注重实效。

（三）从书中走近日本的基础教育

一直听说日本经济发达，这源于日本的基础教育非常好。没有机会亲自去体验，就从网上搜集的日本基础教育的研究成果和资料进行了学习，从专家和学者们的材料中不难看出：日本举国上下都非常重视基础教育。

一是，教育投入充分且均衡。早在明治维新时期就实行全民义务教育，在 1947 年也就是第二次世界大战结束的第二年，日本就将义务教育延长到9 年，并颁布了《儿童福利法》，只要是孤儿，不问国籍，全部由政府收养，保证完成高中教育。日本政府的教育投入一直占 GDP 的 5% 左右，文化教育方面的财政支出达到 7%—8%，地方政府的投入还要大。日本虽然是发达国家，但国家依然有贫困地区，所不同的是日本虽有贫困地区，却没有让学校贫困，正可谓穷什么都不能穷教育。因此，学校的设施、经费、教材等方面与大城市没有什么差别，在教育投入上充分体现了均衡原则。二是，法律比较完备。日本制定了《教育基本法》《学校教育法》《社会教育法》和《私立学校法》等关于教育管理的法律，从法律层面规定了办学条件、教师的待遇、教育投入等。为了确保教育公平，教师定期要进行轮岗，学校教育水平相近，杜绝了择校现象。三是，注重素质教育，特别注重创新人才的培养。日本虽然地域狭小，但在动漫、工业、高精尖等产业中都处于世界领先的地位。这与日本先进的教育发展理念、严格的教师入职要求、创新的教育教学模式以及家长对教育子女的高度重视是分不开的，这也成为战后日本经济和社会发展快速复苏的法宝之一。四是，传承儒家文化，注重礼仪教育。日本是一个非常注重细节、关注礼仪的国家。日本传承了我们中国的儒家文化，无论是待人接物，还是与人交流都显得彬彬有礼。这些细节从某种程度上也彰显了一个国家的文明程度。

正是日本对教育的高度关注，家庭、社会、学校教育的和谐统一，严谨、科学、无痕的教育氛围，让我们不难理解为什么日本各个阶段的入学率很高，社会经济发达了。

反观我们，学生从小学一年级开始就上英语课，而对中华民族的传统文化涉猎很少，很多孩子不知道孔孟文化、诸子百家，也不知道春节、端午节的由来，更不知道仁、义、礼、智、信。如何增强文化自信，弘扬中华民族优秀传统文化，从优秀传统文化中汲取智慧的营养，打好人生成长的底色，面对这些课题，作为教育工作者的我们任重而道远。同时，我们也要虚心吸取国外的教育理念，借鉴其教育方法，并将适合我们国情的先进理念和方法融入教育教学之中。从国家层面看，对义务教育的投入还要加大，在课程设置方面也会进一步加大改革的力度，让学生们更多地了解中华民族五千年的灿烂文化和悠久历史，树立民族自信心。

（四）国外教育带给我们的启迪

我想只有看看别国的教育是怎样进行的，找找别国的教育有哪些是值得借鉴的，我们才能有更大的发展。当然，外国的月亮也并不比我们的圆，他们的教育也有种种弊端，中国的教育也不乏他们学习之处，可谓各有优势，各美其美。

回顾我国教育事业的发展历程，自新中国成立以来，伴随着经济社会的飞快发展，教育也取得了长足的进步。《义务教育法》《教师法》等法律法规的出台，使每一个适龄儿童依法享有接受教育的权利。国家提出了"百年大计，教育为本"的思想，教育现代化水平不断提高，教师素质明显提升。但不可否认的是，仍有部分家长对学校和老师提出了更高的要求，对教育和教育产业化也提出了更高的要求。"中考""高考"的指挥棒，在某种程度上增加了学生考试的压力，也培养出一批考场上的"学霸"，在一定意义上说，却没有培养出像钱学森那样的"导弹之父"。近年来，我们在教育领域也进行了诸多改革，在素质教育方面进行了积极的探索，也取得了一定的成绩，但距离"人民满意的教育"还有一定的差距。要实现中华民族的伟大复兴，建设富强、民主、文明、和谐、美丽的社会主义现代化强国，需要靠人才，关键在教育。我们作为教育工作者要不负使命、不忘初心、解放思想、转变观念，创新思维、锐意改革，负起责任、智慧育人，不断更新教育理念，探索适合学生成长规律、激发学生发展潜力的课程体系，让学生成为有深厚文化底蕴，有良好文明礼仪，有强大创新能力的栋梁之材。

1. 进一步解放思想，转变观念

看了才有眼界，悟了才有境界。他山之石，可以攻玉。在落实教育发展过程中，我们必须以学生为本，思考一切问题，开展一切工作。要落实"以生为本"，必须转变四个观念。第一，转变教育观。教育首先要顺应天性、尊重差异。教育工作者的任务是创造适合学生发展的教育，不是选择适合教育的学生。第二，转变发展观。"以生为本"的发展观强调学生素质基础和个性特长都得到充分发展；强调扬长补短，而不是填平补齐。第三，转变教学观。老师是学生的指导者、合作者、服务者。从学生的认知实际出发，适应学生的不同需求；坚持多种教学方法的综合运用；加强对有效教学的探索与研究。第四，转变师生观。以人为本的师生观，强调师生之间的民主平等。良好的师生关系是培育学生健康情感的重要因素。和谐的师生关系是实施教育教学、促进学生健康快乐成长的重要环节。

2. 树立高度的责任心和使命感

面对教育改革的迅猛发展，国家对教育的重视程度越来越高，我们必须要有适应发展形式的紧迫感，要有对待工作的高度责任心和使命感，因为我们从事的是太阳底下最光辉的事业，我们的工作是关乎国家和民族未来的，只有拥有敬业精神，才能成就每个人的梦想。当前，我国中小学教师的教学负担是很重的。为教师减负，已然成为教育界的一大呼声。通过这次学习考察，我们认为美国教师的敬业精神同样值得我们学习。他们每天都要坐班，每天上 8 节课，从早晨上到下午。他们的教师有代班与助教教师之分，我们看到助教不停地在各个班里走动。纽约公立东区初级中学的校长告诉我们，他每天要到学校 12 个班级里察看两次教育教学情况，每周要与一位教师面谈 40 分钟，每周要与学生代表见面，讨论社区活动情况，每月组织两次教师会，研究个性化教学的有关事宜。在学习考察中，我们惊叹于他们的工作压力和工作节奏，更被他们的敬业精神所折服。爱与责任，是当代教师必须具备的基本素质。作为光荣的人民教师，我们就要从身边做起，从小事做起，视学生为自己的孩子，永不言弃，用敬业和奉献书写教师事业的新篇章。

3. 建设高素质专业化教师队伍

美国之行给我们每一个教育工作者巨大的思想冲击。这使我再次联想到，美国作为一个仅有 200 多年发展历史的国家，却一跃成为教育超级大国，培养了多个诺贝尔奖获得者，这与其重视教育、重视人才的培养模式是分不开的。"钱学森之问"成为中国教育界有识之士关注的焦点，"为什么我们的学校总是培养不出杰出人才？"钱老的疑问也是所有教育工作者的疑问，是社会各界对中国教育的疑问，也是一个民族必须直面的问题。

进入知识经济时代，随着互联网、大数据的应用，知识更新的速度越来越快，信息传输的速度也越来越快，如果我们不随时学习，掌握最新的知识，就跟不上时代的步伐，有逐渐被时代淘汰的可能。因此，教师必须树立终生学习的理念，常学常新，不断更新自己的知识结构，掌握最新的知识内容，才能跟上时代的步伐，适应不断深化的教育改革的需要。

4. 教育变革要适应时代的需要

《国家中长期教育改革和发展规划纲要》的制定与完善让我们充分感到国家对教育的重视与长远思考，国家的兴衰与发展系于教育。我们要立足于我国教育的实际，立足于实现现代化的需求，办出具有中国特色、中国风格、中国气派的现代化教育，这就要对教育改革和发展进行超前安排。要关注世界教育发展的前沿，借鉴世界先进的教育理念和教育经验，紧密结合我国教育实际，按照教育发展的规律办事。

面对教育改革的迅猛发展，我们必须要有适应发展的紧迫感，要有对待工作的高度工作责任心和使命感，坚持教育的科学、求实、创新发展，成就我们每个人的梦想。

以下故事或许也会给我们带来些许思考。

有一个木匠，他造得一手好门。有一天，他费了多日给自家造了一个门。他想这门用料实在、做工精良，一定会经久耐用。

后来，门上的钉子锈了，掉下一块板，木匠找出一个钉子补上，门又完好如初。后来又掉下一颗钉子，木匠就又换上一颗钉子；后来有一块木板朽了，木匠就又找出一块板换上；后来，门闩损了，木匠就又换了一个门闩；再后来门轴坏了，木匠就又换上一个门轴……于是若干年后，这个门虽经无数次破损，但经过木匠的精心修理，仍坚固耐用。木匠对此甚是自豪，多亏有了这门手艺，不然门坏了还不知如何是好。

忽然有一天邻居对他说："你是木匠，你看看你们家这门？"木匠仔细一看，才发觉邻居家的门一个个样式新颖、质地优良，而自己家的门却又老又破，长满了"补丁"。于是木匠很是纳闷，但又禁不住笑了，"是自己的这门手艺阻碍了自己家门的发展"。于是木匠一阵叹息："学一门手艺很重要，但换一种思维更重要，行业上的造诣是一笔财富，但也是一扇门，能关住自己。"

我想，教育这一门功课和木匠的手艺是异曲同工的，面对教育的未来，甘当井底之蛙是不行的；我们更应该用"开眼看世界"的眼光，用创新的思维开拓教育的路径。愿新的思维启迪我们新的思考，让新的思考倍增我们的责任与智慧，共同走向关怀生命的教育。

二、校长的角色

惑者，迷也。人未有不学而知者。未知而学，学而后知不足，于是愈学，于是愈知不足，于是愈学，旋而复始，成长之道也。

2012年，我有幸作为青岛的小学校长代表到北京参加教育部第48期全国小学校长高级研修培训。四月的北京，阳光明媚，春风和煦，花开满城，带着一路的好心情，我来到了北京师范大学，开始了向往已久的培训学习。随着研修培训的进行，我也不断地思考身为校长的我们该如何审视今天的教育，该如何思考教育的未来。

（一）要做学校发展的规划者

研究培训前期，我们进行了团队破冰训练，在参与活动的过程中我不仅体会到了游戏带给我们的快乐，还感受到了其背后蕴含的哲理。像"七巧板的拼摆"游戏，里面蕴含着游戏的规则，一旦违反就会出局，这如同学校的制度建设，要有章可循，以理服人；而要摆出正确的形状，表达者的逻辑思维和语言准确性是至关重要的，否则拼摆者就会乱了手脚，或者效率较低。这如同校长在规划学校的发展时，如果思路不清晰、目标不准确，就会让教师找不到发展的方向，没有共同的发展愿景，势必会贻误学校的发展。而有了目标和方向之后，更需要激发全体教师积极行动的活力。这时更需要校长的大智慧：理解、关怀、信任、合理分工、精诚合作等。校长要善于做学校发展的规划者和设计师。

1. 不断提升自身的领导力

一位好校长必然有领导好学校发展的能力，但校长的领导力该如何提升呢？在时任教育部小学校长培训中心主任褚宏启的《校长专业发展与领导力提升》专题讲座中，我对这一问题有了深刻的理解和感悟。

校长是一个被明确界定的职业，校长不仅是学校管理者、教育者，还是领导者；校长不能做事务性的管理者，要做放眼长远的领导者。对这一点我也感受颇深。以往，对于诸多工作的亲力亲为，导致自己浪费了大量思考的时间，反而忽视了最为关键的"学校整体的定位和发展问题"。在谈到校长教学领导力的问题，我认为校长应该更多地关注课堂，因为课堂才是学生成长与发展的重要平台，我们的愿景、想法、教学、质量等都要通过课堂来实现。当然，校长关注课堂的方式有很多，我觉得持续性地常态化听课是至关重要的，当然，有条件的校长能够兼任主学科，能上示范课，那自然更好，但基于目前的国情和教育制度，实现起来会有一定困难。关于校长的教学领导力，褚教授谈了七个方面，即明确的教学目标，合理的教学内容，恰当的教学方法，优质的教师发展，健全的家校、社区联系，充分的教学条件支持，科学的教学评价、发展评价与反馈。在教师的发展当中，要抓住两头，夯实中间，核心就是就是抓住根本，团队跟进。一个好校长应该拥有做大事的雄心与魄力，应全面调动班子成员，做到乐管、会管、管好；要使教师做到乐教、会教、教好；从而更好地保证学生乐学、会学、学好。

的确，一个好校长，具有领导力的好校长，必定会推动学校可持续发展，聆听了报告后，我深感自己要在这方面大踏步前行，把成为一名好校长，作为自己终生奋斗目标。

2. 掌握校务管理的策略

台北政治大学陈木金教授的《优质学校校长的校务经营策略》专题报告，使我对校长的职责与管理有了更高位的认识：作为校长要懂得并掌握校务经营的策略，这对学校的发展至关重要。陈教授将优质学校的校长经营策略和"周易"中的"五行"有机结合，提出了校务经营的五种策略：知识管理（木）、人力管理（火）、财务管理（土）、品质管理（金）、绩效管理

（水），这五个方面涵盖了学校管理的重要环节，即文化引领、教师队伍建设、财务管理、学校评价和优质发展。每一项管理又都有着科学的路径，使我更加深刻地感受到管理是一门科学，作为校长，只有在研究的状态下去思考学校的管理和发展，才能更加有效。在谈到学校行政团队的目标管理时，陈教授指出要培养行政团队的专业能力及创新思维，每学年至少规划推动一项创新措施，提升行政效能，在目标的设定上不求大，但求实，这的确值得我们思考和学习。

北京师范大学教育学部管理学院程凤春教授在学校管理决策案例分析式的专题培训中，通过案例剖析使我们对学校工作决策的方式方法以及如何发挥好"民主管理"的作用有了更深刻的认识。大事决策要慎重，需要系统思考、统筹考虑，兼顾民意还要考虑实效；急事决策要果断，更要睿智；不轻视小事决策，同样要谨慎。这需要我们做校长的要有大智慧，不断地学习提升，以便更好地肩负起教育的使命！

3. 激发教师工作的内在动力

周海涛教授的《和谐管理中的员工激励》专题讲座让我收获颇丰。首先，"和谐管理的本质"即人与自然的关系、人与他人的关系、人与自身的关系、人与精神的关系。真正处理好这些本质问题，才能让我们体味到新奇、纯粹、万能、快乐的世界；其次，"管理"的内涵丰富，涵盖科学、人文、执行、服务、反馈、分权、监督、责任、制度、效率、激励等方面，而竞争是激励的最好的方式之一，激发教师内在的动力才是持久的，正所谓激励什么，就得到什么，校长要肩负起培养人才、用好人才的责任；再次，关于激励的可行性方法，比如，创造一个正面、积极的工作环境，让良好环境实现对教师的激励，还有改善沟通、运用良性沟通技巧等重要措施都是实现有效激励的重要保障。

身为校长，我们要通过不断地学习以积淀大智慧，才能调动一切可以调动的因素去激励每一位教师积极工作，努力学习，和谐生活；同时，校长要拥有沟通的艺术，常和教师及时沟通，不能因为沉溺于琐碎的事务而忽视了与教师的交流。磨刀不误砍柴工，只有走进教师的心灵，才能感受教师所需，沟通时才能使对方听得进去、听得乐意、听得合心，激励才会发挥作用；当然，制度建设做保障也是一定的，因为沟通的方式不是万能的，很多时候我们和教师要共同走进制度的有形管理，然后再迈向超越制度的无痕管理，真正激发教师工作的内在动力。

4. 站在更高位思考教育的发展

北京师范大学的马健生教授结合自己多年的学术研究成果，围绕"关于学校教育的批评""为什么杜威不能成功"及"现代学校教育的基本逻辑"三个方面，饱含激情、深入浅出地为我们提供了一场精彩纷呈的讲座。马教授在分析我国目前教育现状的基础之上，从比较教育的角度，结合大量数据和案例介绍了日本、美国等国家的教育研究现状，让我们站在更高位思考教育的发展，思考我国教育的未来。

教育的发展需要我们理性思考，不能人云亦云。纵观国内外教育的发展，它需要我们尊重规律，辩证地看待发展，不能用离散、僵硬的观点来看待教育事情的全部。

教育的发展不能空洞地只谈理念，忽视行为的实践。任何改革忽视了实践，就会浪费时间。通过最近这些天的学校考察，我发现每一位校长都很有水平，将办学理念梳理得井井有条，思考得很全面、细致，但这些思考与想法是否真正落实到学生的常态课堂，才是最重要的。

（二）要做教育教学的引领者

结合时任教育部基础教育一司司长王定华对《国家 2010—2020 年中长期教育改革和发展规划纲要》（后称《纲要》）的深刻解读，我对《纲要》的精神，特别是"优先发展、育人为本、改革创新、促进公平、提高质量"的 20 字工作方针有了更为深入的理解。提高质量需要有"师德高尚、业务精湛、结构合理、充满活力"的高素质教师队伍做保障。

1. 高尚的师德是做好教师的前提

教师要对学生投入浓浓的师爱，要特别重视教师对学生的情感。教师要把关怀与期待送给每一位学生，正所谓"有教无类"，我们需要思量如何帮助他们改正问题，适应校园生活，而不是放任不管。因此，高尚的师德是做好教师的前提，也是学校教育教学质量的保障。

2. 提高质量功夫要用在每日的常态课堂

《纲要》中明确提出，鼓励学校办出特色、办出水平，要建立以提高教育质量为导向的管理制度和工作机制，把教育资源配置和学校工作重点集中到强化教学环节、提高教育质量上来。提高质量的根基在课堂，而且是常态课，并非简单的"比武课"或展示课，学校要通过各种形式鼓励教师加强研究，让每一节课都能使学生感受到有趣、有得、有思，从而真正通过常态课来提升每一个学生的生命质量。

3. 全面掌握减负的方针政策

在教育部基础教育课程教材发展中心何宜红处长对《课程标准 2011 版实施要点》的解读中，我对新课程标准的颁布背景以及重要的发展变化有了更深入的理解，如 2011 版的数学课程标准在"目标"中明确提出，使学生"获得适应社会生活和进一步发展所必需的数学的基础知识、基本技能、基本思想、基本活动经验"，由传统的教师熟悉的"双基"概念发展为"四基"。这一改动，就是对课程改革实验理念的进一步诠释，也是 10 年来对数学课程改革实施过程的反思与总结的结果。目标的制定越来越关注学生的素质发展，关注对学生实践能力的培养。

再如，对语文课程的性质和定位，修订中明确提出"语文课程是一门学习语言文字运用的综合性、实践性课程"，即不是语言学、文字学、文学等的知识性、理论性课程，而是一门包含语言、文字、文章、文学以及思想文化等内容的综合性课程，不单单是其中各项内容的简单相加。这一改动明确了语文课程目标和内容的核心——学习语言文字的运用，包括生活、工作和学习中的听说读写活动和文学活动，进而引导教师多在"语言文字的运用"上即语文运用的实用性和审美性上下功夫。

最后，关于减负，课程标准层面减负的方式主要有两种。第一，删除部分内容。第二是降低要求，如语文和英语学科适当调整了识字和词汇的量的要求。小学一、二年级的识字量由"1600 ~ 1800"调整为"1600 左右"，写字量由"800 ~ 1000"调整为"800 左右"；三、四年级写字量从"2000个左右"降为"1600 个左右"。英语把小学阶段原要求掌握的 600~700 个词汇调整为只要求掌握 423 个核心词汇，其余的作为扩充词汇，由教师根据教学实际来安排，同时删除了"能表演简单的英语短剧"等要求。

更加贴近学生实际生活和社会实际发展的改革措施，让我们每一个教育工作者感受到国家对教育科学发展的关注。这也必将推动我校各学科教学在新的课程理念背景下再上新的台阶。

4. 立足点滴小事对教育发展常思量

伴随着《国家中长期教育改革发展规划纲要》的实施，社会各界对教育的关注度越来越高，然而很多时候，我们为了某些关注，为了某种影响而失去了诸多教育的本真。这真的需要每一个校长对当下的教育现状常思量。教育要尊重学生的天性和个性，要尊重科学规律，要从基础抓起。在小学阶段，我想，最重要的还是让学生拥有健康的身心、完善的人格。面对困难是勇敢面对还是自暴自弃？如果这些问题从小没有解决好，长大成绩再好，也会发生所谓的高才生跳楼自杀现象。另外，习惯的培养也很重要，良好的习惯是发展的重要基础，例如，学生读写姿势的不良习惯不能不说是教育者的严重问题，可又有谁去更多地关注了呢？教育真的需要我们立足点滴小事常思量。

轰轰烈烈的课改以来，可能大家缺少的不是理念，而是对理念的践行。教育无小事，事事皆教育，校长要立足点滴小事对教育发展常思量。

（三）要做关注生命成长的实践者

1. 尊重生命的存在与差异

教育的任务就是培养人，教育工作者每天都在和人打交道，但现实中我们并不真正了解人！著名教育专家钱志亮教授关于《回到原点看人》的专题讲座，从人的本质属性的三个方面（即精神属性、社会属性、生物属性）的深刻内涵，从古到今，从国外到国内，从宗教信仰到文化传承等方面对我们娓娓道来，带给了我们深刻的启迪。钱教授对于人性脱离母体的原点和教育原点的深刻剖析，唤起我们了解生命、敬畏生命、承认差异、恪守良知、不辱使命的初心。

讲座中，钱教授"尊重生命的存在与差异"这一观点引发了我深深的共鸣。教育教人成人成才，教育关注每个人的每个方面，而影响人发展的因素有很多，先天因素、环境因素、教育因素、主观能动性等，作为一名教育工作者，我觉得不仅要正确理解这一客观存在，还要努力发现每个学生的价值与潜能，用"爱与责任"呵护每一个学生的心灵，让其充分享受成长的幸福和尊严，用智慧点亮学生成长的明灯，引领其做有人性的人、有信仰的人，做人格健全、和谐、可持续发展的人。

关于"人文精神之人性"的理解，要恪守人伦，要有独立人格，要坚持人道，无论世事如何变换，我们都要有清醒的头脑，要崇尚科学，敬畏文明，要有独立的思想，要有科学求真的精神。正如我们的学校在发展的阶段，就需要尊重学校的发展沿革，尊重教师的发展现状，尊重学生的成长规律来谈规划、谋发展，要用科学的发展观念来引领、带动学校的可持续发展。

2. 重视体育和体育教育

北京师范大学体育与运动学院院长毛振明教授在题为"什么是体育，什么是体育教育"的讲座中，用幽默的语言、生动的生活实例诠释了体育对一个国家、一个民族、一个人成长发展中的重要性，使我再一次认识到体育与健康的重要关系，推进体育教育是强国健民的重要途径。毛教授从"体育就是一个国家的战斗力"开始讲起，把体育对一个国家的重要性、对人类发展的重要性、对一个人的重要性以实例的形式展现给大家。他提到，目前的世界上人的运动量较50年前减少了一半。减少了一些运动就会让我们的身体不再受自己的支配，主要体现在运动少导致人的一些基本身体活动减少，一些功能开始退化，直接的影响就是人发胖了、发晕了、安全事故频繁发生了、思想脆弱了等。

体育的综合性特别强，与我们的健康息息相关，而体育教育承载的教育意义绝不仅仅是一种活动、一种体育技能，它同样肩负着培养好下一代的重要使命。体育教育教学活动有利于培养学生良好的规则意识，培养学生的合作精神，培养学生的意志力，培养学生健康的体魄和良好的心态。现实工作中，应试教育的遗留问题使得体育教育面临一些困难，但校长必须清醒地认识到体育与体育教育的重要意义，在学校教育中树立"健康第一"的思想，严格三表立法，丰富体育活动内容，保证体育课时质量，为每一个学生的健康发展提供平台。

除此之外，从毛教授的讲座中我也反思了我们自身的健康问题，工作固然忙碌，还要注意劳逸结合，创造一切可能的机会让老师们健康工作、快乐生活，力求实现为祖国健康工作50年，幸福生活一辈子的目标！

3. 传承和发展国学经典

国学经典是祖国传统文化的瑰宝，如今我国也越来越意识到传统文化的重要作用。聆听了北京师范大学教育学院教授徐梓的《国学经典的意义与价值》专题讲座，让我深刻地感受到学习传统文化能够让小学生对中国人的理解有更加深刻的认识，从地理意义向文化意义上转变，即明白真正的中国人。国学经典教育是最有价值、最优质的教育，是奠定人生幸福的根本。只有学习国学经典，才能更好地磨砺我们的品行、健全我们的人格，使我们成长为德行高尚、知识广博、行为优雅的现代中国人；只有学习国学经典，才能扎根于中国传统文化中，掌握优雅、精妙的祖国语言，使我们成长为既有知识又有文化的现代中国人。

国学经典就是通识教育、博雅教育、素质教育、人文教育。经典是连接我们和历史传统的一座桥梁，缺乏经典教育，我们就无法踏上回到自己精神家园的道路，只能成为文化上无家可归的流浪者。既然国学经典教育对青少年成长有着如此重要作用，怎样去传承与发展呢？我想，第一，学校要进行正确的经典文化的文化引领，让学生感受到祖国文化的博大精深；第二，选择与学生年龄阶段相近的经典篇目引导其自主地学习，使其在体验与学习中形成良好的思想品质；第三，将国学经典学习与学生的实践活动紧密结合，让博大精深的文化内涵浸润学生的心灵。

4. 加强思想道德教育

随着社会的变迁，社会的青少年问题和青少年的社会问题日益突出，今天的青少年到底生活在一种什么样的环境之中？究竟怎样才能使我们的思想道德教育真正落到实处，真正取得实效？这些问题关系到党和国家事业的发展，也关系到社会上千家万户的期望与安康。加强青少年思想道德建设已成为全社会的共识和一种紧迫的需求。

带着对问题的思考，我认真地聆听了中国青年政治学院陆士桢教授所做的《未成年人的特点及其思想道德教育》的专题报告，陆教授从未成年人的特点及其思想道德教育、对传统教育的反思、德育教育的改革三个大的方面进行了解读，运用大量的事例分析了当今社会青少年的价值取向和所面临的问题。

作为一名教育工作者，我们应积极行动起来，让每一个青少年都有正确的价值取向，与他人讲包容，与社会能适应，与自然相和谐，与自我明自知和接纳，应关注以下方面。

第一，从未成年人成长发展需求出发，确立德育目标。要从小培养青少年独立、理性地选择价值目标的能力，在青少年的道德教育中提倡祖国利益至上；在团体中发展健康个性，诚信守纪。第二，立足现实，挖掘传统。要勇于改革传统教育，吸取传统教育中的精华，培养良好的礼仪与习惯，具有博雅的胸怀与气质。第三，加强德育实践的教育，让学生在实践活动中体验真知，感受真、善、美。第四，加强家校的沟通与合作，共同肩负起教育好下一代的光荣使命。

5. 构建"以学生发展为本"的育人环境

北京师范大学毛亚庆教授《公平有质量的学校管理改进》专题讲座，不仅让我对基于公平质量理念下的学校管理有了新的认识，还引发了我对学校管理理性的思考。

首先，学校管理应建立在促进学生成长与发展的基础上，不能忽视学生的主体感受。现在有些管理细节和内容超越了学生的认知、年龄特征，以至不能激发学生的兴趣，启迪学生的心智。毛教授采用大量图片和视频资料，向我们展示了在学校管理中存在的常见问题和现象，如体育器材的设置高度超越了学生的生长情况，校园的育人标识牌成人化、程式化、政治化等，这些校园文化是为做而做，不能真正达到育人的效果。

其次，在学校教育中要将"以学生发展为本"的理念浸润到学校管理的方方面面。尽管实现每一个学生全面发展奠基的教育理念需要时间，需要过程，需要定力，需要我们每一个管理者执着与研究，但任何改进首先要从改变视角、改变思考方式、改变育人价值目标开始。

再次，毛教授对《世界儿童权利公约》的解读，让我清醒地认识到，在学校管理中，必须要充分尊重儿童，将儿童的人格、尊严和权利纳入学校管理和一切教学活动的范畴，这样的管理才能真正体现以生为本、生本管理的理念，这样的管理才能让学生所接受，这样的管理才有实效。

三、学校的定位

2019 年，我有幸再次来到北京参加教育部 101 期全国小学骨干校长高级研修班。5 月的北京鲜花盛开，生机盎然。7 年前，我曾作为青岛的小学教育界代表参加了第 48 期小学校长高级研修班的学习，留下了非常难忘而美好的回忆。7 年的时间里，我也在不断地学习与成长；七年后，带着组织的重托，再次走进北京师范大学，我希望自己以归零心态，促使自己再学习、再出发！

也许是忙碌的学校工作让我减少了思考的时间，也许是自身内在知识的匮乏，渴望着提升与丰富……总之，7 年之后的回归与充电，让我格外激动与欣喜，这或许就是自身发展的内驱？我将心怀感恩，上下求索！

（一）创建面向未来的学校

在这样一个美丽迷人的季节，再次走在幽静的林荫道上，想想即将开启的为期一个月的脱产培训，我的心情复杂而又激动，脑海里不断萦绕着"我们究竟应该创建一所什么样的学校"这一问题，迫切地想要与专家、校长们交流探讨。与 48 期校长研修班不同的是，这次的团队破冰训练采取的是任务驱动式的团队合作学习分享活动。各个小组围绕组徽设计、团组理念、基于学校评价的现状问题与解决思路等方面展开了热烈的讨论，在小组成员的精诚合作之下，我们的设计很快完成。我也有幸代表小组，向全班同学分享了关于学生评价方面学校的现状与解决思路。各个小组的积极参与和精彩展示，让来自全国各地的校长们很快地熟悉起来。大家都非常珍惜这次难得的学习机会，希望彼此能相互交流、共同提升！

1. 培养具有核心素养的未来人才

自 2016 年国家颁布了《中国学生发展核心素养》以来，它已无形中成为学校教育、学生发展的引领方向。国家督学、北京开放大学校长、北京师范大学褚宏启教授的题为"学生核心素养及其培育——教育发展方式的转变"的专题报告，加深了我对核心素养的理解与感悟。

核心素养是教育强国之必须。从钱学森之问到 PISA 测试带给我们的启示；从以制造业大国为主的 GDP 增长再到生产"iPhone"手机所获的微薄利润……褚教授从《中国学生发展核心素养》的研究背景到当前的国际形势进行了大量的案例剖析，让我们深刻地意识到：当今的国际竞争是知识经济时代的国家竞争，"落后就要挨打"已是不争的事实，我们要争取国际竞争的优势，建设现代化强国。这些梦想的实现要回归教育，依靠人才的培养，因而核心素养的提出迫在眉睫，教育强则国家强。

核心素养是学校发展之方向。褚教授在报告中提及，"什么样的教育是好教育？"——"应当是充满活力的学校""学校教育里面要有民主与活力""要有自由宽松的教学氛围"，只有在这样的育人氛围中，我们才能给学生留下自主的时间和空间，才能产生创造力的火花。尽管"一校一品"是当今教育体制内所提出的要求，但学校在做的同时一定要尊重规律，因校施策，且不可盲从。我们的学校都是从事基础教育的学校，顾名思义，基础教育要为学生打好扎实的基础，而不是单纯地去寻求某一点上的特色，很多关于特色教育的提法也要符合学生的成长规律，不能为特色而特色。一句话，做教育需要我们用心、务实，需要我们想明白、理清楚、做出来。学生的生命成长不是我们的试验田，我们要以科学的方法真正担负起教育好下一代的职责。

核心素养是学生发展之根本。从褚教授的报告中，我们感受到2016年《中国学生发展核心素养》的颁布受诸多因素的影响，所涵盖内容较为全面、丰富，但对核心的指向还应再聚焦。核心素养不是基础素养，而是高级素养，褚教授从21世纪人才素养的角度出发，归纳了六大核心素养框架——创新能力、批判性思维、公民素养、合作与交流能力、自我发展素养、信息素养。在此基础上又提炼了"创新"与"合作"两大素养，并通过大量案例来解读如何培养学生的核心素养。的确，未来的社会急需创新人才，需要具有共建共享的合作意识，而这些都需要融入学校教育的培养，都需要通过开展有效的学习活动，进行学科内知识的统整与延伸，唤起学生对知识的渴望，提高学生创造的欲望，从而提升学生的综合素养。这既是时代的命题，又是我们校长办学的课题。作为一名教育工作者，我们只有将核心素养内化于心，才能让核心素养真正物化于行。

总之，核心素养在学校教育中应是润物无声地浸润，是点滴尽致地践行。

褚教授反复强调的"聪明的脑"和"温暖的心"是对核心素养新的理解与深刻解读，也是我们每一个教育者从教的职责，我们理应初心如磐，使命在肩，为了每一学生的未来发展和幸福成长而不懈努力！

2. 建设新时代"四有"好老师师资队伍

教育部教师司原综合处处长黄桂珍从"习总书记高度重视教师队伍建设"、《中共中央国务院关于全面深化新时代教师队伍建设改革意见》的文件、构建教师队伍建设标准体系、《义务教育校长标准》等方面为我们进行了生动而翔实的解读。特别是解读总书记所谈到的"一个人遇到好老师是人生的幸运，一个学校拥有好老师是学校的光荣，一个民族源源不断涌现出一批又一批好老师则是民族的希望"，要做有理想信念、有道德情操、有扎实学识、有仁爱之心的"四有"好老师，以及在庆祝第 34 个教师节之际习总书记在全国教育大会上发表了重要讲话等，让我们深切地感受到国家领导人对教育的高度关注，让我们基层教育工作者备受鼓舞。大到国家的兴衰，小到每一个家庭的希望，教育都发挥着不可估量的重要作用，而教师队伍建设则是教育发展的关键所在。自 2018 年国家出台了《关于全面深化新时代教师队伍建设改革的意见》后，不仅让我们深切地感受到国家对教育、教师的高度关注，还让我们意识到所肩负的责任之重大，使命之光荣。

3. 为国家培养德才兼备的社会主义建设人才

教育部社科中心的王炳林教授在《习近平新时代中国特色社会主义思想解读》这一报告中从"形成依据""科学内涵""重大意义"这三个方面深入浅出地解读了"习近平新时代中国特色社会主义思想"的含义，使我们对社会主义的办学方向，教育要培养什么样的人才、怎样培养人、为谁培养人有了更清晰的认识。

"方向决定道路，道路决定命运。"作为基层学校校长，我们要深刻理解社会主义的办学方向，并把它作为谋划学校未来发展的逻辑起点。深入学习贯彻全国教育大会精神，最重要的是要全面学习把握习近平总书记关于教育重要论述的科学内涵和精神实质，以实际行动落实好"立德树人"

的根本任务。在学校教育教学工作中，我们要坚定理想信念，尊重教育规律，深化课程改革，创新教育方法，不断进发出师生的教育活力，全力打造优质的教师团队，全面提升学生的核心素养，为真正实现中华民族的伟大复兴夯实教育根基！

俗话说"打铁还需自身硬"，校长是学校办学的引领者和实践者。此次再进北京师范大学，我要用归零心态促使自己再学习、再提升。通过近距离聆听专家教授的报告，广泛学习全国各地的教育精髓，开阔眼界，增长学识，积淀实践中的智慧，不断提升自己的素质，形成自己独特的教育思想。我要做一个有思想的领导者，更好地带动教师团队的专业发展，引领学校的可持续发展，构建一所面向未来的学校。

（二）创建安全的学校

学校的工作千头万绪，毋庸置疑安全一直是学校的头等大事。北京师范大学教育学部余雅风教授的题为"学校事故的法律责任与防范"的讲座，让我获益良多。

令我印象较为深刻的是，余教授谈到"依法治校"不单是一种说法，更重要的是校长要有依法治校的观念和认知。比如，我们经常面对的学校事故，它不单指在学校里面发生的事情，还包含学校的职责范围内的事情。如果是在学校职责范围之内的事情，无论是否在校发生，学校都要承担相关责任。余老师列举了诸多实例，让我们加深了对《义务教育法》《未成年人保护法》《教师法》等法律的理解，更加懂得了依法治校、依法执教的重要性。

学校安全是师生成长与发展的基础和保障。作为学校的管理者，我们在学校工作的各个方面都要树立"一岗双责"的意识，规范学校的各项安全管理制度，严格落实"一日四巡"常规管理制度，定期开展各级各类安全培训、逃生演练等活动，做好各项活动的安全预案与防范，让校园安全成为一种常态、一种习惯。只有安全的校园环境做保障，我们的校园生活才能更加富有生机与活力。

（三）创建有文化底蕴的学校

什么是学校文化？如何做好学校文化？这是学校的教育管理者经常思考的一个问题。对于这一个问题，北师大教育学部教育管理学院鲍传友教授做出了很好的回答，令我受益匪浅。

泰勒曾说过"文化是一个复合的整体，其中包括信仰、知识、艺术、道德、法律、风俗以及人作为社会成员而获得的任何其他能力和习惯"。鲍教授认为，"文化没有终点，只有起点，文化是由内向外的生长，它经历着共同假设—文化价值观—共同的行为—文化象征这几个层次"。可见，文化往往是看不见，摸不着，却又无处不在地浸染着一个组织和团队的氛围。优秀的学校文化是学校团队共同的价值追求和行为准则，是学校发展的软实力，也是学校前行的无形动力！

在学校工作中，营造、积淀优秀的学校文化是校长重要的使命之一。对于鲍教授讲座中谈到的两个观点，我特别认同。一是学校文化要在传承中创新。校长要善于挖掘学校历史中的优秀基因，合力利用地方特色文化，用心经营团队文化，使其成为团队发展共同的愿景和教育信仰，正可谓虽不能至，心向往之。二是学校文化建设需要顶层设计、系统思考。学校文化涵盖不同层面，像理念文化、管理文化、课程文化、育人文化都是文化构建中的重要组成部分，需要校长系统思考、整体设计，而不是各自为界，支离破碎，文化整体的架构应是形散而神不散的体现，指引着学校的未来发展。

为将学校文化构建理论与实践有机结合，鲍教授还列举了大量的案例给我诸多启发。总之，学校文化是润物无声地浸润，是点滴尽致地践行，我将为之不懈努力！

（四）创建可持续发展的学校，共筑师生的强国梦

虽然钱志亮教授的讲座我早已听过多次，但每次仍会被钱教授的渊博

学识和家国情怀深深打动。此次研修，钱教授围绕"教育的逻辑起点"这一主题，从人性善恶假设出发，结合人类历史上文明的兴与亡，引领在座的校长找寻教育在"中国梦""依法治国""深化改革"等大时代背景中的正确定位，肩负起教育的使命。这不由使我联想起在《西游记》里，唐僧曾不止一次回答，"贫僧唐玄奘，从东土大唐而来，到西天取经而去"。这是唐僧的使命，自始至终不动摇、不放弃。其实无论做什么事情，只有正视自己，明确目标，并持之以恒方能修得"正果"。

国弱必受欺，强国应当自强。钱教授的报告，让我们更加深刻地体悟到：中华民族有着悠久的历史和灿烂的文化。而在近代，中华文明惨遭破坏，文化的修复、传承与发展不是一蹴而就的事情。面对世界科学技术的迅猛发展，面对世界格局的诸多不安定因素，"强教育"从来没有像今天这样迫切。这正如习总书记所说，"教育兴则国家兴，教育强则国家强"。这一科学论断高度概括了现代化强国无一不与教育有着紧密的联系，正可谓谁赢得了教育，谁就赢得了未来。教育事业肩负着传承人类文明、培养栋梁之材的重要使命，作为教育工作者，我们理应共筑祖国的强国梦，抓好基础教育的奠基工程，而这一切需要我们首先找到教育的"自我"，了解教育的"自我"，如同钱教授所说，"找到教育的起点，倘若站在起点、面对终点，可以检讨得失、校正方向、正本清源，走教育当行的道"。

方向对了，路就不会远。党的十九大报告指出："人民有信仰，民族有希望，国家有力量。"信仰决定了人的价值取向，决定了人的生活方式，决定了人的精神面貌，是人一切行为的出发点和归宿点。对于教育而言，信仰同样重要。教育的逻辑起点必须与国家的逻辑起点相吻合才会迸发教育的生命与活力。《中国教育现代化2035》中指出，到2035年总体实现教育现代化，迈入教育强国行列，推动我国成为学习大国、人力资源强国和人才强国，为到21世纪中叶建成富强民主文明和谐美丽的社会主义现代化强国奠定坚实基础。这一宏伟的蓝图指引着我们要全面落实立德树人根本任务，加强师德建设，提升教师的专业发展水平，广泛开展理想信念教育，厚植爱国主义情怀，加强品德修养，增长知识见识，培养奋斗精神，不断提高学生思想水平、政治觉悟、道德品质、文化素养，要坚定我们的文化自信。

少年强则国家强。小学阶段是学生成长与发展的基础阶段，也是学生思想品德、行为习惯形成的基础阶段。作为学校发展的引领者和实践者，校长要引领教师团队尊重教育的逻辑起点，尊重教育的发展规律，坚守"教育是为了提高人的生命质量与生命价值"这一信条，在学校教育中要像钱教授所说的那样：引导学生辨善恶、知对错、明荣辱、懂廉耻；要通过约定俗成、规则规范、纪律法规去限制人性中的恶；要通过一系列的人文关怀、精神传递、德育养成来弘扬人性中的善。通过敬畏、激励并唤醒每一个生命，为每一个学生的人生幸福和可持续发展夯实基础，让每一个学生在享受幸福童年的同时，能储备下为自己和社会创造幸福的能力。

"君子务本，本立而道生。"作为校长，我们不仅是学校发展的领导者、管理者，还是一名教育者，在致力于学校可持续发展的道路上，我们要带领教师团队一起找到学校发展的本我、本心和本真。因为，学校教书育人，育是目的，教育不仅传授知识，还有诗和远方。我将坚守教育的初心，激发教师的活力，加强祖国文化的自信，凝聚教育的磅礴之力，以实际行动为培养国家的栋梁之材夯实教育根基，为实现中华民族伟大复兴的中国梦而不懈努力！

（五）创建幸福快乐的学校

北京第一师范学校附属小学张忠萍校长的《守正创新持续发展》专题报告紧密围绕学校的"快乐教育"这一办学特色，与我们进行了生动的办学经验交流。而张校长独特的教育情怀、丰富的教育思想、智慧的教育管理理念令我肃然起敬！

张校长特别懂教育，做教育不唯奇、不唯先，而是尊重教育规律，注重传承与发展，基于学校先进、持久的办学特色，不断丰富其办学内涵，架构了学校"快乐教育"的育人体系，找准了快乐学校、快乐学生、快乐教师的发展点，规划了学校的可持续发展之路，营造了学校浓厚的育人氛围。足以见得，张校长是一位特别有思想的校长。

张校长特别乐于研究，在规划学校发展的同时，抓住课程建设这个学校发展的着力点，将国家、地方和学校课程进行了整体架构，挖掘学校师生的潜力，开发了"海防""STEM"等诸多适合学生成长的校本课程。在课程研究的过程中，注重学生"七自"能力的培养，培养学生做快乐学习的主人。毫无疑问，张校长也是难得的科研型校长，在学校发展的过程中，她注重课题引领，鼓励教师报课题，积极做微课题的研究。用校长带头研究的模范力量大大提升了教师团队的研究力！

张校长还是一位统筹型校长，特别善管理。在打造教师队伍这个层面，注重抓青年、带团队。如青年教师的"五个一"自主学习、每年面向全体教师开展的"新年诗会""朗诵会"等活动，为教师搭建多彩的成长平台，让他们享受职业带给自己的快乐。

虽然"快乐教育"不是个新名词，可是张校长用自己独特的教育情怀和丰富的治校方略演绎了新时代教育的快乐！在美丽的校园里我们理应快乐地生活、成长。因此，构建幸福快乐的校园是每一所学校所应竭力追求的方向和目标。

（六）创建智能化学校

北京师范大学教育学部、教育技术学院马宁教授基于"混合式理念下的项目式学习"的专题报告，从 20 年来教育情况的变化对比等四个方面入手，使我们深刻地感受到人工智能、大数据、互联网在当今社会迅猛发展的势头，这种发展变化使加快信息化时代教育变革提上议事日程。21 世纪的人才，应具备怎样的知识与能力，才能赶上时代的步伐？全球意识、协作能力、学习与创新技能、信息技术基本素养、公民素养等概念已成为我们的共识，但如何在我们日常的教育教学中践行新的理念值得我们进一步思考和探究。

马教授结合英国、芬兰等国家开展的项目式学习案例上了一堂生动的课，引发我们的深度思考。在基础教育阶段，我们需要尊重学生的生命成长规律，通过开展有效的学习，进行学科内知识的统整与延伸，唤起学生对知识的渴望，从而提升学生的综合素养。这既是时代的命题，也是办学的课题。

《中国教育现代化2035》指出，建设智能化校园，统筹建设一体化智能化教学、管理与服务平台。利用现代技术，加快推动人才培养模式改革，实现规模化教育与个性化培养的有机结合。很多时候可能我们不是技术的研发者，但是我们可以应用信息技术，加强信息技术与学科教学的深度融合，利用有效的课程与教学资源，学习并融会贯通，提升教师的课程意识，构建互联网＋教育的大平台，把项目式学习的精华与内涵融入我们的日常教学中，继而实现高质量地教书育人的总目标。

四、走进春城名校

2009年，我有幸参加了中国教育学会教育机制研究分会组织的全国小学"百校校长考察团"赴昆明的考察，在短短几天的学习中，我们聆听了4位校长的讲话，观摩了5节教学公开课，参观了昆明当地4所重点学校的校园文化建设。通过与当地校长的近距离交流，我感受到课程改革的浪潮早已席卷祖国的大江南北。昆明虽然是祖国西南边陲的内陆城市，在办学理念与教学思路方面与沿海开放城市还有一定差距，但让我们看到春城名校的教改风貌，感受到其快速发展的迅猛势头，在"走走、听听、看看、讲讲"中，我收获了更加丰富、真实的教改经验，也对学校的发展与规划有了一些新的认识与启示。

在我们考察的4所学校中，无论是办学特色、师资队伍还是校园文化等方面都不尽相同，但都诠释着一个事实，一个好校长成就一所好学校，校长的理念与水平决定着学校的发展水平和办学特色。

（一）校长的办学思路决定学校的办学特色

在我们考察学习的 4 所学校中，令我印象最深的是昆明高新一小，这是云南省唯一一所建在国家级高新技术产业开发区即昆明国家高新技术产业开发区的小学，虽然建校仅有 8 年多时间，却形成了 32 个教学班、近 2000 人的办学规模。该校金明华校长提出的"心中有爱，目中有人""师生人格平等，相信每一个学生都能成功"以及"激趣、促情、自主、合作、探究、创新"的教育理念成为每个教师的自觉行为。从课堂上业务干部的带班上课，到课下课间活动的文艺展播、近 2000 人的广播操展示等，无不展示了学校师生的精神风貌，凸显了校长的治校之经。

学校在面向全体学生的基础上，尊重差异，赏识个性，激发兴趣，培养能力，为不同的学生提供不同的、个性化的教育，像学校的艺术教育、民族音乐进课堂、科技教育、快乐体育以及读书节、美食节、科技节、体育节、合唱节、艺术节、英语节的设立，均彰显了学校的办学特色，即"让每个孩子都能体验成功、建立自信，都能得到应有的尊重、和谐的发展"，对我们入校的鼓乐齐迎、各个展室的全面开放以及楼层参观时的学生向导，无不展示了该校学生健康的体格、快乐的性格和发展的和谐，让我们参观的一行人不禁竖起了大拇指。

这样一所年轻小学迸发着发展的勇气与锐志，不得不让我们感叹，金校长的确是一位有思想的校长。正如金校长在论坛中所提到的：学校在管理中构建了文本管理和人本管理有机结合的现代学校管理模式，一方面以制度管理为依据，通过创建各项规范 80 条来约束教师行为，另一方面从"目标管理"和"人本管理"方面做文章，通过任务驱动，比如"教学基本功训练""练兵课""展示课"形式强化教师工作的目标意识，通过"感受爱""体验爱""付出爱"系列爱的教育，组建和谐、激情的教师团队。这一切的行为措施体现了校长的管理思想，也引领着学校的可持续发展。

（二）校长的管理水平影响学校的队伍建设

一所学校的发展，归根结底要看师生的共同发展程度，而教师的发展起着关键性作用。考察学校中的盘龙小学，在打造教师专业成长方面给我留下了较为深刻的印象。盘龙小学是一所拥有 36 个教学班、在校学生近2000 人的较大规模学校。该校李红校长自任校长以来，锐意改革，大胆创新，以教师成长促进学校发展，把促进教师个人专业化成长作为学校的重点工作来抓，通过独具特色的校本培训活动和不拘一格的骨干教师培养，使一大批中青年教师迅速成长起来。学校形成了以校为本、以师为本"四层面、多手段"的培训方式，其中"四层面"是指个体性培训、群体性培训、整体性培训、区域性培训，"多手段"包括课后反思、教师自主研修、教研活动、通识性培训、校际培训、外出学习等。在教师专业成长的过程中，学校以师为本，鼓励教师自定发展目标，按照发展目标定自培计划；同时进行科学管理，尽可能达到教师的发展要求，从而较好地激发起教师的内驱力。由于李红校长积极推动以人为本的管理思想，立足教师队伍建设的科学有效发展，学校得到了家长和社会的广泛认可。

（三）校长的责任意识推动学校的教学质量

说到课堂教学质量，在考察的 4 所学校中最好的当属昆明春城小学了，这所学校是一所以"科研兴校，科研兴教"著称的重点学校。该校王玲校长多年来一直坚持"以教育科研为主导"的办学模式，落实教科研工作的硬件建设，早在 1995 年就建立了涵盖学校教学研究基地、创新培训中心、现代教育技术中心、阳光演播厅和电教资料中心为一体的科研楼，在硬件的支撑下，学校采用模式化和课题化的工作范本，形成了"学校总课题—年级子课题—教师子课题"的研究模式，学校共有科研课题 20 余个，全员参与课题研究。正因为这种强有力的教科研引领，在聆听该校 2 节青年教师的展示课中，两名教师充分展现了课堂教学的深厚功底，看出了教师的底气，亮出了学生的才气。王玲校长在经验介绍会中讲到，她有时间就亲临课堂，因为只有见证课堂才能感受到研究的力量。尽管是她是一位年近50岁的老校长，却能坚持一年听课不少于70节，这足以说明她的责任意识和执着精神。

（四）"三生教育"回归学生的和谐发展

走进昆明的4所小学，我深刻感受到了学校学生对异乡人的热情，"老师好""客人好"，在每一次碰面中不绝于耳，学生的养成教育在细节之处见真功，昆明最近正在大力推进"三生教育"，即生存教育、生活教育、生命教育。"三生教育"不但面向学生开展，而且融进家庭和社会，融进课堂和课程，进入学生头脑、家长的心田。这也蕴含教育的真谛，即关注每一个孩子的生命质量，值得我们深入学习与实践。

短短几天的考察学习，让我深深地感受到校长对于一所学校发展的重要性。没有完全相同的学生，没有完全相同的教师，没有完全相同的学校，当然也没有完全相同的校长。但优秀校长的共性蕴藏于他们的执着、开拓与奉献，一个好校长的确会成就一所好学校！

考察学习是短暂的，可学习之后的思考与实践却是漫长的，作为一名年轻校长，我要立足学校的工作实际，求真务实、开拓创新，用自己的执着和人格魅力带动学校的可持续发展。天山小学是一所仅有8年历史的年轻学校，作为新任校长，我除了具备开拓精神之外，还应从以下方面不断努力：一方面应该注重学校文化的历史传承、积淀与总结，这也是我校未来发展的核心目标，即民族教育走向内涵式发展，打造富有"精气神"的教师团队，培养具有民族气节和国际视野的中国人；另一方面要在管理上做足文章，在制度管理的基础上，完善管理的民主化和人文化，真正实现管理有格、执行有序、管理有方、执行有力，进一步树立"科研兴校"意识，把教育科研作为学校发展的主线。总之，本次学习让我拓宽了视野，引发了如何做一名好校长的理性思考，更感受到任重而道远的使命。我想只有不断地学习，才能不断地向"办好一所学校，培养健康儿童"的目标迈进。

五、走进京城名校

来到祖国的"心脏"，我有幸考察学习了北京第二实验小学、北京师范大学实验小学和北京市朝阳区呼家楼中心小学三所学校。通过学习教育领军学校的教育管理经验，我深受启发，他们先进的办学理念、创新务实的行为举措和善于经营学校的思想等都非常值得我们借鉴和反思。

（一）走进北京师范大学实验小学

北京师范大学实验小学创办于 1958 年，是教育部直属重点院校——北京师范大学唯一的附属实验小学，也是北京师范大学实施教学改革的实验基地。走进北京师范大学实验小学，我对该校的办学思路与措施有了较为深刻的感受，也很受启发。

1. 先进的办学思想引领学校的发展

北京师范大学实验小学树立了"教育即服务"的基本指导思想，强调管理者对教师的服务意识，强调以学校为家庭，为社会提供优质的教育服务。"乐学会学、健康发展"是学校的办学宗旨，"团结活泼，勤奋向上"是学校的校训。在这一办学思想的引领下，学校树立了"教师第一"的发展意识，以教师的发展为本，组建高素质的教职工队伍；以学生的发展为本，促进学生的全面发展；从师生的发展及家长的利益出发，建设现代化的优美校园。

2. 创新务实的行为举措为学生发展搭建平台

令我印象最深的是学校为每个学生建立了课外阅读记录册，通过教师评、家长评、认证盖章、张榜公布"读书之最"以及高年级开展的读书演讲活动，掀起学生的读书热潮，为学生的健康发展奠定了坚实的基础。

通过此次参观学习，我更加明确了本校发展的三个目标。一是加强教师队伍的梯队建设。基于学校的本土特色建立教师专业发展的成长规划，加强教师自主发展的意识，善于研究、勤奋努力的教师搭建成长的平台，使他们拥有施展才华的机会。二是加强科、研、训一体化的研究。北京师范大学实验小学丰富的学术资源为课题研究注入了活力，但该校日常的教研活动和课题研究相结合的方式才真正有效促进了教师的成长，其中的关键问题意识和研究意识是需要学校引导教师，带着问题进课堂，带着思考出课堂，通过深入实践打造研究共同体，切实提高教师的反思能力，为学生的健康成长提供保障。三是将学校的阅读工程做细、做实、做出特色。尽管我们也实施了"大阅读工程"，鼓励学生博览群书，但在某些细节上做得还不够有新意。北京师范大学实验小学给了我们很多启示，如日常写作训练（类似循环日记），我们以前也做过，但评价不够全面，学生展示的方面还不够广泛，需要在后面的工作中加强学习和思考。我回到青岛太平路小学的工作时间较短，一直在探索学校的办学特色、特色办学的方向。今天通过吴校长的讲座和学校的参观考察，我觉得全面发展也不失为一种特色。

（二）走进北京市朝阳区呼家楼中心小学

在参观考察北京市朝阳区呼家楼中心小学时，我观摩了一节语文课，还聆听了马骏校长在办学思想等方面的经验交流，对该校的办学策略和校园文化有了一定的认识。

1. 校长要有鲜明的办学思想

呼家楼中心小学是一所有着50年发展历史的老校，学校在"创造适合学生发展的教育"的办学思想引领下，借助文化的力量，实现以文育人、以文化人。逐步形成了以"三礼"和"炎黄传承"为特色的校本文化，将"培育人文素养，传承民族精神，做有教养的中国娃"的育人目标融入学校工作的方方面面。校长鲜明的办学思想使得各项工作横摸到"经脉"，纵摸到"筋骨"。

2. 学校发展要给每一个学生搭建成长的平台

在呼家楼小学校园走廊文化的参观过程中，我们发现诸多设计给学生提供了动手实践的舞台,一幅幅粘贴画、一处处小制作无不彰显学生的童真、童趣,也让我们感受到学生成长的快乐与发展。

3. 学校一切的工作应以"教学为中心"

学生每一天的成长离不开每一个"40分钟",这才是办学思想在学生身上生命价值的具体体现。马校长的办学思想经验交流可谓精彩而全面,但是聆听的这节语文课实感效果一般,教师的主导性过强,学生的主体性不能很好地发挥,当然不排除这是一节供大家研究的课例。作为教育工作者,我们不仅要有思想,还要有实践的行为,当然教学是慢工,来不得浮躁,它需要教育的执着与定力。

(三)走进北京第二实验小学

"我做校长,不是要'管'教师,而是要为教师成长服务,要帮助每一位教师找到工作的快乐!快乐工作的源泉是成功的体验、不断地成长、幸福地生活……"温馨而睿智的话语拉开了北京第二实验小学李烈校长《建设学习型组织促进教师主动发展》的讲座序幕。李烈校长没有慷慨激昂的陈词,但语出如行云流水,饱含着她经营学校的高位思考、执着实践和不懈追求。李校长的讲座不仅带给我们话语的感染,还给我们深深的启迪。

1. 管理有方,以学习型团队建设助推学校发展

在学校管理中,李校长营造了民主、开放、和谐的团队氛围,建立了民主平等的对话模式:如精彩五分钟、自由发言、即兴论坛、深度会谈、校长聊天室、校长我想对你说等,增强团队意识,在合作与互助中倡导教师的自主发展;同时,李校长还坚持以激励评价来促发展,如"和谐团队奖"的颁布,形成有效的团队合力,带动了整个团队发展,也促进了教师个人素质的提高;实施扁平管理,发挥核心人物组长的作用,即设立"小校长",让"小校长"参加行政会,主持全校教师大会,设立20多个校长助理,校长助理任期两年,参与学校全面工作,扁平化的管理调动了教师参与学校管理的积极性,为学校的发展注入了活力。尽管我们的学校管理也有这些

元素，但我们的步子迈得还不够大，特别是如何全面调动教师积极、主动地参与学校的管理，这一点上值得深入思考。

2. 教学有法，以"双主教育"引领教师不断走向超越

李校长早在课改之前就实施了"双主体育人"模式，即学生是学习活动的主体，教师是教育工作的主体。两个主体通过自育、互育协调互动、共同发展。突出的是自育、互育，淡化的是被育，让学生和教师同时成长。她积极构建发展性学习机制，鼓励自我超越，不断更新教师发展的任务和要求，提升教师的自我发展能力。在繁忙的工作中，她始终抓实课堂教学这条主渠道，雷打不动地实施行政调研课，即全体行政干部跟她进教室听课。李烈校长每学期听课不少于 100 节，并且听课必评。也正因为如此，她才牢牢地抓住了教学改革的"牛鼻子"，她对教学的深度思考和有力举措让我们钦佩！

3. 做人有智，善于学习与研究使其魅力无处不在

李校长认为：校长最主要的作用是引领，即思想引领、实践引领、管理引领。但是光提观点，没有实践行为的引领是不行的，要带着大家一起去实践。李校长谈到校长要有一个好习惯，那就是学习。广读书、交高人，善反思、重实践。校长要有好形象，要大气。站位要高，要有思想，有情怀，不枯燥，不单调，正直、敬业、尊重、信任、欣赏、包容、自省、大气……最重要的形象是权威，但是这是一种内在的权威、一种知性的权威、一种体现亲和性的权威。内在权威，是以"理"服人，以"正气"服人；知性权威，是以"思想"和"专业性"服人；体现亲和性的权威，是要善于与人沟通、倾听意见。她提出了"适合学说"，即要给每个人找到合适的事情做——给团队一件大事，给每个人一个机会。她独到的视野和眼光、大气而又睿智的做法让我们折服。

在聆听了李烈校长精彩的治校策略后，我们还有幸来到了北京第二实验小学参观考察，在学校孙副校长一路的引领和介绍下，我们再次深刻感受到学校深厚的文化底蕴和鲜明的办学特色。李校长借助文化的引领，用

心在做教育。从教学楼的主体设计风格到校园文化的温馨营造，处处体现出校园生活的鲜活、和谐与美好，允分体现出大家的治校策略。

学然后知不足。首先，学校发展要有鲜明的办学思想，校长要做思想的引领者，同时要将思想的引领转化为实践的行为，带领学校团队勇于超越，不断创新。其次，学校发展要因地制宜。北京第二实验小学从办学理念到实践行为都有不少值得思考和学习的地方，但未必都适合自己的学校。像以"爱的教育"为核心的学校文化营造，通过其他形式，造价不高，投资不大，也未必就不能取得教育的实效，在校园文化的建设中，师生的精气神展现是更为重要的方面，许多层面来源于师生生成的内容，或许起到的作用会更大。

通过对几所学校的参观学习，我对学校管理的理念与方法有了新的认识，对未来学校发展的规划与建设增添了新的动力，就让"归零心态"提醒自己把研究作为一种工作的状态，把学习作为一种工作的常态，促使自己在教育工作的路途中不断前行。

独学而无友，则孤陋而寡闻。在担任校长的这些年时光里，我不断开阔自己的教育视野，不断向研究专家学习，不断向优秀校长学习，不断思考如何做一名好校长，如何办一所好学校。也正是不断地学习和反思，才使得我在教育事业的发展路上越走越远，越来越感受到做校长的幸福与快乐！

第三章

品·读

读书的厚度决定思考的深度、视野的宽度、人生的高度！

——题记

一、关注每一个孩子的生命质量

教育是关乎未来的，每一个孩子的未来更是关乎国家未来的。如何关注每一个孩子的全面发展，如何提升每一个孩子的生命质量是每一个教育工作者不断思考的问题。学校自 2012 年申报并成功立项了"十二五"省级立项课题——生本课堂教学策略的研究，我们就是想通过不断研究与实践，更加尊重孩子，发现每一个孩子的潜能，让每一个孩子都能全面而富有个性地发展，做最好的自己。怀着对"生本教育"的无限期待，我带领班子成员认真研读了我国最早提出"生本教育"的提出者华南师范大学的郭思乐教授所著的《教育走向生本》一书，感受颇深。

读了郭思乐教授的《教育走向生本》，可以用郭教授评价学生的语言来评价：虽不能说是字字珠玑，但绝对是篇篇可读。专业性、理论性强的书籍能如此让人信服并引起强烈共鸣，确实难能可贵。书中许多观点、句子我都记忆犹新。如"人之初,性本学还是性本惰?""儿童是天生的学习者""当鞋子合脚时，脚就被忘记了""人的最高需要是自我实现"。

郭教授认为，学生将在某种教育生态环境中蓬勃发展，这就是他的"生态论"。也就是说教师提供的教育适合学生学习的需要时，学生会表现为忘我地学习，他的潜能就能够发挥出来。师本教育是以教师为中心的教育，也就是有意识或无意识地为教师好教而设计的教育。这种教育往往把人们引入一个误区，学生学得好就是教师教得好，学生学得差就是学生笨或是不认真学。生本教育的认识却是学生学得好是学生找到了适合自己的学习方式，同时教师也提供了恰当的教育方式。这种适合表现为学生忘我地学习，全身心地进入学习状态。反之，学生学得差，往往就是教师的责任了，这说明教师提供的教育方式不适合学生的学习。学生的学习潜能的开发是一个无限广阔的空间，因为每个学生身上都有几万年人类进化历史的学习"遗传基因"。所谓的教得好与不好，是看教师是否把学生的学习潜能开发利用起来。

郭思乐的《教育走向生本》中有这样的观点：生本教育思想的学生观是"起点非零"。我们面对的每一个学生，哪怕是数学才考了十几分，哪怕字写得歪歪扭扭，有一点是可以肯定的，即作为人类的新一代，他们都像长江一样，从远古走来，又向未来奔去。在他们后面的，是人类进化发展的历史；在他们前面的，是正在展开的现代社会，他们将会居于今后所有事情的核心，他们的潜能不可限量。因此，我们认为学生有学习的本能和天性，学生的起点绝不为零。遗憾的是，这种本能和天性被许多人包括教育工作者和家长所长期忽视。生本教育倡导改变这种现状，尽可能顺应儿童学习的天性，一切为了儿童，高度尊重儿童，全面依靠儿童，还教育以本来面目。简单而言，过去的教学可以归结为"我教你"三个字。我们的教育体制为教师的教做了很多工作，但过多地关注教师的教，必然会在某种程度上忽视了学生的学。生本教育明确提出，儿童是天生的学习者，儿童人人可以创新，学习既是儿童的本能，又是儿童的需要。因此，教学要从"教"转变到促进"学"，让学习成为儿童成长的自然过程的一部分。[1]

简单而言，过去的教学可以归结为"我教你"三个字。我们的教育体制为教师的教做了很多工作，但过多地关注教师的教，必然会在某种程度上忽视了学生的学。生本教育明确提出，儿童是天生的学习者，儿童人人可以创新，学习既是儿童的本能，又是儿童的需要。因此，教学要从"教"转变到促进"学"，让学习成为儿童成长的自然过程的一部分。

阅读这本书，我认为，再深的感触也不如微小的行动。生本教育不应仅作为一种理念被我们认同、赞赏，还应该作为一种行为方式，落实到我们的日常教学中去。

二、让"教育的情调"润泽每一个儿童的生命

生活中我们对"情调"一词并不陌生，但关于"教育情调"的说法和研究却并不多见。近期怀着对书名的几分好奇，我阅读了总共 182 页、16 个小节的枕边书——《教育的情调》，读罢让我对儿童、对教师、对教育的未来又有了更深的理解与感悟。

何谓"情调"？一种解释为情调是基于一定的思想意识而表现出来的感情格调，也指事物能引起的各种不同情感的性质和特点。而"教育的情调"又是指什么呢？它涉及我们如何习得一种儿童立场，努力以儿童的方式走进儿童的世界，切实关心儿童、理解儿童，顺应儿童发展的内在可能性，引导儿童、成就儿童。教育的情调核心在"爱"，没有爱就没有教育。教育的情调表现在"情"，教书育人的细微之处见真情。教育的情调积淀在"智"，教师要做与时俱进的学习者与研究者，才能带着敏锐、机智和爱，进入儿童的世界，唤醒儿童生命成长的无限可能，进而针对不同的个体实施不同的教育行动，形成一种"对独特性的独特关注"——关注儿童的独特性、

[1] 郭思乐. 教育走向生本 [M]. 北京：人民教育出版社，2012.

情境的独特性、个人生活的独特性。细细品读《教育的情调》一书，深感这是关于儿童生命的研究，是在现实生活情境中对儿童生命成长的描述与揭示。

（一）尊重儿童世界，感受儿童的"生命在场"

作为教育者，我们要从教育学的角度看儿童，我们如何看儿童和我们看到什么，取决于我们和儿童的关系。作者范梅南主张，学校应当被儿童视为"我们的学校"，而"老师"不能像一个过路人、一个警察或一个朋友那样看儿童。老师作为保护、培养儿童的观察者，首先要学会蹲下身子看儿童，要尊重儿童的世界，意识到正在成长的儿童的存在，并且要让儿童感受到老师的"在"。

书中介绍，马克的老师每天都会全身心地关注每个走进教室和离开学校的孩子，她和每个孩子一一握手并给予孩子一个恰如其分的评价，她去"看"孩子，从一个害羞的表情、一种情绪的流露、一种期待的心情，真正地用心"看"，不仅仅是用眼睛看，而是带着一份责任，全身心地看待每一个孩子。

其实，学校生活中的微笑、握手和问候是一种常态，这种仪式虽然简单，但对孩子来讲，可能留下的是人与人之间诚恳的接触、温暖的感应。教育需要我们将"爱"诠释在教书育人的每一个细节，但"爱"不是教育者一厢情愿地付出，而是体现在受教育者有被爱感动的温暖体验。

（二）启迪教育智慧，关注儿童的成长需求

在书中的第一章节中，讨论到校长应当如何处置一个调皮的学生时，指出"一个机智的教育管理人员应该知道什么该说而什么不该说"。教育的敏感性和机智是教育管理人员进入儿童所体验的世界里的一种能力。从某种角度来说，教育是一种与人相处的学问，一种成年人与儿童相处的学问，这就需要我们教育工作者以教育智慧去启迪每一个儿童的智慧，从而真正

关注儿童成长的生命质量。

教育的机智不仅仅是一门技巧，更准确地说，它是一种"即兴的、临场的反应能力"。每个对儿童有责任感的成年人都需要不断地发展教育的敏感性和机智。比如，通过观察，我们了解他人，通过他人的眼神，我们知道他们也了解我们。但是，真正具备对他人心灵的洞察力，我们还需要提高观察能力和理解眼神的能力。一位敏感而机智的老师知道什么时候需要保持沉默，什么时候适合做一个小小的手势，什么时候应该忽略某些事情而用一个会心的微笑结束，用沉默"说话"。教育的机智还体现在对儿童好奇心的关注，因为兴趣是最好的老师。但是面对儿童的好奇与问题，老师应当尽可能地帮助他们保持活跃的思维，而不是很快给他们一个简单的答案，不能让"问题止于答案"。真正的好奇不是问好多问题，而是唤醒儿童对问题不断求索的心，正如书中所说：一位有思想的教育者应该是一个善于抓住问题并且能用浅显的方式去深化它的人。做儿童生命成长中的智者，才能启迪儿童的智慧，提升儿童的生命质量。

（三）加强教育反思，提升儿童的生命质量

教育的智慧需要一种反思的能力，需要我们关注教育生活的体验，不断去质疑自己的立场。时常想一想：这样的体验是什么样的呢？教育的智慧可以被唤醒，却不可以被技术性地培训。因为教育的对象是不同的，是一个个鲜活的生命。作为教育工作者，我们需要不断地提醒自己，教育是一种与人相处的学问，一种成年人与孩子相处的学问，我们应该在与孩子相处的过程中共享生命的美好。

"教育的情调"体现了教育现象学，教育现象学以现象学哲学为基础，运用现象学的方法对教育现象进行研究。教育现象学是以日常生活为原点，让我们始终对教育的生活世界和生活体验保持敏感，保持好奇之心，驱使我们去探究日常生活的教育意蕴，也激励我们以审辩式思维关注课堂里的情况，关注课堂之外的学生生活世界，关注学生所有的生活体验。

掩卷深思，这些年自己一直行进在"生本·幸福教育"之路上，努力践行着"以学生的发展为本位，以师生的幸福成长为旨归"的教育理念，不断理解"高度尊重儿童，全面依靠儿童，关注儿童的生命在场，提升儿童的生命质量"等基于儿童生命成长的深刻内涵，不就是在每一天的教育实践中去诠释教育现象学？教育要尊重儿童的个体独特性，优先考虑儿童的幸福才能让提升儿童的生命质量成为可能。教育工作者要将爱、关心、希望、信任与责任感常记心头，并拥有丰富的教育智慧，我们的教育才会有真正的"情调"。

三、对优质教育的思考

多年以前，我非常有幸拜读了原国家总督学顾问、北京市社科联主席、中国教育学会副会长陶西平先生所著的教育随笔。这本集子选编了陶西平在近些年所写的一些短文。书中的122篇短文是陶先生参加教育工作一路走来的零言碎语，每章篇幅虽然短小，却凝聚了他对我国现代教育的深思熟虑，读罢感受颇深。

陶西平在《一路走来——陶西平教育漫笔》中指出建设和谐社会离不开和谐教育，它是建设和谐社会的基础工程。学校教育只有坚持全面、协调和可持续发展，才能促进学校的和谐。和谐的学校教育应当是重视全体学生全面素质提高的教育，不应当只重视一部分学生发展而忽视另一部分学生的发展，不应当只重视学生考试成绩的提高而忽视学生素质水平的提高，也不应当只重视学生共性的教育而忽视学生个性的教育。和谐的学校应当是公平的、民主的教育，通过树立干部与教师的以人为本的服务意识，营造干群之间的和谐，教师之间的和谐、师生之间的和谐以及学生之间的和谐，形成学校良好的文化氛围。和谐的学校教育应当是开放的、社会广泛参与的教育。通过家长、社区和社会的广泛参与，学校教育把为社会的发展服务与为人的发展服务紧密地结合起来，并在取得家长、社区和社会理解的同时，自觉地置身于其监督之下。[2]

（一）对教育现象的思索

1. 热情与期望——由"皮格马利翁效应"想到的

皮格马利翁是由古希腊神话传说中演变过来的一种说法，意思是热情与期望可以成为自我实现的预言。教师对学生的热情、期待与信心，必将渗透于教师的行为，并且作为信息传递给学生，学生通过接受这些信息形成对自己的评价，进而支配自身行为的变化。

面向全体学生，全面提高教育质量，就必须重视教师对学生的情感输出。教师要把关怀与期待送给每一位学生，对那些"后进"的学生往往需要给予更多的爱。教师每当看见学生身上缺点的时候，应该想到自己的期望与热情正是他克服缺点的动力。所以，优秀的教师在"后进"学生面前，更多的不是责备，而是责任；是激励，而不是放弃。愿我们的教师对待学生，都能像皮格马利翁对待自己的雕像那样，倾注全部的深情与期待，使学生从小就能在内心充满必胜的自信。

2. 为"图钉式"人才打好基础

书中谈到，基础教育应当培养"图钉式"人才。图钉是由图钉帽和图钉针组成，缺一不可，通识的素质就像图钉帽，精专的个性特长就像图钉针，两者紧密结合，才能让图钉牢牢地钉在墙上，为未来的创新型人才培养打下全面的基础。

由于理解得片面，我们的教育方式习惯于"填平补齐"，比如，一个学生的体育成绩好了，就要提醒他注意学习；语文成绩好了，就要提醒他注意数学，等等，这种培养方式培养了许多"标准好的人才"，人才培养看似均衡，实则平庸。

我们的基础教育必须重视学生素质的全面提高，这一点丝毫不能动摇。

2　陶西平. 一路走来：陶西平教育漫笔 [M]. 北京：京华出版社，2006.

但又必须认识到，只是向这一方向努力，是远远不够的，还必须高度重视学生个性的发展。我们要变"填平补齐"为"扬长补短"，在重视学生达到全面素质基本要求的同时，充分鼓励和引导学生张扬自己的个性。

3. 不宜"一切"从简

一个学校的价值观要有载体。建设这种载体，是学校文化建设的重要组成部分。成熟的学校领导者会重视学校活动的设计和组织，并形成传统，继而传承学校的理念与精神，凸显学校的特色。以人为本，创造和谐的学校氛围，是贯穿于学校各项活动的主线，因此应当通过必要活动的精细化来凝聚学校的人心，滋润学生的心田，培育学生的人文精神。此类事情还有很多，值得我们思考。我们要真正地以学生为本，构建和谐、快乐的校园生活。

（二）对优质教育的理解

1. 到底什么是优质教育

优质教育要适应三个需要：要适应经济社会发展的需要，要适应提高国民素质的需要，要适应人的发展的需要。因此，优质教育要把为社会的发展服务和为人的发展服务统一起来。

优质教育应该是重视教育过程的教育。如果说优质教育是培养优秀人才的教育，这还只是看教育的结果，并不意味着一个学生的教育过程也是优质的。所以，优质教育应当把教育过程和教育结果结合起来。

优质教育有一个关注点。美国目前关注的是如何让学生学好基础知识和基本技能，中国关注的是学生的实践精神和创新能力的培养。但关注点不能代替教育的全部，把关注点作为优质教育的唯一，就会出现片面性。因此，优质教育应当把教育过程和教育结果结合起来。

陶先生在文中指出：我们总说优质教育，那么当代优质学校、优质校长、优质教师的标准是什么？优质教育提供什么样的基本条件和营造什么样的氛围呢？

陶先生指出：能够使教师和学生都得到良好发展的学校，就是优质的学校；能够使教师和学生得到良好发展的校长就是优质的校长；能够在自身发展的过程中使学生得到更好发展的教师就是优质的教师。教师的发展是学生发展的前提条件。优质教育的立足点是要扎扎实实地全面提高整体发展水平。发展优质教育要求真务实。

2. 引导人的生命发展方向

我们要站在"关怀学生生命质量"的角度上来关注我们的课堂。关怀学生的生命教育，我们的教育要承担起引导生命发展方向的责任。"随堂听课"已成为教师的一种习惯。语文学科的"同课异构"、数学学科的"同单元模块研究"以及我们开展的"师徒帮教研究会"均体现了教学研究正逐步走向深入，正在以实际行动践行关怀学生生命质量的理念。每一位教师都树立起这样一种教育理念：为每一位学生的可持续发展和人生幸福夯实基础。它是以引导人的生命发展方向为核心的教育价值观，生命教育是科学教育，生命教育是情感教育，生命教育更是实践教育。

（三）打造优质教育，我们要做什么

1. 优质教育要回归课堂教学

流畅性是评价一堂好课的重要标准，但仅有课堂的流畅性远远达不到我们对优质课堂的要求。教学的流畅性取决于教师的学科素养，好的教学不怕有坎坷。"善导则流，善疏则畅。"只有善于将课前的教学设计和临场的应变能力紧密地结合起来，将预定的教学目标和学生问题的解决以及创新精神的培养紧密结合起来，才能取得提高学生素质的实效，这才是我们所追求的流利与通畅。由此反思，我们的课堂是不是做到了这一切呢？研究只有走向深度，我们的课堂才会真正焕发出光彩。

2. 打造优质教育的关键在于教师专业发展的水平

（1）教师拥有专业发展的内驱力是自我成长的关键。学校作为教书育人的场所，也是育人者自育的地方。教师要成为学生成长的引路人，热爱

教育、潜心研究、主动发展尤为重要。这就要求教师要始终拥有热爱教育的初心、尊重儿童的童心和知难而进的决心，这是教师实现专业成长自动自发的重要内涵。教育者始终充满激情是做好教育、实现自主发展的前提。其次，实现专业发展的自觉，离不开教师丰厚的知识底蕴，这其中既要有从教的专业知识，如教育学、心理学、课程标准、学科素养等，还应有运用知识解决实际问题的专业技能。而这些知识的获取与积累应成为教师专业成长的自觉行为，正所谓"学高为师、身正为范"，教师对自身发展的专业知识与专业技能的进步有孜孜以求的态度，才能促使自己在日常的工作与生活中，自觉地与书本为友，与大师为友，与同伴为友，与学生为友，在经历的各种教育"现场"中，不断思考教育的真谛，不断研究儿童的成长规律与发展潜质，不断实现自我发展的目标。当然，前行路上，会有鲜花和掌声，也会有荆棘与坎坷，这都需要教师用平常心去接纳，用进取心去克服。只有在磨砺中成长，才能不断积淀成长的内驱力，才能不断体验自己的职业幸福，进而促进自身的专业发展。

（2）名师"名"在哪里？在笔者看来，应"名"在境界，"名"在实力。所谓境界，是名师对教育事业的执着挚爱、勇于攀登、无私奉献的价值追求，是淡泊名利、燃烧自己、照亮他人的人生格局。全国教书育人楷模张桂梅是新时代的名师，她的大爱与担当、拼搏与奉献让我们为之赞叹，更深刻地感受到名师的境界。这不是几张获奖证书所能表达清楚的，而是张老师用全部的心血铸就了无数儿童的求学之路，成就了无数儿童的成长之路。这种高尚的人格、优秀的品格体现了名师的境界，让名师之名更有底气。

名师之名还体现在自身的综合实力上。一是"名"在深厚的教学功底。名师应具有娴熟驾驭课堂的能力，对课标有精准把握，对学生有全面了解，对教材有深入研究，把课标的要求与学情有机融入备课与上课中。教学设计上，注重目标达成，重点突出，条理清晰，层次分明，结构合理。导入新课娓娓道来，给学生以生动而实在感；探究过程循序渐进，以学定教，注重方法指导；练习中关注全体学生，分层施教，注重学生能力的提升。

课堂教学要唤起学生求知的热情，引导学生勤于动手实践、乐于自主探究、勇于合作交流。二是"名"在独特的见解，巧妙地引导，丰富的教学智慧，让学生铭记于心。一节课 40 分钟非常短暂，教师要善于抓住学生新旧知识的连接点巧设悬念，要抓住学生的疑惑点激发学生思维碰撞。三是"名"在不断地反思提升。教学反思不是简单的一课一得，而是针对各种教学问题，进行教育现象的思考与积极的行动。反思能力的提升是自我成长的无穷动力，也是名师快速成长的关键。四是"名"在深得学生的喜爱。亲其师，才能信其道。名师应是孩子成长的伙伴，既有亲和感，让教学相长水到渠成；又有敬畏感，成为学生心中的向往。

四、品读《育人三部曲》

拜读《育人三部曲》这本书，对苏霍姆林斯基丰富深厚的教育理论和教育智慧叹服不已。他的诸多观点到现在也有深远的教育影响，对于每一个教育工作者来说是心灵的净化。

（一）感悟生活情趣，美来源于生活

苏霍姆林斯基认为，生活中要保持积极、乐观、健康的心态，只有这样，我们才能以阳光的心态面对每一个学生，面对每一天的教育工作。说到"情趣"，我想它首先源于兴趣，但又不同于兴趣。笼统地讲，凡是人们的兴趣、爱好、玩赏、消遣都可以纳入生活情趣的范畴，人们的爱好、兴趣愈广泛，生活就愈加丰富多彩，对生活的感受和体验也就会愈加深刻，进而对生活产生愈发浓厚的情趣，最终会愈加热爱生活。

鲁迅先生十分珍惜时间，但他也是一个充满生活情趣的人。他把培养多方面的爱好和兴趣看作增长知识、积极休息的新方式。鲁迅先生一生喜爱花草，即使没有栽种的地方，也爱在书桌上摆上一盆绿色的生命。少年时，鲁迅就读了许多有关花木的书籍，像《花镜》《兰惠同心录》《广群芳谱》。

中年的鲁迅喜爱丁香花和木槿花。1923 年，鲁迅在北京的院子里就种了好几株白色和紫色的丁香花。夏秋之夜，他独自徘徊在花下，闻着略带苦涩的香气，一解心中烦郁。1924 年秋天，鲁迅在西安讲学时，下榻处窗外有一丛盛开的白木槿花，他对花凝视良久，构思着一部《杨贵妃》的剧本。晚年的鲁迅定居上海时，还特地在前院种上夹竹桃、石榴、紫荆花、桃花等，常年与花草相伴。除此之外，鲁迅还喜欢在闲暇之余参加一些篆刻、猜谜、养鱼、绘画等活动，并且在这些方面都有所研究。

中国的一位学者曾经说过，凡是有生活的地方就有快乐和宝藏。丰富多彩的生活给了我们丰富的体验，也让我们尽情地感受美的存在，就如自然界中的日月星云、花鸟虫鱼、江河湖海、森林大地，给我们带来无尽的诗意享受。文学、绘画、雕塑、音乐、舞蹈、戏剧、电影和建筑等一系列优秀的作品，又让我们感受到了艺术作品的无穷魅力。艺术来源于真实的生活。绚丽多彩的生活画卷时时给我们美的感喟，即使是生活中最黑暗的时刻，也能找到心灵的安慰。就如电影《烈火中永生》中的"小萝卜头"，在那样恶劣的环境里，还是坚持放飞了一只蝴蝶，用他的童真憧憬着美好的未来。情趣通过兴趣表现出来，而高雅的情趣体现了一个人对美好生活的追求、乐观的生活态度和健康的心理。拥有健康心理的人总能从日常生活的平凡小事中发现乐趣、体验情趣、感悟人生。

培养健康的生活情趣，并不是一个新话题，是一个有追求的人最基本的价值取向和行为准则。毛泽东曾在《纪念白求恩》一文中写道："只有具有了这种崇高精神的人，才是一个高尚的人，一个纯粹的人，一个有道德的人，一个脱离了低级趣味的人，一个有益于人民的人。"然而，在现实生活中，面对各种各样的诱惑，总有些人醉心于物质享受和声色犬马的生活，远离健康的生活情趣。由此可见，培养健康的生活情趣是非常重要的。

健康向上的生活情趣，来源于崇高的理想信念。理想信念决定生活情趣，有什么样的理想信念，就有什么样的生活情趣。只有树立崇高的理想和信念，才能培养高雅、健康、向上的生活情趣；而动摇和淡化了崇高理想信念，生活情趣就会偏离方向。

培养健康向上的生活情趣，必须加强道德修养。在现实生活中，看待和评价一个人，最常用、最基本的标准，莫过于"人品"两个字了。模范遵守社会公德、职业道德、家庭美德，也要时时处处常修为政之德、常思贪欲之害、常怀律己之心。

因此，要把时间用在勤奋学习、补充知识上，用在加强修养、提升人生品位上，用在服务人民、建功立业上。只有这样，才能使健康向上的生活情趣成为工作的有益补充，使自己能够自觉保持思想作风的纯净和精神生活的高尚。

（二）播撒教育之爱，汇聚"和睦"力量

在苏霍姆林斯基的笔下，能感受到他对教育的热爱，对孩子们的热爱。他总是充满了激情，将自己的全部心血投入教育教学工作中。他对孩子们的细心观察、对孩子们的细致了解，都深深地感动了我，使我陷入深深的思索。而在读书时，常常有一个词在我脑海出现，那就是"和睦"。这个词为苏霍姆林斯基的集体教育理念做了最好的诠释。

自"快乐学校"开办之初，他就努力使这个集体学校具有家庭般的亲切、热诚、相互关心和信任的气氛。他给孩子们过集体生日，说假如孩子在家里得不到亲切的爱抚和关怀，那么老师就要特别关心他。这样的小集体也会拥有自己的财产、需要保守的小秘密，当然也还会有烦恼。个别孩子不知原因没到校，晚上便有同学去看望他，关心他是否生了病，这已成为一个好传统。他认为，眷恋之情是极为重要的精神需求的基础，没有它，就不能想象人与人之间会建立共产主义的相互关系。

人的认识活动始于家庭，始于母亲柔声轻唱催眠曲时，孩子第一次向母亲发出微笑的那个时刻。就是那样子的一个瞬间，让孩子第一次感受到了对于世上一切善意、亲切和最美好的事物的信念——即爱人的信念，能在亲身感受中产生，使父母成为孩子最亲爱的人，这是多么重要。他常常

和学校的同事们思考，如果家庭里缺少或者全然没有这种真正人道的东西，集体能在何种程度上加以弥补？以及如何向那易受感动的、敏感的孩子揭示人的心灵之美和善良？

孩子集体生活的多面性，在苏霍姆林斯基的概念中，已经不只是那些有着同一目标和共同劳动的志同道合者间的团结友爱，还包括彼此之间的热情关怀以及从理智和情感上体察他人悲欢的精神。正是在集体关系中袒露这种亲密无间的真诚帮助蕴涵着要做好人的高尚意愿：不是为求取赞扬，而是出于高尚情操的自然需求。

在读此书的时候，我充分感到苏霍姆林斯基对孩子、对教育的真诚和持之以恒的爱。他对孩子的爱，不仅是一种教育艺术或者一种教育策略，还是从心底散发出来的人性芬芳。曾有一位波兰学者参观了巴浦雷什中学后说："我在这所学校发现一个秘密，那就是这个学校的孩子是不怕校长的！无论苏霍姆林斯基出现在校园的什么地方，总会有一群孩子围上前去，而这个时候，在苏霍姆林斯基的脸上就会呈现出一种孩子般纯真的笑容。"是的，苏霍姆林斯基是一个纯真的人，面对纯真的孩子，从事着纯真的事业，从没有想过要借教育而名扬天下、流芳千古，但他的名字和事业却因此而不朽。

五、顺木之天性促学生成长

有人说"教育如同农业而非工业"，因为教育的对象是人，人是有鲜活生命的个体。在阅读《西方教育思潮》的过程中我了解了法国著名思想家、教育家卢梭的教育思想，怀着对教育先贤的崇敬之心，我认真阅读了卢梭的著作《爱弥儿》。读罢，我对如何更好地尊重学生的生命成长规律又有了新的感知。

《爱弥儿》开篇的第一句话便带给我无穷的思考。"出自造物主之手的东西，都是好的，而到了人的手里，就全变坏了。"人之初，性本善。自然人的理念与我国传统教育理念不谋而合。书中，卢梭根据儿童的年龄特征提出了对不同年龄阶段的儿童应进行教育的原理、内容和方法，这一论断给我们开展教育教学工作带了许多启发和帮助。给予我最大震撼的是，《爱弥儿》里主要主张教育的目的在于培养自然人，主张改革教育的方法和内容，顺应儿童的本性，让他们的身心自由发展。在现实社会中，作为一名教育工作者，我们不能不顾社会和时代的发展让儿童任性发展。我们应该把教育作为桥梁，把儿童引向社会。培养人才的重任不只是降到教育工作者身上，还需要家庭教育和社会教育。与此同时，我还深深地感受到，家庭环境和社会环境对孩子的教育具有很重要的作用。在我国教育史上，孟母三迁的故事也是体现环境教育重要性的典范。我认为家长在培育子女的过程中，不要依从孩子要求什么就给什么，而是要给他们所需要的。还要适当地让孩子经受挫折，因为勇于面对挫折将会是学生成长中的重要一课。如果处处无原则地对孩子呵护有加，他们只会成为温室里的花朵，永远不会独立绽放。书中"天性"一词也引发了我的思考：我们应该如何理解"天性"，如何让孩子顺着其"天性"发展呢？孩子就像一张白纸，他们所听、所见、所经历的都会在白纸上留下烙印。我们对他们的教育方式，落在白纸上是永远抹不去的。所以，我们应该学会蹲下身子与孩子交流。有时会看到这些例子：学生举手回答问题，答错了遭到老师的批评或冷语讽刺，这个学生以后再也不敢主动回答问题，性格变得沉默起来。由此可见，教育工作者的一言一行都会深深地影响学生的思想和心理的发展。

　　卢梭主张在教学时要把培养兴趣、教授方法、养成习惯三者紧密结合。我理解卢梭先生的观点是：无论家长还是老师，在指导孩子学习时，不在于教了多少知识，孩子学了多少特长，而在于激发孩子内在的学习兴趣，让孩子自动自发地学习，在这个过程中"授之以渔而不是授之以鱼"，使孩子掌握良好的学习方法，学会自主学习，进而形成自主学习的习惯。实际工作中，我们经常把三者割裂开来，往往是通过各种特长班、社团活动"培养"孩子的兴趣，每个周末让孩子往返于舞蹈、书画等特长班。不管孩子有无兴趣,先学了再说,家长生怕自己的孩子输在起跑线上。有的孩子周末要上五六个特长班,疲于奔命让孩子失去了学习的兴趣。在讲授知识时,不管孩子有无兴趣、能否理解,采取填鸭式的方法,只管教不管学。长此以往,孩子只学会了死记硬背、生搬硬套,这也是我们有众多天才少年,却没有培养出众多创新人才的重要原因之一。问题已经找到,关键是如何去破解,我们要以深化教育改革为契机,从"我"做起,把卢梭先生的观点融入家庭教育、学校教育和社会教育之中,形成破解这一问题的合力,达成全社会的共识。我想,在不久的将来,我们一定会培养出众多袁隆平、屠呦呦、乔布斯式的人才。

卢梭提出,要对孩子进行挫折教育。比如,让孩子到冰岛或马耳他岛感受冰火两重天,知道生命的可贵和生活的不易。国内很早就提出了挫折教育的观点,但对如何实施挫折教育却没有形成共识。众多家长实际上采取的是"打压教育""受苦教育",通过制造一些困难或把孩子送到偏远山区,让孩子接受"挫折教育",而在孩子无法解决问题时,不给予支持和帮助,进行打压、指责或袖手旁观,让孩子失去敢于面对挫折的勇气和信心。家长在挫折教育中要积极引导,不要吝啬对孩子的肯定,让孩子树立克服挫折的信心,掌握克服挫折的方法,享受克服挫折带来的欢乐。学校实施挫折教育要因地制宜、因人而异,针对不同的年级段、不同的群体开展不同形式的教育活动,通过举办心理讲座、组织军训活动、宣讲英雄故事、培树抗挫典型等,磨砺学生抗挫的意志,增强学生抗挫的信心,提高学生抗挫的能力,为学生走向成功奠定坚实的思想基础。

通过对《爱弥儿》的阅读,也使我深刻认识到"家庭、学校、社会一体化"育人的重要性。家庭是每一个孩子接受教育的第一个场所,父母在养育孩子、教育孩子的过程中,都要遵循自然的规则,让孩子的成长过程中受到自然的锤炼,比如孩子在各个时期都会生病,这同样也会对孩子的成长有益。试想,没有生过任何疾病的孩子会强壮吗?有许多父母为了使孩子有一个好的身体,远离疾病,把可能会给孩子造成伤害的一切都拒之千里，不让孩子从事任何哪怕存在一点安全隐患的事情，即使那些是对孩子的将来有利的事情和活动，让孩子被禁锢在安全无恙的环境中。这种过度的保护，让孩子不能经受应有的锻炼和适应，这样孩子没有暂时的灾难和危险，但是孩子缺乏对大自然的适应能力。等到孩子长大成人，走向社会，难免遇到他意想不到的各种各样的困难。这时，孩子的抗挫能力、心理素质都会出现问题，不知道如何面对问题、解决问题，甚至出现心理上的迷茫、恐慌，甚至崩溃。因此，一味把孩子放在温室中培养，不利于孩子的成长。虽然父母用心良苦，但会事与愿违，徒劳无功，甚至害了孩子。

"顺木之天性"不是一句空话，它凝聚着教育的规律，彰显着孩童成长的规律，更浸润着对受教育者的尊重，作为一名教育工作者，我们要通过研究与实践，了解每一个学生的身心发展规律，激发每一个学生的发展活力，让每一个学生做更好的自己！

六、教育走向"生本"

旅居芬兰6年，对教育有着独特情怀的作家陈之华，不断受邀到各地演讲，与大家分享她对教育的理解和感悟。经常有人问她："芬兰教育的特色在哪里"？她总是很肯定地说："以孩子为中心"。这是一个怎样以孩子为中心的教育环境？带着诸多的疑问和期许，我一口气读完《成就每一个孩子——陈之华解码芬兰教育》这部作品。这本书主要讲述作者带她的两个女儿在芬兰受教六载的过程，书中以她的亲身经历和敏锐的视角写下了一篇篇热切的观察心得，给我们留下了一个个深刻的教育感悟，让我产生了诸多的共鸣与感动。

"芬兰教育以孩子为中心，而非以热衷目标的家长好恶为重，是从更基本、更人性的角度思考孩子的可能需要，然后施予尊重孩子感受的教育，绝非放纵、宠溺。"书中的案例让我感触颇深。在芬兰，孩子上完体育课就要去换衣、洗澡，学校也会给孩子提供充裕的时间让孩子沐浴、更衣。这样的举措不仅体现硬件条件的问题，还体现了对孩子的高度尊重、对教育深层次的理解。想想我们大人在运动之后，顶着一身臭汗是否有足够的精神去工作？孩子课后独立地沐浴、更衣不仅是帮助孩子养成良好的卫生习惯，还是孩子自理能力的培养和体现。正如书中所谈：尊重的养成，正来自恰如其分的教育，当孩子感受到被尊重，也见识到了什么是相互尊重，这份"尊重"的心思启发，不用靠课程的实施，不用靠考试的评判，就可以在孩子心目中建立起一定高度。思考大人的人性需求，再来思考孩子的可能需要，有时"以孩子的需求为先"其实就这么简单。想想我们目前的教育现状，我们的考评制度怎样真正地实现以孩子为中心，这样的思考让我们每一个教育工作者深感"以生为本"的任重而道远。

芬兰教育的宗旨，在于提供给每一个孩子均等的受教育机会，帮助每一个孩子找到最适合自己的位置，实现人尽其才。作者每次跟北欧的教育官员和教育工作者交流时都会收获富有哲理的话："唯有自己和自己竞争，才是最健康、最有意义、最为正确的学习方式！只有让孩子自己学到，他们才会再乐于继续学习"……芬兰的考试虽然不多，但是老师会批改试卷后一个一个地交给孩子，充分顾及孩子的自尊与颜面，然后按照孩子的实际学习近况，有针对性地鼓励孩子改正缺点，做最好的自己。有时，我也常常想，西方发达国家的教育到底好在哪里？其实归根究底，就在于它们的教育者愿意用多一点心思，去尊重、了解每个孩子的不同差异，真正地以孩子为中心，培养孩子一生受用的能力。生命的可贵之处，不就在于百花齐放、万物齐长吗？芬兰的基础教育看似宽松，却给予孩子更多求知的空间和身心放松的时间，让孩子顺应自然地成长，在身心都放松的环境里学习，让孩子主动挖掘自己的潜力，从而为他们的可持续发展和幸福人生储备力量。

就自己的工作经历而言，自2011年我回到教育之梦开启的地方——太平路小学，在这里除了浓浓的"太平"情结外，更重要的是要肩负起时代所赋予的教育使命，真正做到发展教师、成就学生。我在一路地思考着，也在努力实践着……

站在学校多年发展历史的台阶上，我在感怀芬兰教育理念——"基础教育的目的就是使每个孩子都能奠定日后发展潜能与自信的基础"的同时，也在思考学校的传承与发展，更加明确了"生本立校、幸福成长"的办学理念，即坚持以学生的发展为本，一切为了学生；关注每一个学生的身心健康，让每一个学生都能全面而富有个性地发展；在实现这一目标的过程中，更要全面提升师生的生命质量，让学校真正成为师生幸福成长的美好家园。伴随着国家《中长期教育改革与发展规划纲要》和省级立项课题《以发展性评价为指导的生本高效课堂教学策略研究》的实施，学校确立了新一轮《三年发展规划》，以促进学生的全面发展和个性发展为核心，坚持向学校管理要质量、坚持向教学研究要质量，通过科学架构"生本文化建设""生本德育实践""生本课堂研究""生本课程研发"四维体系，全力打造"生本教育"特色，不断实现学校育人质量的提升和内涵发展。

读罢《成就每一个孩子》，不由得对自己行走在"生本教育"之路倍增信心。"教育走向生本"与芬兰"成就每一个孩子"的理念十分契合，因为教育需要回归孩子生命的本真！在太平路小学，立足"生本教育"，实施精细化管理、大胆尝试教学改革、开启大阅读工程、构筑"六好习惯"养成教育体系……特别是在实施国家、地方课程的基础上，根据学生的多元发展需求，从"科学探究、文化历史、艺体修养、身心健康、生活技能"五大板块入手，初步设立20余门学校课程，最大限度地满足学生的个性发展需求，使课程实施走向科学化、系统化、常态化。学校还开设了多姿多彩的社团活动：科技小能人、头脑奥赛、小浪花文学社、DIY手工制作、博奕国际象棋、轮滑、魔方、电脑绘画、创意画、儿童画、海洋教育、趣味数学、舞蹈、合唱、机器人等十余个学生社团，学生可以根据自己的兴趣爱好自主选择。社团课上，老师重在引导学生体验，就如芬兰的"游泳教学"，让学生不怕水，以最自然的方式畅游。以学校科技社团为例，学生愉快参与，边玩边练。正应为有了这份兴趣和放松，学生才有了更多的成长与收获。

"教育走向生本"，全面铺展的特色发展之路，让我欣慰地看到了学生的成长、老师的发展，欣喜地看着学校向着"底蕴深厚、品味高雅、特色鲜明"的现代化精品名校不断迈进……当然，前进的道路会有坎坷，但是我坚信信念的力量，有梦想才会有追求。芬兰的教育给了我们很多启示，但我们不要只把它看成栽在彼岸的一片赤松林，而要学习其知"道"、更守"道"的精神，知行合一地去栽种属于我们的一片森林。

七、勇于创新，追求卓越

乔布斯用一个凝聚着创新与科技的"苹果"变革了世界，让世界人民记住了他。我怀着崇拜之情读完了这本 56 万字的《史蒂夫·乔布斯传》。乔布斯是一个善于创新的人，变革了个人电脑产业，制造出能装下数千首歌的 iPod，将软件和硬件有机融为一体等，让人们更便捷地使用手机，更有效地开展工作，更舒适地享受生活，使世界变得更加精彩。他是一个充满活力的人，阿塔里公司首席工程师奥尔康这样评价乔布斯，为了寻找启动资金，他执着地跑遍了硅谷，最后终于获得了支持。面对一次次失败，他从不气馁，无论是被迫离开苹果公司，还是在苹果公司面临巨大困难重新回来时，他都能坦然面对。他还是一个偏执的人，由于从小被收养，他性格孤傲冷漠，桀骜不驯，特立独行，喜怒无常，曾经辍过学。在 56 年的生涯中，他经历坎坷，但最终走向了成功，创造了苹果的奇迹，也创造了自己的奇迹。读罢这本书，乔布斯很多霸气的名言让我记忆犹新。

第一，求知若饥，虚心若愚。这句话虽不是乔布斯的原创，但他把它作为自己的座右铭，这充分体现了他对知识重要性的认识和对知识渴求的态度。无论是成功还是失败时，他始终以这句话激励自己不断学习，不断创新，不断进取，从而取得了令世人瞩目的业绩。这也告诉我们：只有不断虚心学习，才能到达成功的彼岸。当今世界，在一定意义上说，因为乔布斯加快了信息化发展的步伐，给世人带来更便捷的生活，加快了知识更新的速度，让世界更快地迈入数字时代。随着物联网、大数据、云计算的普及，知识更新的速度越来越快，如果我们不学习，就跟不上时代的步伐，承担不起教书育人的责任，有逐渐被时代淘汰的可能。我把这本书推荐给我的同事们，就是希望大家通过读这本书，内生出学习的主动性，把学习作为自己一生的习惯，树立终身学习的意识，享受学习的乐趣，让学习在生活中无处不在。因为，单纯被动地学、泛泛地学，达不到内化于心、外化于行的学习目的，只能是形而上学，甚至是浪费了时间和精力。

第二，梦想有多远，你的未来就有多远。我非常赞同这个观点。也是在 2010 年，我在自己当时工作的天山小学提出了"梦想从天山起飞"的发展愿景。我认为，人都是要有梦想的，有了梦想就有了奋斗的目标，就有了精神支柱，就会为这个梦想努力地学习、勤奋地工作，去实现自己的梦想。为使年轻的天山小学得到长足发展，我们开展了梦想教育。学校确立了近期和远期发展目标，教师制订了专业发展规划，班队会引导孩子找寻自己的梦想。在交流讨论的过程中，学校、教师找到了成长的着力点，并积极探索有效的实施路径。学生树立了成长的新目标，拥有了发展的新动力。为了实现梦想需要长久的努力，梦想不是一成不变的，我们在给学生插上梦想翅膀的同时，教育他们梦想是可贵的，梦想的实现要靠自己一步一步的努力来实现。梦想可以让一个平凡的孩子成为一个不平凡的人，成就一番不平凡的事业。

第三，领袖与跟风者的区别就在于创新。乔布斯认为没有做不到，只有想不到，创新无极限，只要敢想，没有什么是不可能的。领导与非领导的区别就在于创新能力的强弱，一个人如果有强大的创新能力，即使现在不是领导很快也会成为领导；一个领导如果没有创新能力，不久也会被有创新能力的人所替代，因为没有创新的企业就没有生命力，没有一个人愿意自己的企业倒闭关门。因此，作为单位的负责人必须不断培养和增强创新能力。创新已成为当今时代用的最多的词之一，创新无处不在、无时不在，我们要习惯于在工作中通过不断地反思、归纳、总结、提炼发现创新点，提出创新理念，落实创新举措。在课堂教学中，我们可以从课程设计入手，将创新的思路引入教学，让学生愿意学；用创新的方法讲授知识，让学生理解学；用创新的理念设计题型，让学生容易学。俗话说：火车跑得快全靠车头带。一个学校发展的好坏、发展的快慢全在校长。学校的负责人更要有强烈的创新意识，要用创新的理念来确定学校的发展目标，引领学校的发展。读罢《史蒂夫·乔布斯传》，让我对学校的发展目标有了更多的思考：如何做好传承与创新，如何加强学校的管理，如何打造一支优秀的教师团队等，这都需要我在下一步的工作中细细考量。总之，创新既是思想的驰骋，又是行动的践行。

乔布斯还有很多名言，如"预见未来的最好方式就是亲手创造它""活着就是为了改变世界"等，读了令人激动。他创造的奇迹只能欣赏不能复制，但带给我们的启迪是深邃的：改变从创新开始。

八、做幸福教师，育幸福学生

幸福是人类世代关注的生活主题，追求幸福是推动人类发展的源动力。古希腊教育家亚里士多德认为，"幸福是终极的和自足的，它是行为的目的"[3]。诺丁斯认为"幸福和教育是密切关联的：幸福应该是教育的目的，而一种好的教育就应该极大地促进个人与集体的幸福。"[4]何为幸福？幸福的本质是什么？幸福体现在哪些方面？为何教育的目的是为了幸福？基于幸福的教育应该如何实现？诺丁斯在《幸福与教育》这本书里阐释了自己的观点。

（一）幸福的本质

什么是幸福？千百年来人们不断探索与追寻，但至今仍无法给出"幸

3　亚里士多德.尼各马科伦理学 [M].苗力田，译.北京：中国人民大学出版社，2003.

4　诺丁斯.幸福与教育 [M].龙宝新，译.北京：教育科学出版社，2009：1.

福"的确切含义。究其原因，幸福是人的一种主观感受，关乎人的内心感受和价值追求，关乎人的生活经验和人生阅历。身为一名教育工作者，面对纷繁复杂的社会生活，如何获取属于自己的幸福，如何将幸福传递给学生？在《幸福与教育》这本书中，我仿佛找到了答案。

诺丁斯从幸福的内涵论和外延论两个视角分析了幸福的本质。从内涵论的视角来分析，幸福具有复杂性特征，需要在规范与精神、当下与未来、主观与客观、片段性与稳定性、幸福与不幸这些二元对立关系间的"夹缝"中去透视或统观；基于外延论的视角认为，对幸福的探讨应该从讨论"幸福是什么"这一问题，转向讨论"与幸福相关的因素都有什么"上来，即思考幸福与困难、需要、美德间的关系。对此，诺丁斯指出，"幸福的基本特征是没有痛苦或苦难""幸福就是需要的满足""美德是我们追求幸福之行动的一部分"[5]。

（二）幸福的来源

在探寻幸福的本质基础上，诺丁斯对幸福的来源进行了全面的分析，她将幸福的来源划分为三大领域：私人生活领域、公共（或社群）生活领域和职业（或工作）领域。[6]

诺丁斯认为私人生活领域是幸福的主要生发之所，在这一领域，幸福主要来自持家、为人父母、住所、惬意品质和人际关系等。其中，家是幸福的首要发源地，其次是人的惬意品质，再次是住所和人际关系。公共生活领域主要包括民主生活、社区生活和学校生活等。其中学校生活是学生获得幸福的主要领域。在学校生活中，教师尊重学生的兴趣和选择，给予学生热情的鼓励，学校为学生搭建的各项教育活动都充满着实现幸福的可能和契机。在多数人的生活中，除去每天必要的睡眠时间，人生的大部分时间都是在工作环境中度过，职业生活是人收获幸福不可或缺的领域。因此，

---

5 诺丁斯.幸福与教育[M].龙宝新，译.北京：教育科学出版社，2009：5-7.
6 诺丁斯.幸福与教育[M].龙宝新，译.北京：教育科学出版社，2009：7-10.

找到合适的职业和工作是人迈向幸福的基石。

显而易见，学校生活既是教师职业生活的主要部分，又是学生获得幸福的主要领域。因此，幸福的教师更有可能培养出幸福的学生，要想使学生在学校获得更多的幸福体验，教师首先应身处幸福之中，享受教育幸福。

（三）为了幸福的教育

古今中外，关于教育目的的讨论一直处于不断发展和完善中，主要形成了以卢梭、福禄贝尔等人为代表的"个人本位论"和以涂尔干、凯兴斯泰纳等人为代表的"社会本位论"以及马克思为代表的"全面发展学说"，即当前我国的教育目的："培养德智体美劳全面发展的社会主义事业建设者和接班人"[7]。

诺丁斯指出，为了幸福的教育与其他目的之间是核心与外围的关系。即教育活动的其他目的要围绕"为了幸福"这一核心目的来安排，其他目的是帮助学生间接实现幸福的手段和工具。而将幸福设定为教育目的包含两层含义：一是其意味着"我们应帮助学生理解多样的幸福观，并通过分析和实践，形成他们在幸福方面的可靠立场"；二是它意味着应该"根据幸福的实质观念来评价我们所做的每一件事情"[8]。有了幸福这一教育目的的引领，教育教学活动就不再是一种令人压抑、苦闷、痛苦的生活经历，而是一个充满愉悦、让人神往、魅力四射的人生乐园，教育活动的全面育人功能随之得以充分释放。

对此，诺丁斯提出了幸福教育的实践路径：发展学生的自我理解能力；培养学生关怀住所、关怀宠物、关怀大自然、关怀他人、关怀自我的能力，丰富学生的学习活动，丰富伴随学习、非正式学习等学习形式，倡导呈现式教学方式。

7　石中英. "培养什么人"问题的70年探索[J]. 中国教育学刊, 2019（1）: 51-57.
8　诺丁斯. 幸福与教育[M]. 龙宝新, 译. 北京: 教育科学出版社, 2009: 2-4.

（四）幸福教育的启示

幸福是生活和教育的追求和目的，好的教育应该极大地促进个人和集体的幸福。在实现幸福教育的过程中，教育者扮演着极其重要的角色。诺丁斯的幸福教育也启示着我们在今后的教育实践中应努力做到以下几点。

1. 重视对学生持家能力的培养

家对于我们来说是身体的休憩处，是心灵的归依所，是幸福的首要发源地。而"持家"这一概念却从未被引入课堂教学中，即便有，也普遍认为"持家是妇女的事"，诺丁斯对此进行了严肃的批评，认为学生在幼年时就应该从"代数、音乐和绘画"中学习一些家务课程，男孩和女孩都必须关注家的建立和操持[9]。

小学阶段是学生行为习惯养成的关键时期，为此，我们应重视对学生家庭生活的指导和教育，将一些宽泛的话题如营养知识（食物营养成分、食物均衡搭配、识别和选择新鲜食品的知识）；安全知识（检查电源开关、危险物品的储存知识、炒菜着火的扑灭方式、煤气泄漏的处理方式）；房间的整理和卫生，设备的修理和养护，衣物的洗护和叠放等涉及科学、安全教育、劳动教育方面的内容与家政学相结合，让学生体会持家的快乐，在学习家务劳动的过程中掌握基本的家庭生活能力，在家务劳动中进行美的创造，也为将来的家庭生活做准备。

2. 包容、尊重每一个学生

我们必须承认的是，在任何一个班级里，都会存在这样几个学业成绩低、纪律性差等问题的学生，他们有的扰乱课堂纪律，有的上课走神，有的学习成绩落后，有的会出现打人或骂人现象，这些所谓的"问题学生"往往容易感到孤独。诺丁斯认为，"小学教师比中学教师更容易去了解他们的学生。在沉默寡言的教室中，有关怀意识的教师会把学生当作一个人来关注，

9　诺丁斯. 幸福与教育 [M]. 龙宝新，译. 北京：教育科学出版社，2009：101-107.

能认识到他们广泛的兴趣和才能"[10]。教师应该把教室建设成为能够把所有学生都包容进来、都受到尊重的关怀社区。

对此，教育教学中，我们应充分关注到教室里的每一个学生，重视对学生的过程性评价，强调努力和进步的意义，尤其要善于挖掘"问题学生"的闪光点，强化对学生的正面评价；采用多元评价方式，鼓励学生发展个性和特长，增强学生的自信心和自豪感，消除学生的自卑心理，让学生在包容、尊敬的教育环境中取得长足的进步和发展。

3. 为幸福而教、因教育而幸福

在阅读这本书的时候，我的脑海中时常想起：我们学校一直致力于打造"有责任、有活力、有品位"的幸福校园。这与诺丁斯将幸福作为教育目的理念相一致，我们既应关心当前教育教学经验的质量，又应关注这种经验对未来幸福可能产生的促进作用。我们做的每件事都应根据与之相适应的这个目的来评价。

诺丁斯从事教育工作50余年，共写了18本著作，发表文章170余篇，她的《学会关心》和《幸福与教育》等作品在我国教育界深入人心。我非常认同她的这一观点：最好的学校和最好的家庭相似。最好的家庭和学校"为关怀关系提供连续性，它们会在意并不断评价推断的需要和明示的需要，会在不蓄意给人施加痛苦的情况下保护孩子免受伤害，会增进他们真正的学习乐趣，会和孩子一起协力工作，会增进他们真正的学习乐趣，会引导孩子道德和精神的发展（包括发展他们不安的良心），会促进他们对艺术和其他伟大文化成就的理解，会鼓励对住所的热爱和对自然界的保护，会为自我理解和群体理解而教育"[11]。

显然，身为教师，我们心之所系的教育事业和家庭生活相互交融，彼此关联。同时，想要学生在学校获得幸福，教师也应该是幸福的。因此，

10　诺丁斯.幸福与教育[M].龙宝新，译.北京：教育科学出版社，2009：175-186.

11　诺丁斯.幸福与教育[M].龙宝新，译.北京：教育科学出版社，2009：255.

教师应首先在教育事业中提升自己的幸福感，教得幸福，进而更好地引导和实现对学生的幸福教育，让学生学得幸福。总而言之，无论想要发展什么特色、什么优势，其办学思想都应建立在以学生发展为本位、以师生幸福成长为旨归的基础上。

第四章
品·味
————

优质的学校教育一定是又温度的，它会润泽心灵、启迪智慧，成就学生，赋能未来。

——题记

一、家校合力，共建幸福

（一）学校是孩子幸福成长的摇篮

2017 年夏天，香港路小学的学生和家长们忽然有了不一样的感受。开学第一天，学生们踏着红地毯走入校园，油然而生的自豪感让开学变得新奇且充满仪式感。一个个孩子在跟家长挥手再见后，快步走入小学校门。校门口，一位美丽知性的女士微笑着向每一位学生和家长招手点头致意，她就是我们的新任校长于庆丽老师。

之后每一天，我们都能看到于校长优雅、大方地站在校门口迎来送往，学生们也欢快地跟校长打招呼。放学时，女儿告诉我："今天于校长给我们上了公开课，原来我们学校有 100 多年历史了，校园里的古银杏树 600 多岁了……""妈妈，于校长说，我们要热爱自己家乡的山和水，我们更爱伟大的祖国，要好好学习，锻炼身体，一起为建设家乡、伟大的祖国共同努力。"孩子说话时，目光里的那份坚定感染了我，我看到爱国爱家的种子在孩子心中生根发芽。

之后，香港路小学有了校报《银杏树下》，有了刊物《学校大事记》，有了丰富多彩的社团课程，有了"银杏飘香"的大阅读工程，有了新老教师"师徒结对"，有了家委会更多的参与贡献，有了学生开阔眼界参赛拿奖，有了集体的荣誉感和凝聚力，有了学校公众号的丰富内容，甚至家长会时，我能够在每一位任课老师身上看到更多的成长，心里更是多了一份安心笃定。

因为工作原因，我的朋友很多。有一天，微信朋友圈收到一条信息，"亲，这是我们的于校长，从我们学校去了你们香港路小学……"之后省略1000字，不舍之情溢于言表，最后总结"这是我们共同的于校长"。

2020年6月，我的女儿王若晴以优异的成绩毕业，进入海信学校初中部。母女促膝而谈时，谈到同学、老师、校长。女儿说："于校长是我最佩服的人，她让我们学校有了翻天覆地的变化，我们香港路小学应该也算名校了。"我深以为然，握住她的手，回答说："英雄所见略同！"

感谢于校长，我们都爱你！

青岛市香港路小学 2014 级 6 班王若晴妈妈

（二）学校陪伴孩子成长

太平路小学是孩子们成长的起跑线，那里有初入小学家长们的紧张与忐忑。学校针对性地开展家校课堂，学校领导和资深老师热情、耐心地讲解、分析与帮助，让家长们的心情慢慢地放松下来了。放松的心态、平和的心情，帮助家长们更好地陪伴孩子们站在了起跑线上，信心满满地从起跑线出发了！

学校有丰富多彩的活动，让学生们在快乐中学习。小小机器人，让学生兴趣盎然。动画片里的机器人，来到了学校，来到了教室，学生们兴奋了！机器人的搭建，让学生们走进了科技的世界。太神奇了！看着学生们一张张兴奋的小脸，家长们的心情无比激动。这是学校教学团队，精心组织、创建的特色课程。这是学校教学骨干、教学团队一次次备课、一次次讨论、一次次教研实践的心血与汗水的结晶。学校优秀的教学团队致力于学生们的终生发展，以开拓的教学精神、先进的教学理念，让兴趣成为学生们的老师。这些助力学生们在成长的道路上跑得越来越欢畅。

特色课程给学生们插上了科技的翅膀，让学生们在天空中自由翱翔。基础课程夯实了学生们学习的基础，致力于让学生们有终生学习的兴趣。诵读经典诗词的活动，让学生们传承着中华悠久的文明。班级设有读书角，阅读陪伴着学生们的每一天，让阅读成为习惯。学生们在阅读中成长着……

在老师的培养下，我们家的孩子爱上了读书，爱上了写作，爱上了学习。阅读让孩子写作更上一层楼，写作水平大大提高，多篇小作文在《中国未来文学》杂志上发表。身为家长的我，无比骄傲。学校的课程建设、教学研究硕果累累，让学生们快乐学习，让家长们安心工作，心情愉悦地陪伴孩子们成长。

太平路小学的体育活动，十分有特色。学校的篮球队、足球队，是学生们展现球技的大舞台。操场上，学生们阳光奔跑的身影，让家长们无比欣慰。感谢老师们无比辛苦的付出，见证着学生们健康阳光的成长。太平路小学，学生们的母校，学生们在那里起跑。在老师的引导陪伴下，学生们奔跑着……

感恩老师！

青岛太平路小学 2011 级学生赵晗旭家长

二、多彩课程，助力成长

（一）"结缘"机器人课程

我从小喜欢拼装玩具。小学三年级时，听说学校有个好玩的机器人社团，我便报名参加了，没想到，从此我的课余生活、寒暑假便与其紧密"结缘"。

在加入社团的三年中，我遇到了名师，结识了良友，学习了知识，锻炼了能力，开阔了眼界，提升了自信心，为我后期的学习、成长奠定了坚实的基础。

机器人课程锻炼了我的自理能力和沟通能力。每次外出参加国内外比赛，父母不在身边，远离自己的舒适区，吃、住、行只能靠自己解决，大大增强了我的生活自理能力。比赛时，也大多由队员与裁判及负责人沟通，这又锻炼了我的沟通能力。时至今日，我仍能从中受益。

机器人课程训练了我的动手能力，让我沉着、冷静。机器人的组装涉及成百上千个零件，快速、有序地安装是第一步，冷静思考让我在重要关头能够临危不乱，在散乱的零件中精准拼插；动手能力则让我对复杂的机械结构产生兴趣，家中的小型家具维修基本让我"包"下了。

机器人课程培养了我的团队意识和荣誉感。竞赛第一名并非唾手可得，仅凭一人之力很难取得好成绩，团队意识十分重要。这些品质也助力我的高中生活。比赛取得佳绩，我们会庆祝；比赛失利，我们会沮丧。多次比赛使我对荣誉有了更深的认识，建构了我的荣誉观。此后，每到关键时刻，我会更加谨慎、冷静，展现最好的自己。

对小学阶段，最幸福的回忆大约就是机器人课程了。通过学习机器人课程，我懂得了"一份付出，一分收获"的道理。训练的过程是辛苦的，社团常常在寒暑假期间训练，有时因为调试数据、修改机器结构常常要到晚上六七点钟才会结束，但是比赛的结果是可喜的，所谓"有志者事竟成"。当站在领奖台上时，便会发现之前的付出是值得的。这些感受、体会，已化作我成长的动力，帮我插上腾飞的翅膀。

青岛市太平路小学 2010 级学生孙弈文，现为青岛二中 2019 级学生

（二）感谢头脑奥赛带给我的成长

2015 年，在于庆丽校长的支持和各位老师的鼓励下，我经过学校的层层选拔成为太平路小学的一名头脑奥赛队员，在教练的训练与引导下，我提高了动手、观察、协调合作等能力。在准备头脑奥赛的整个过程中，我们都是在玩中学，在学中促进步，用所学知识解决实际问题！我们队从全国近 500 支参赛队伍脱颖而出，最终拿到了参加第 38 届世界头脑奥林匹克

竞赛的入场券，一路走来，开放的思维、团队的合作、老师的引领、同伴的互助……这些使我深深体会到集体的力量和头脑奥赛的魅力！终于，在决赛中我们力克群雄，取得了世界头脑奥赛冠军和"富斯卡创造力"双料大奖！这个成绩刷新了中国学校参赛以来的历史记录！

在赴美比赛的这段时间里，我开阔了视野，增长了见识。国外注重的是"赏识教育"，无论学生表现得怎么样，都会得到鼓励和激发。外国人的友好也让我们感觉很亲切，没有陌生感，有的只是同样的热爱和梦想！一路上我的英语口语得到了很好的锻炼，也有了不小的提高。在这次比赛中我担任队长，赛场上，我尽最大努力协调队员之间的关系。这既锻炼了我的应变能力和现场协调与指挥能力，又在比赛过程中收获了珍贵的友谊。感谢头脑奥林匹克竞赛！感谢让我接触到头脑奥林匹克竞赛的于庆丽校长和教练、老师们！同时感谢我的爸爸，还有和我并肩作战的队友们！有你们，我很幸运，也很幸福！我的成长离不开你们的支持、帮助、信任与心有灵犀的合作。真心地再说一声感谢！谢谢你们！

青岛太平路小学 2011 级学生杨铭越，现为青岛第 17 中学 2020 级学生

（三）快乐足球伴我成长

我叫刘世铭，是青岛太平路小学 2012 级的学生，也是学校足球队的队长。

刚入学不久，我因在年级越野赛中取得了第一名而被校足球队录取，这是一个小男孩心中的梦想，从此开启了我的足球之旅。太平路小学不仅设有快乐足球课程，还成立了足球社团，我在这所学校快乐地学习，快乐地踢球，快乐地成长。我们每次取得了成绩，学校领导都会在升旗仪式上给予鼓励，并让足球队成员带领全校师生呼校训，这对我们来说是一种莫大的肯定和荣耀。

我从 2013 年起，每年随学校足球队参加校长杯、区长杯、市长杯校园足球比赛，并取得了优异的成绩。2016 年 5 月，太平路小学足球队参加青岛市第二十六届"可口可乐—市长杯"校园足球比赛，经过团结协作和顽

强拼搏，最终取得了冠军，这也是太平路小学时隔16年再一次获得冠军奖杯，我深感自豪，终于在足球比赛项目中为学校争了光。我还多次参加校园足球夏令营活动，经过层层选拔，最终以最佳阵容入选全国夏令营及冬令营，并于2017年10月代表中国少年足球队出访英国。我之所以能取得这么优异的成绩，离不开我的母校——太平路小学对我的培养，离不开学校领导的重视和各位老师的辛勤培育。学校的培养我成为一名德智体美劳全面发展的学生，并以优异的成绩考上了理想的中学。

　　青岛太平路小学2012级学生刘世铭，现为青岛26中2018级学生

（四）母校助我飞扬

　　青岛香港路小学是我的母校，那里是科技的摇篮、兴趣的基地。学校不仅有各种科技社团、家庭实验室，还经常组织各种实践活动，带领我们走进大自然，触摸科学。怀着对科技的懵懂和好奇，带着对科技问题的探究，我参加了学校的科技社团。

　　最先学习的是航模。老师是位经验丰富、动手能力超强的退休老人，他性格像老顽童，技术却是一流的，无论我们的飞机出现多复杂的故障，老师总能轻松化解。由于我们都是新手，训练时总会发生各种各样的失误，有一次一位男同学在操作"漂移"时，没有控制好角度，结果把一名女同学的长发吸了进去，为了解救头发，我们齐心协力地努力了半个小时。训练是有趣的，也是辛苦的。炎炎夏日，正当同学们放假休息时，我们这些小飞手，一次次地在训练场上挥洒着汗水。一份努力，一份收获，经过刻苦训练，我取得了遥控飞行器飞跃障碍竞赛时赛二等奖、无人机救援赛三等奖的好成绩。也正是有了这次比赛的基础，我才有勇气坐上飞机，去海南参加国赛。

　　当我站在国赛的起点线边，面对来自全国的各路高手，恐惧极了，一直默念着飞行口诀，手心出汗，手滑得好像握不住操纵器。这时，一滴汗水从额头上滚落，划过鼻尖，滴在手背上，仿佛在提醒我：比赛开始了。

前几个障碍都轻而易举地通过了，但是在飞跃最后一个时，却撞到了横杆上，当时我紧张得眼珠子快瞪出来了，恨不得跑去扶它一把，幸亏我本能地迅速拉升，险些跌落的飞机直线上升，越过横杆，奔着终点快速冲去。虽然比赛成绩（全国青少年航空航天模型总决赛"挑战者"无人机穿越赛优胜奖）不理想，但是经过这次考验之后，我收获了成长的自信。

带着一种不服输的心理，在老师的鼓励下，我又开始了海模的学习和训练。训练时，我遥望着水面上飞奔的小船，从容地操纵着遥控器，阵阵凉风吹来，我仿佛陶醉了，好想变成一条小鱼，和小船一起在水里畅游。重拾信心的我，再次站在比赛场上。秋日清爽的太阳悬挂在天空，面对波光粼粼的辽阔水面，我按捺不住满心的激动。但天有不测风云，我船帆的挂钩掉到湖里，帆布直接瘫在船上，面对突然发生的状况，在秋高气爽的季节里，汗水布满我的额头。比赛前我仔细检查测试过所有部件的，怎么会这样？懊恼的我坐在地上，眼巴巴地望着快速远去的赛友的帆船，泪水模糊了眼睛，甚至想放弃比赛。"快速修好，跑好剩下的四轮，战胜不过对手，却一定要战胜自己。"老师的鼓励扫空了我所有的退却。我站起来，抹干净满脸的汗水和泪水，毫不犹豫地走向了赛场。最终我获得了海模 F5-550 二等奖。

刻苦地训练和不断提高的科技兴趣，让我更加喜爱科学，发明和创造成了我的业余爱好，我发明的"智能钥匙"荣获第 34 届青少年科技创新大赛市南区一等奖、青岛市二等奖。

冬去春来，万物都在酝酿，期待着新一年的复苏。我也在经历过一次次的失败之后，慢慢地找到了自信，期盼着更艰苦的训练，期盼着对手更强的比赛。对科技的兴趣就像一粒种子，已经种在我心里，在汗水和泪水的浇灌下，慢慢地生根、发芽！

我爱我的母校，是母校丰富多彩的科技教育启蒙了我、激励了我，为我的初中学习打下了良好的基础，让我在紧张的初中生活中找到了自信与目标。她就像那两棵屹立在阳光下的银杏树，美在我的心里，伴我成长，助我飞扬!

青岛香港路小学 2014 级学生许家梁，现为青岛第 51 中 2019 级学生

（五）爱棒球，爱香港路小学

我叫郭宜轩，是香港路小学棒垒球队的一名队员，我参加棒垒球训练已经 5 年了。

我是在二年级的时候被选入香港路小学棒垒球队的。参加棒垒球队对我各方面的影响非常大。以前，一到冬季我就经常感冒，自从参加了棒垒球队，每天放学以后参加训练，我的身体逐渐强壮了起来。参加棒垒球队，使我的专注力提升了，提高了学习效率，并且在学习上有了吃苦的精神、克服困难的信心，学习成绩不但没有下降，反而提高了! 从棒垒球训练和运动中，我学到了很多棒球礼仪，其中最常使用的鞠躬致谢，使我受到了很多赞美。"这个小孩儿真懂礼貌"是我常常听到的一句话。棒球是一项团体运动，在场上的 9 个人要统一行动，分工协作，各司其职，并且听从教练的指挥，才能取得好成绩。就是没有上场的队员，也要不停地为场上队员打气加油。赢了球，全体队员首先列队感谢裁判，感谢教练，感谢场地，感谢对手! 棒球真是一项增加集体凝聚力、增强团体荣誉感的运动!

我所在的青岛香港路小学校的领导有超前的意识，很早就大力发展棒垒球运动，给了我们棒垒球队非常大的支持，让我们学校的棒垒球运动走在了青岛市的前列。学校每天都给我们安排训练; 在寒暑假，特意安排场地让我们训练; 每年的校运动会上，都会安排棒垒球队进行表演和展示。学校支持棒垒球队参加青岛市、山东省、全国的比赛。在学校的大力支持下，香港路小学棒垒球队从一支队伍发展成两支队伍; 从只有男队到男女队都有; 从一开始的十几个人，发展到现在的 30 多人。在学校了形成了一股棒球热，现在有很多同学很喜欢棒球运动，并且积极要求参加棒垒球队。

青岛市棒球队 U10 和 U12 两支队伍，就是在香港路小学棒垒球队的基础上组建起来的。这两支队伍在区、市、省级，乃至国家级的比赛中，都

取得了骄人的战绩。在青岛市和山东省电视台的体育频道都有专题节目，在很多的网络媒体上也看到了香港路小学棒垒球队训练和比赛的视频，提高了我们学校的知名度。作为其中的一名队员，我感到无比自豪和骄傲！

我在棒垒球的训练中，严格要求自己，多次代表学校棒垒球队参加市级、省级、国家级别的比赛，取得了优异的成绩，并于2019年光荣入选青岛市棒垒球U12队。我还在2019年暑假跟随棒球队去日本，与众多日本中小学棒垒球队进行交流；2019年10月，应韩国棒球协会邀请，我们参加了釜山棒球国际邀请赛，取得优异的成绩。

我热爱棒球运动，我为自己是香港路小学棒垒球队的队员而自豪！真心希望香港路小学的棒垒球队发展壮大，在今后的比赛中取得更加优异的成绩！

青岛香港路小学2015级学生郭宜轩，现为青岛格兰德学校学生

后记

postscript

人们常说，一个好校长，就是一所好学校。这是对校长的尊重与认可，更是一种激励和鞭策。自 2019 年入选"齐鲁名校长"建设工程以来，专家的引领、同伴的交流、自我的修炼，让我不断地反思名校长应"名"在哪里，怎样做才能实至名归。名校长不是一个职务的符号，应是一道教育的风景。名校长应当是有情怀、有担当、尚实干、能创新的。名校长要成就学校的发展，一定要因地制宜、因校施策，找准学校发展的着力点。我想，作为名校长，"理念要有魂，措施要有根，成果要有意"，这也是我不断努力的方向。

"君子曰：学不可以已。"好校长之好、名校长之名贵在不断学习、止于至善。行进在教育改革之路上，我也将这些年来立足于课程与教学的实践探索进行了总结，并撰写了《"生本·幸福"理念下的课程创新与教学变革》一书。这里面有这些年来自己对教育的理解、治校的理念，还有在课程与教学改革方面的典型举措以及学习与感悟。虽然很多地方还需要提升，但总结反思的过程也是成长的过程。在此，衷心感谢各级领导对名校长培养工程给予的引领与指导，感谢学校干部、老师给予的支持与帮助。特别感谢顾明远先生为本书撰写序言，感谢顾老对我的信任与期望。

本书是我在不同学校开展教育教学实践的缩影，因时间仓促、水平有限，肯定有疏漏与不足，恳请教育同行和读者朋友批评指正。研究无止境，治校无止境。教育探索之路还在脚下，吾将上下求索，砥砺前行，始终怀揣教育的梦想，一路播撒希望的种子，在美丽的校园，托起明天的太阳！

于庆丽

2020 年 11 月